Los Arcángeles

un plan de curación

"La salud que buscas no es solamente la curación de tu cuerpo sino el retorno al corazón de Dios. Yo te ayudaré para que alcances tu sanación. Soy tu amigo y seré tu guía siempre que me pidas que camine a tu lado durante tu peregrinación a través de tu pasado. Cada vez que te dirijas a alguna parte de tu presente, recuerda que el primer paso para sentirte mejor es que tú mismo consigas sentirlo".

— Arcángel Rafael

Este manual es un compañero. En sus páginas, los Arcángeles Miguel, Rafael, Gabriel y Uriel han impregnado su sabiduría y amor por la humanidad. Cada Arcángel, comenzando por Miguel, lo ayudarán en cada una de sus respectivas áreas de influencia específica. Bajo su orientación, usted va a procesar y a aprender a partir de sus experiencias actuales y de sus viajes al pasado. Durante todo el camino va a descubrir heridas que todavía no han sido sanadas y que deben ser revisadas, comprendidas, expresadas, aceptadas y liberadas.

Cada paso que da lo acerca cada vez más hacia el origen del todo; lo lleva hacia la corriente del amor divino, hacia su inocencia y posiblemente, hacia los secretos de la vida y del universo.

El plan de sanación de los Arcángeles es sublime en medio de su simplicidad. A través de la aplicación consistente de diversos métodos, usted puede alcanzar el estado de la iluminación angelical. Para lograrlo no se necesitan grados, certificaciones, iniciaciones ni rituales secretos. Él mismo se desarrolla a medida que usted lo va llevando a su propio ritmo y decisión.

Al poner en práctica las técnicas de la iluminación angelical a través de métodos sencillos, irán ocurriendo cambios en su interior. Mientras que esto acontece, el mundo a su alrededor igualmente, empezará a cambiar para mejorar. El amor a sí mismo, se convierte en un acto de amor hacia toda la humanidad. Este es el regalo que nos hacen los Arcángeles en los albores del nuevo milenio y nos muestran el camino de regreso hacia nuestros corazones.

Acerca de los autores

Linda Miller-Russo es una reconocida lectora espiritual, con conocimientos sobre la naturaleza humana. Graduada con los honores Phi Beta Kappa de la Universidad de Minnesota en Ciencias Sociales, ha trabajado como profesora de secundaria y como trabajadora social. Por más de veinticinco años su pasión ha sido interpretar los sueños y actualmente, junto con su entrenamiento psicológico y místico, brinda un mayor dinamismo y compenetración al análisis de los sueños.

Peter Miller-Russo ha investigado temas espirituales por más de veinte años y es un pionero de los viajes astrales y de la exploración del fenómeno sueño–consiente. Comisionado por el Arcángel San Miguel en 1994, la misión de Peter —como portador de la espada de la verdad— consiste en entrelazar la verdad del espíritu en palabras y melodías, de manera que le ayuden a alcanzar la paz y la comprensión divina en el interior de su vida. Al componer en el estilo Soul Name Songs (un género que él inventó), Peter tiene acceso a la información que hay en el mar del conocimiento del ser superior, con el fin de canalizar palabras y melodías para ser transmitidas a los demás. Su percepción de la naturaleza humana y lo divino, pueden ayudarle a encontrar el poder que necesita para realizar con plenitud su destino.

El Círculo de la Iluminación Angelical fundado por Linda y Peter Miller-Russo está dedicado a apoyar personas en sus esfuerzos por definir y realizar la misión de sus vidas, a través de la inspiración y orientación de los Ángeles y Arcángeles. Linda y Peter presentan el plan de sanación de los Arcángeles en forma de libros, cassettes, canciones, interpretación de sueños y regresiones a vidas pasadas. Igualmente, ofrecen el programa de estudio Círculo de los Ángeles. Este progresivo programa de estudio mensual es diseñado para darle el poder necesario para cumplir con la misión de su vida.

Para mayor información acerca de estos servicios, el programa de estudio, seminarios y consultas privadas puede contactar a Linda o a Peter escribiendo a la siguiente dirección:

Linda and Peter Miller-Russo
The Circle of Angelic Enlightenment
P.O. Box 322
Cottage Grove, MN. 55016
Email: info@angelic-circle.com   Web Site: www.angelic-circle.com

Por favor, incluir un sobre pre–estampillado para contestar su correspondencia.
Si desea recibir un catálogo gratis del Circle of Angelic Enlightenment's
incluya U.S. $1.00 para cubrir costos.

Linda & Peter Miller-Russo

Los Arcángeles

un plan de curación

Traducido al Español por: Edgar Rojas

2001
Llewellyn Español
St. Paul, MN 55164-0383, U.S.A.

PRIMERA EDICIÓN
Primera impresión, 2001

Diseño de la portada: Zulma Dávila
Diseño del interior: Alexander Negrete y Astrid Sandell
Edición y coordinación general: Edgar Rojas
Pintura de la portada: Claudia Connelly
Traducción al español: Edgar Rojas
Título original: Angelic Enlightenment: A Personal Process

Library of Congress Cataloging-in-Publication Data.
Biblioteca del Congreso. Información sobre esta publicación.

Miller–Russo, Linda, 1956-
    [Angelic enlightenment. Spanish]
    Los arcángeles: Un plan de curación / Linda & Peter Miller–Russo; Traducido al español por Edgar Rojas y Dudley Charry.
        p. cm.
    Includes index.
    ISBN 1-56718-497-9
        0-965-04781-6 (hc)
    1. Archangels--miscellanea. 2. Spiritual life. I. Miller–Russo, Peter, 1957- II. Title.
BF1999 .M68518 2001
291.2'15--dc21

2001029847

Llewellyn Español
Una división de Llewellyn Worldwide, Ltd.
P.O. Box 64383, Dept. 1-56718-497-9
St. Paul, MN 55164-0383, U.S.A.
www.llewellynespanol.com

Impreso en los Estados Unidos de América

Dedicatoria

Este libro está dedicado con especial cariño al Plan de Sanación de los Arcángeles para la Humanidad, tal como nos fue revelado por los cuatro Arcángeles: Miguel, Rafael, Gabriel y Uriel. Por medio de su orientación y de su aprecio hemos encontrado la paz, el entendimiento y el crecimiento. Permita que la paz y la iluminación llenen sus vidas y que los Arcángeles los orienten e inspiren por siempre.

Reconocimientos

El Círculo de la Iluminación Angelical fue creado por medio de la inspiración de los cuatro Arcángeles: Miguel, Rafael, Gabriel y Uriel. Estos cuatro Arcángeles son la Fundación del Círculo de los Arcángeles. Les agradecemos por su orientación. También queremos agradecerles a las siguientes personas por su colaboración en reunirnos a todos:

Rev. Carolyn White, nuestro buen amigo,
—por su aceptación, su amor incondicional y su apoyo—.

Rev. Carol Parrish y Rev. Tom Hyder
—por sus enseñanzas inspiradoras y su reverencia
hacia cada vínculo del individuo con lo divino—.

Kate (Lightwalker), Liz (de WE),
Melissa (por la sesión de canalización en el evento WE),
Sandra (lectora espiritual), Kurt, Karol, Rae, y Mary.

Y a nuestras familias y amistades,
—por sus pensamientos positivos, por su amor y por su apoyo—.

Y estos son los nombres de los sagrados Ángeles que velarán.
Uriel, uno de los Ángeles sagrados,
quien está sobre el mundo y sobre el Tartarus.
Rafael, uno de los ángeles sagrados,
quien está sobre los espíritus de los hombres . . .
Miguel, uno de los ángeles sagrados,
quien está sobre la mejor parte de la humanidad y sobre el caos . . .
Gabriel, uno de los ángeles sagrados,
quien está sobre el Paraíso, sobre las serpientes y sobre el Querubín . . .
—Libro de Enoch I: 1–8

Contenido

Introducción

Un mensaje de Peter

Tan solo muy pocas veces en nuestra vida, se abre una ventana que nos permite expandir nuestro nivel de conciencia. En esos momentos, vemos la realidad de la vida de una manera tan clara, gracias a la esencia generadora de vida del Espíritu Santo. Este hecho tiene tanta influencia en nuestras vidas, que hace que nos veamos como un ser completo, en unidad con el universo y con todas sus creaciones. En esas ocasiones nos encontramos frente a frente con nosotros mismos. Es entonces cuando estamos deseosos y ansiosos por mirar hacia el interior de nuestra mente, de nuestra alma y de nuestro corazón —sin miedo pero con amor—. Se hace imparable el deseo de despojarnos de las ilusiones de nuestros ojos y darle el rumbo correcto al condicionamiento que hemos aceptado como la realidad.

Durante el verano y el otoño de 1994, algo así como un ciclo de expansión del nivel de conciencia empezó para mí. Fui bendecido con la presencia y con la energía amorosa del Arcángel San Miguel. Él guió mi mente y mi corazón hasta llegar a una parte de mí que permanecía oculta para todo el mundo. Aún existía, pero había permanecido enterrada en lo más profundo de mí, acumulando años de represión debido a un matrimonio fracasado y mi participación en una tendencia espiritual dentro de la cual me había cubierto totalmente a mí mismo.

A medida que el revestimiento de mi antigua vida se iba desvaneciendo, una nueva vida estaba emergiendo. Este proceso de despertar espiritual era un florecimiento de mi nivel de conciencia. Todo era posible una vez más, a medida que la vida recuperaba su misterio y su maravilla. Por primera vez en muchos años, me sentí realmente vivo; vivo en el Espíritu Santo, no sólo en mi mente sino en todo mi ser.

Esta época estuvo enmarcada a través de mi primer contacto con Linda, en septiembre de 1994. Los hechos convergieron durante la primera conferencia de la WE —Walk-ins for Evolution—, en St. Paul, Minessota. Un círculo se fue formando mientras que Linda y yo nos conocíamos para cumplir con nuestro destino al servicio de los Ángeles y del Creador.

Después de esa conferencia, Miguel me visitó de una manera muy breve durante mis sueños para imprimir sobre mí los aspectos de la misión que yo debería realizar. Lo primero que hizo fue un completo pronunciamiento o manifestación acerca de los poderes de discernimiento, a partir de mi alma, hasta llegar al mundo conciente.

Con este grado de conciencia, yo sería capaz de ver mis propias motivaciones y las de los demás. En mi función delegada, como portador de la espada de la verdad, acepté la responsabilidad de visualizar la realidad de todo aquello que le había aportado a este mundo.

El siguiente aspecto de mi misión era el de curar las viejas heridas emocionales de mi pasado —ya fuera que hubiesen sido causadas durante este lapso de vida o durante vidas anteriores—. Empecé a eliminar las barreras de protección que rodeaban mi corazón, las cuales había utilizado para atenuar el dolor y la desolación que hasta ese momento habían en mi vida.

Una vez que sea consciente de que está viviendo —aquí y ahora—, por defecto, va a caer en cuenta de que algún día va a abandonar este estado, a irse lejos de aquellas personas a quienes ama y de aquellos que sienten cariño por usted; tal vez nunca más los vuelva a ver. Este es el juego eterno de la energía de Dios y el plan que para la mayoría de las personas resulta muy difícil de aceptar. Esto significa que debemos confiar; las experiencias dolorosas del pasado hacen de la confianza una perspectiva aterradora.

La infancia, que lleva en sí misma su propio ser tierno, ha sido tan lastimada por la vida que le resulta muy difícil volver a confiar en el mundo. A pesar de todo debe confiar; y usted también debe confiar, si es que quiere acelerar su crecimiento y dar los pasos que lo conduzcan hacia la realización plena de la misión de su vida, en otras palabras, su razón de ser.

Rafael llegó hasta mí en forma de energía de sanación para las experiencias más terribles de mi pasado, las cuales me habían conducido a postrarme dentro de un caparazón emocional. Yo había llegado a rechazar las emociones por considerarlas negativas y durante muchos años pensé que no eran compatibles con la espiritualidad.

Rafael me ayudó a aprender aceptar mis emociones como una parte bendita de mí mismo, para ser queridas, entendidas, expresadas y, por último, liberadas. Por esta razón es que le agradezco todos los días.

Puesto que la vida es un proceso, yo continúo esforzándome por ser honesto conmigo mismo y por clasificar y expresar mis emociones de la manera más cuidadosa posible, en el momento que las siento, con el fin de encontrar la emoción más profunda en el corazón del caudal de energía que emana desde la emoción misma. Hacer esto me ayuda a mantener relaciones de completa y consciente honestidad conmigo mismo y con mis seres queridos.

Mientras que daba esa batalla durante los años 1995 y 1996, empecé a adquirir fortaleza del propósito y claridad de pensamiento. Linda y yo tuvimos la oportunidad de conversar durante largas jornadas en nuestra cafetería favorita, varias veces a la semana. Exploramos conceptos espirituales, los Ángeles, las emociones, la religión, los cultos, la psicología y todo lo que estábamos experimentando en esos momentos y lo que habíamos aprendido durante esta vida.

El crecimiento que proviene del hecho de compartir con otra persona es el más maravilloso regalo de Dios, y le agradecí a Linda por amarme y por su paciencia para hablar conmigo de todas las experiencias dolorosas de mi pasado. Sus puntos de vista fueron de gran ayuda y además curativos.

A través de esas conversaciones, reunimos muchos conceptos y escribimos la mayoría de ellos en revistas, a medida que los discutíamos. Un modelo se estaba desarrollando. Podíamos ver el camino de los Ángeles, la ruta de la iluminación angelical que se formaba ante nuestros ojos.

Con la ayuda de la energía fortalecedora de Gabriel, fuimos capaces de actuar y producir el mensaje de sanación de los Arcángeles para la humanidad en plenos albores de la era de Acuario.

Estoy continuando mi trabajo muy de cerca con el Arcángel Gabriel. Mientras que se revela esta misión, prometo que me voy a encomendar al plan de sanación de los Arcángeles y que me voy a comprometer en el logro de la iluminación espiritual. Persistiré en el cumplimiento de la misión de mi vida, en lo que tiene que ver con lo exterior y en el plano interior, continuaré procesando mis experiencias cotidianas para mantener abierto mi corazón.

Trataré de hacerle frente, en forma valiente, a las experiencias de mi pasado con el fin de obtener entendimiento y de cultivar la sabiduría. Deseo incrementar mi capacidad para amar; para aceptar el amor de Dios y para permitirle que fluya a través de mi corazón.

Durante mi viaje, me he dado cuenta que Uriel, el Arcángel del amor, de la belleza y de la apreciación, ha permanecido a mi lado. De la misma manera en que lo hace un padre cariñoso, él me ha cuidado; igualmente, Miguel, Rafael y Gabriel han trabajado conmigo durante este proceso hacia la iluminación angelical.

Pretendo realizar por completo mi misión, purificarme y curarme a mí mismo y experimentar cada vez más la amable ayuda de Uriel a medida que el tiempo va transcurriendo. Siento que la culminación del aprendizaje con el cual este Arcángel me está ayudando, completará el ciclo de la iluminación angelical que comencé en 1994. Espero continuar esparciendo el amor de los Arcángeles —y el mío propio— hacia las demás personas y hacia el mundo en general.

Permita que la paz, el crecimiento, el amor y el entendimiento embellezcan su vida y la de aquellas personas a las cuales usted ama, y permítase encontrar esas cosas que tanto desea.

Con mucho amor,
Peter Miller-Russo

Un mensaje de Linda

Cuando era niña, siempre era motivada a examinar los misterios de la vida. Las conversaciones a la hora de las comidas se centraban frecuentemente en los milagros de los santos, en la vida después de la muerte, en las apariciones de la Virgen María y en los sueños relacionados con Ángeles o con seres espirituales. Nutrida en una atmósfera de posibilidades y de fe, aprendí a creer y a confiar en la presencia y en el cariño de Jesús, de los Ángeles y de los santos.

A veces puedo sentir, o tengo la sensación, de la presencia de Ángeles y de seres luminosos. Considero que esta habilidad de sentir evolucionó naturalmente a partir de la actitud de reverencia hacia la espiritualidad promovida dentro de mi familia y a partir de la profunda conexión que tuve con la naturaleza y que aprendí por haber crecido en una región agrícola. Durante el verano, frecuentemente me dirigía hacia un lugar claro en medio de los árboles, me sentaba bajo mi árbol de pino favorito, cerraba los ojos y simplemente, me relajaba. Podía respirar la fragancia fresca del pino y escuchar el zumbido de los insectos y el trinar de los pájaros. Toda la vida parecía estar conectada. —La tierra era nuestra madre—.

Mi papá es un magnífico narrador de historias. Con mucha frecuencia estimulaba mi imaginación contándome historias de gigantes, gnomos y duendes. Él sabía de mis estadías entre los árboles y me aconsejaba, "tan solo siéntate lo más tranquilamente posible, escucha cuidadosamente, quédate quietecita y verás que pronto las criaturas de todas las especies empezarán a aparecerse ante ti, ardillas, taltuzas rayadas y puerco espines. . . y si tienes suerte, quizás hasta un duendecillo saldrá de su escondite para que lo veas".

La vida en el campo era simple y llena de posibilidades. Leía todos los libros que llegaran a mis manos y algunas veces escribía junto con Phyllis —mi vecino y mi mejor amigo—, algunas historias. Como éramos niños, usábamos nuestras imaginaciones para convertir a varios seres de la naturaleza, que iban desde el legendario Pegaso —el caballo con alas— hasta criaturas del reino de Faerie. Siempre tenían que sacudirme llamándome de un grito para sacarme de ese mundo maravilloso, para que fuera a ayudar con algún oficio.

Durante mi adolescencia, las oraciones y las meditaciones informales con la naturaleza continuaron conectándome con el mundo espiritual y con mi propio ser superior. Fue durante esta época cuando tenía aproximadamente diecisiete años que tuve mi primera "remembranza" de una vida pasada que había vivido en el área de Nueva Inglaterra.

Dos años antes, había estudiado la reencarnación y el karma en una clase sobre las religiones del mundo. Aunque esos conceptos no formaban parte de mi educación religiosa, me parecieron que tenían lógica y los sentía como si fueran verdaderos. Decidí incorporarlos a mi filosofía personal relacionada con la forma en que probablemente funcionó en el mundo. Más tarde, en mi edad adulta, hice varias lecturas espirituales y regresiones a vidas pasadas que parecieron confirmar los detalles de las "remembranzas" que había experimentado durante mi adolescencia.

Durante los siguientes veinte años, continué ampliando, estudiando y creciendo, es decir, aprendiendo lo que más pudiera sobre psicología y la espiritualidad. Mi amiga Mary y yo, con bastante frecuencia hacíamos lecturas espirituales e interpretaciones de los sueños, entre nosotras mismas. A través de este proceso, aprendí acerca de la simbología universal tanto como de la personal.

En el otoño de 1993, hice un compromiso de concentrarme sobre mi espiritualidad y de descubrir mi misión personal. Me puse en contacto con exploradores espirituales mentalistas y me sumergí en estudios espirituales, meditaciones diarias, sanación y clases de desarrollo intuitivo. Aprendí a invocar —invitar— concientemente a los Ángeles, a los Arcángeles y a los guías espirituales para que me ayudaran a brindarme la verdad completa en mis relaciones, en la curación de mis cuerpos tanto emocional como etéreo y en el descubrimiento de mi misión.

Durante la primavera y el verano de 1994, estaba trabajando muy de cerca con el Arcángel Uriel sobre los procesos transformacionales de la aceptación y de la apreciación de la naturaleza divina de la humanidad. Estaba aprendiendo cómo escuchar la sabiduría de mi ser superior y a producir esa sabiduría en mis acciones cotidianas. En una soleada mañana de junio de 1994, llegué a la conclusión de que la mariposa no era tan solo un símbolo universal de la transformación, sino que también era el símbolo o la señal personal que mi ser superior utilizaba para confirmarme que había tomado la decisión correcta.

Esa mañana de junio, a eso de las siete, estaba a punto de salir para el trabajo; mi mente estaba preocupada con muchos detalles puesto que al día siguiente iba a salir del estado para un retiro espiritual que duraría una semana. Estaba entusiasmada y aprehensiva; si todo iba bien, había planeado ingresar formalmente a un programa ministerial durante esa semana. Salí de casa con esa decisión difícil de tomar en mi mente —¿Podría pagarme los estudios? ¿Aguantaría mi auto los largos viajes hacia el seminario?—, cuando de repente casi que pisé una enorme mariposa. Mis ojos no podían creerlo. Sobre el suelo, enfrente de mí —justo en mi camino— estaba una hermosa mariposa monarca con unas alas de por lo menos doce pulgadas de envergadura.

No podía creerlo. Las mariposas son pequeñas en Minnesota; nunca antes había visto una que tuviera alas de más de tres pulgadas de largo. Sin embargo ahí estaba. No podía dejarla en el suelo porque mi vecino podía pisarla, así que tomé un pedazo de cartón y lo deslicé por debajo de la mariposa; agitó sus alas mientras que la movía suavemente —era pesada para ser una mariposa— y la puse a salvo sobre el césped. Fue difícil concentrarme en el trabajo ese día, mientras que pensaba acerca de lo que ese hecho podía significar. Sentí que debería ser la señal que le había estado pidiendo a mi ser superior, la señal de que había tomado la decisión correcta al inscribirme en el seminario. A medida que el día transcurría lentamente, empecé a cuestionarme a mí misma. ¿Tal vez me habría imaginado el enorme tamaño de esta mariposa? Decidí dejar de pensar en eso; tenía bastante trabajo por preparar y algunas reuniones que atender esa misma tarde.

Cuando salí del trabajo, los asuntos laborales habían conducido todos los pensamientos relacionados con la mariposa fuera de mi mente. Pero mientras que me dirigía hacia el garaje, noté algo anaranjado que estaba tirado justo por donde yo tenía que pasar. Entonces salí del auto y para mi sorpresa, ¡ahí estaba otra vez! Tan grande como siempre lo había sido; la mariposa estaba posada directamente enfrente de mí. No existía ninguna duda de que se trataba de una señal. Otra vez me dirigí hacia la mariposa para colocarla en un sitio en el que pudiera estar a salvo y le di las gracias por haberme permitido disfrutar de esa segunda confirmación de mi ser superior.

Desde esa experiencia de 1994, le pido concientemente a mi ser superior que me envíe una señal para saber si estoy en el camino correcto, a través de una mariposa. Cada vez que llega la señal de la mariposa, lo hace de una manera diferente —en una nueva forma— de manera que yo no pueda predecirla. A veces la mariposa aparece en mis sueños; otras veces alguien, inesperadamente, me regala una. La última vez apareció en forma de una pintura de una hermosa mariposa. En esos momentos siento la energía del Arcángel Uriel, quien al parecer, facilita mi conexión con mi ser superior y me ayuda a incrementar mi nivel de conciencia y de apreciación de la belleza y de la divinidad que existe en la humanidad y en todo lo largo y ancho del mundo.

Agradezco diariamente por el regalo de tener a mi familia y a mis amigos, el regalo que ha significado para mí la granja y por mi esposo Peter quien fue, definitivamente, la chispa que dio origen a este proyecto. Le agradezco por su tremenda energía, por su gran entusiasmo y por su gran visión.

Permita que este libro lo inspire para que se desarrolle el crecimiento dentro de usted y permita que la adorable presencia de los Ángeles y de los Arcángeles se convierta en una realidad que despierte en su vida.

En el espíritu de la luz y del amor,
Linda Miller-Russo

El plan de sanación de los Arcángeles

para la humanidad

Porque Él les dará a sus Ángeles
la capacidad de influir sobre ti
para conservarte en todas sus formas.
Ellos te llevarán en sus brazos
para evitar que tropieces con una piedra.

—Libro de los Salmos 91:11–12

1

La vida es un proceso,
no un resultado

LA VIDA ES un proceso, no un resultado. *Los Arcángeles: un plan de curación*, es una guía. Este libro le ayudará a aprender cómo procesar sus experiencias cotidianas de una manera que favorezca los centros de energía en su cuerpo, para que fluyan a medida que se cura y pacifica sus patrones de conducta.

La mayoría de problemas de la vida —si es que no son todos— se originan cuando no tomamos el tiempo necesario para procesar o aprender acerca de nuestras experiencias. Cuando tomamos tiempo para aprender y poner en práctica maneras constructivas para procesar nuestras experiencias, encontramos que la vida empieza a ser más agradable y llena de sentido, porque realmente sentimos el amor y la alegría en nuestro ser. Este hecho, en parte, proviene del estado de honestidad que requiere el proceso real.

Tanto el amor como la alegría, han sido subvaloradas por las experiencias en este mundo que nos lastiman. Estas experiencias han estropeado la habilidad de ocuparnos de nuestro dolor. Cada vez que usted fue rechazado, su amor propio se escondió más y más dentro de sí. "Ser como un niño pequeño", dijo Jesús, es ser como el más alto de los seres. Ser como el más alto de los seres es vivir en permanente estado de amor y de alegría, lo cual equivale a su estado natural como ser humano.

¿Pero cómo se puede alcanzar de nuevo el estado natural de ser humano? ¿Realmente ha perdido contacto con ese estado? Muchos de nosotros, hasta cierto punto, lo hemos hecho en diferentes momentos de nuestras vidas. ¿No ha añorado, alguna vez, experimentar algún momento que haya ocurrido en su pasado? ¿Desearía que ese estado regresara algún día a usted, como si se tratara de una oportunidad? ¿Acaso está conforme de dejarlo todo en manos de su destino y nunca saber hacia donde lo llevarán mañana los vientos de la vida?

Considere la posibilidad de que usted podría vivir una vida impregnada de alegría y amor, sentimientos que hacen la vida verdaderamente importante. ¿Qué podría hacer para conseguir esto? Este libro contiene la manera de lograr este estado de un modo firme y consistente. Ya no seguirá siendo espiritual, porque va de acuerdo con su religión, sino porque realmente estará sintiendo el amor en su interior. Como han dicho los antiguos inspirados por los Ángeles: "El hombre se conoce a sí mismo". Esta afirmación es tan verdadera hoy como lo fue hace milenios atrás.

Los Arcángeles Miguel, Rafael, Gabriel y Uriel han inculcado su sabiduría y su amor para la humanidad en las páginas de este libro y nos muestran de nuevo el camino hacia nuestros corazones. El regalo de los Arcángeles llega en el momento en que más lo estamos necesitando. Debemos agradecerle a los Arcángeles por su ayuda y orientación.

El plan de los Arcángeles

El plan de los Arcángeles para salvar a la humanidad es un proceso. Este fluye a través de las energías divinas de los cuatro Arcángeles. Cada uno tiene un propósito y unos poderes específicos para conseguir la iluminación angelical.

Los Arcángeles son conocidos con diferentes nombres en las diversas religiones del mundo. Este libro se refiere a ellos con los nombres que les han dado los cristianos del mundo Occidental. En resumen, los cuatro Arcángeles, su principal poder, su propósito primordial y sus segmentos para desarrollar su proceso en particular, están explicados a continuación. Cada Arcángel será detallado en las secciones dos a cinco.

Arcángel	Propósito	Poder principal	Proceso
San Miguel	Verdad, Honestidad, Justicia.	Visión	Entendimiento
San Rafael	Curación, Totalidad, Aceptación.	Sentimiento	Expresión
San Gabriel	Fortaleza, Constancia, Compromiso.	Acción	Realización
San Uriel	Amor, Belleza, Conocimiento.	Ser	Apreciación

A través de la orientación de cada uno de los cuatro Arcángeles, nos sentimos motivados para emprender un viaje. Este camino culmina en un máximo conocimiento de nosotros mismos y de nuestra espiritualidad. De manera seguida y en ocasiones concurrentes, cada uno de los Arcángeles introduce en nuestro caudal de energía una vibración particular. Esta vibración nos ayuda a desplazarnos dentro de unos nuevos ciclos y dentro de unos nuevos patrones de energía. Estos nuevos modelos nos presentan las oportunidades para escoger otros ciclos de experiencias. Estos ciclos, a su vez, acelerarán nuestro crecimiento a través de la educación de nuestro ser en el arte de vivir.

Cuando, de buena manera, dejamos que se vayan los patrones viejos y curamos las heridas del pasado, empezamos a realizar lo que estuvimos haciendo antes y que no era realmente *vivir*, era simplemente existir. La diferencia que existe entre vivir y existir, radica en que al vivir se establece un propósito.

A medida que el plan de sanación de los Arcángeles empiece a trabajar en nuestras vidas, empezaremos a recibir los destellos de pureza y luz que llenarán nuestros corazones de alegría y motivación. Tan solo cuando las nubes desaparezcan y el Sol permita que sus rayos calienten nuestro cuerpo después de haber padecido durante los días fríos, a partir de ese momento los rayos de la energía divina calientan nuestras almas, mientras que observamos los destellos de nuestra inocencia infantil que llevamos dentro. El plan de sanación de los Arcángeles es, por encima de todo, un método utilizado para procesar nuestras experiencias diarias de manera que permita que nuestros corazones estén abiertos a la pureza y a la inocencia divina. Este es nuestro estado original.

Tanto adentro como afuera

Este mundo es un laboratorio del alma. Nosotros hemos venido a la tierra para crecer a través de la experiencia en los mundos de la materia, de la energía, del espacio y del tiempo. Parte de lo que aprendemos aquí es cómo procesar efectivamente las experiencias que ocurren en nuestras vidas. Este propósito es doble. En primer lugar, procesamos para aprender de las experiencias y para integrar sus conocimientos dentro de nuestro ser. En segundo lugar, procesamos con el fin de permanecer en contacto con nuestra conexión a lo divino y a ese caudal de vida conocido como el Espíritu Santo.

Para crear un cambio, necesitamos identificar los patrones inconscientes que han llegado a convertirse en una parte de nosotros. Esto nos exige hacer un análisis honesto de lo que es nuestra situación de vida actual. Después debemos expresar cualquier sentimiento no aclarado generado durante el pasado, mientras que nos convertimos en lo que somos ahora. Después, la expresión se transforma en aceptación de las experiencias como un todo y finalmente, se origina la liberación del ciclo de la experiencia como conocimiento, el cual ha sido integrado dentro de nuestro ser consciente con el fin de utilizarlo en esta vida.

Una vez que hayamos escogido hacer énfasis sobre el entendimiento de las influencias que han llegado a configurar nuestras vidas, entonces estamos avanzando en el viaje, —el viaje hacia nosotros mismos—. Nuestros entornos son pistas vitales para lo que nosotros somos. A medida que procesamos nuestras experiencias en el presente, a través de la visión de nuestras circunstancias actuales, estamos avanzando en nuestro viaje hacia el pasado. A lo largo del camino, guiados por los cuatro Arcángeles, encontramos heridas no resueltas que deberían ser revisadas, entendidas, expresadas, aceptadas y liberadas. Cada paso nos va sumergiendo más profundamente en la fuente de todo, hacia el actual amor divino, hacia nuestra conciencia y posiblemente, hacia los secretos de la vida y del universo.

Este libro es un compañero. En él, cada Arcángel, empezando con San Miguel, le ayudará con su respectiva área de responsabilidad. Los Arcángeles hacen esto con su conocimiento, entendimiento y amor que profesan hacia la humanidad y hacia usted. Sus métodos son siempre curativos y apoyan todos los aspectos del ser, incluyendo al ser básico–subconsciente y las sombras que se esconden dentro de éste. Ellos se comunican con nosotros por medio de los sueños, las intuiciones, las percepciones directas, las visiones y los mensajes canalizados.

Hemos encontrado que el proceso de iluminación angelical no existe sin dolor. Pero recuerde que ese dolor no proviene de los Arcángeles ni del proceso de iluminación como tal, sino que proviene de las experiencias de su vida, esas que ahora está enfrentando de manera cierta y honesta, con el deseo de aprender y crecer.

En el plan de curación de los Arcángeles para la humanidad es sublime en su simplicidad. Por medio de la aplicación consistente de varias metodologías y del deseo de ser, se puede alcanzar el estado de iluminación angelical. El plan se va realizando a su propio ritmo y decisión. Este no necesita de grados ni de certificaciones; tampoco necesita de procesos de iniciación ni de rituales secretos.

Lo único que el plan de los Arcángeles necesita de usted es su honestidad, aceptación, compromiso y amor. Estos atributos, por la gracia de Dios, se encuentran dentro del ser que habita en usted mismo. En la medida que aprenda las técnicas de la iluminación angelical y empiece a aplicarlas en su vida, inclusive de las maneras más sencillas, muchos cambios empezarán a ocurrir dentro de usted. Mientras que esos cambios ocurren en su interior, también empezarán a cambiar las decisiones que tome en relación con el mundo que lo rodea. Tanto por dentro como por fuera. El acto de amor propio que usted se demuestra a sí mismo se convierte en un acto de amor hacia toda la humanidad. De esa manera, usted está viviendo en el microcosmos y en el macrocosmos simultáneamente. Entonces ha alcanzado el estado de equilibrio del que hablaba Buda y por lo tanto, vive en el estado de compasión del Cristo.

La honestidad, de la cual hacemos alusión aquí, se refiere al hecho de conocerse uno mismo. La aceptación se refiere a la definición verdadera de desprendimiento, lo que significa aceptar la realidad de cualquier situación y de las circunstancias a medida que se vayan presentando en el aquí y en el ahora. Compromiso significa girar en la esquina de la complacencia. Es decir, tomarse el tiempo necesario para recordar las prioridades de nuestra vida y motivarnos para continuar con la misión de nuestra vida. Finalmente, el plan de los Arcángeles necesita de su amor. Este aspecto divino florece dentro de usted, crece sin detenerse a medida que vaya alcanzando el estado de iluminación angelical.

Ahora bien, todo esto puede parecer como una gran cantidad de trabajo, más aún como un trabajo en sí mismo y de hecho lo es. Ahí es donde aparece en escena el compromiso. Pero usted encontrará que al empezar el proceso de autodescubrimiento la vida se convierte en algo lleno de cosas maravillosas. Ahora ha iniciado el proceso para recuperar su herencia espiritual. Lo hermoso de este proceso es que finalmente puede ser ¡usted mismo!

No confunda el hecho de liberar sus problemas
con el de liberar su voluntad, o con la aceptación de lo absurdo.
Perdónese y acéptese usted mismo. Regrese al pasado para
descubrir la razón por la cual escogió el camino que escogió.

~

2

Un mensaje de los cuatro Arcángeles

¿Qué es plan de sanación de los Arcángeles?

Al igual que los hombres y las mujeres del mundo físico, usted es guiado a buscar el placer y a evadir el dolor. Su naturaleza es el sentir. Ignorar sus sentimientos es negarse a usted mismo y negarse equivale a encubrir su dolor para descubrirlo después. Ignorar sus sentimientos es negar la experiencia que ha escogido, lo cual equivale a ser deshonesto con usted mismo.

Por el contrario, si escoge revelar sus sentimientos, va encarrilando su vida en el camino de la honestidad. Arriesgarse a cambiar las situaciones en que se encuentra de la mejor manera. Si ese es el camino que escogió, entonces habrá escogido la opción para vivir una vida plena de descubrimiento, de emociones, de maravillas y de paz.

El amor en sí mismo, no está destinado para ser usado como una venda para cubrir sus heridas; más que eso, es el agua de la vida con la cual usted limpia sus heridas. Limpie sus heridas con el agua del amor, con la clara luz del ser. Entonces verá todo lo que brilla a su alrededor y además todo lo que se halla dentro de su ser.

Encontrará que el amor es el atributo de estar en completa honestidad total con usted mismo. Las armonías de la honestidad harán resonar la luz del ser divino. La conciencia consiste en la realización inmediata de la fuerza de la vida. Esta es en parte, una conciencia del medio ambiente en el que usted existe ahora y de los mundos que escogió como lugares para colocar toda su atención en este momento. Cambiando su actitud, cambia su destino.

Los Ángeles no son vendajes para cubrir su dolor. El propósito que ellos tienen no es el de actuar como escudos para que usted se esconda detrás de ellos. Ellos tampoco son una herramienta para controlar a los demás a su voluntad. Los Ángeles son mensajeros de Dios y facilitadores de la sanación y el crecimiento. De igual manera, usted no encontrará paz en este mundo si no encuentra paz en sus decisiones. No va a ser capaz de dar paz en este mundo, si antes no se limpia usted mismo con el agua de la vida, del amor. Al utilizar las armonías de la honestidad para permitir que lo más sublime de su ser brille por encima y a través de usted, brindará paz al interior de la manifestación y sus decisiones serán tomadas más a partir de la claridad que a través de la confusión.

Nosotros, los cuatro Arcángeles, hemos traído este plan de sanación para la humanidad motivados por el amor que sentimos hacia la especie humana. Hemos decidido darle continuidad al modelo de la honestidad, enviando las corrientes del amor consiente a través de todos los mundos de Dios.

El plan de sanación lo invita, a que siga el camino de sus deseos para encontrar la verdad de su propio ser. Desear es la fuente de todo crecimiento. Esta es la única posición desde la cual los hombres y las mujeres pueden conocerse entre ellos mismos. Conocerse usted mismo, es conocer su propio ser. Este es el punto de iniciación para cualquier cosa que usted quiera hacer.

Los Ángeles y los Arcángeles han decidido compartir este mensaje con usted, Ahora es su oportunidad para escoger las armonías de la honestidad para enfrentar las fantasías que usted ha levantado, como si fueran barreras protectoras y para curar sus corazones con la claridad de la visión y con la luz pura del ser.

Dios es el único iniciador, es la causa primera de la cual han florecido todas las cosas de la vida. Las manifestaciones de Dios, la primera causa y los Ángeles están todos a su alrededor. No es el hombre el que inicia. Usted no necesita que ningún ser le conecte su corazón con el corazón de Dios. Usted ya está conectado al Creador, corazón a corazón, en energía pura más allá de todos los conceptos y de todas las medidas.

Dios es la fuerza que ilumina el universo con el amor y con el ser. El plan de los Arcángeles le hace un llamado vehemente para curar con el agua de la vida, del amor. Esto significa que usted debe limpiar sus heridas y vivir con la maravilla del niño que hay dentro de usted.

Dios es la energía pura que vibra en su alma, la que palpita dentro de usted con cada latido de su corazón, la que construye y transmuta los mundos, las formas y las sustancias. ¿Qué es esa voz que usted siente dentro de sí? Esa voz es su más profundo ser. El *yo* que todos llevamos por dentro. El plan de los Arcángeles le da las instrucciones necesarias para que se conecte con su más profundo ser, mediante el seguimiento del camino de sus deseos hacia la fuente de su dolor y para curarse con el agua de la vida, del amor.

La sabiduría que proviene del estudio de los Arcángeles está reflejada en un entendimiento profundo del designio universal de la vida. Éste, a su vez, viene con un compromiso de parte suya, relacionado con su total honestidad y con el hecho de confiar plenamente en el Creador, de la manera que lo haría un niño.

El designio de su naturaleza, ya sea como hombres o como mujeres, es el de florecer con la energía del universo de Dios. No existe un estado estático de verdad. Todas las cosas siempre están en permanente movimiento y en continua vibración. El llamado de su alma es para que nunca se detenga; para que nunca vaya a sentirse separado del creador divino.

El secreto de la existencia de Dios radica en la *Dualidad* del mundo en el cual usted vive. Cualquiera de ustedes, de los que pudieran intentar descubrir este conocimiento debería empezar, en primer lugar, con sus propios deseos. Entonces usted los va a seguir con el fin de encontrar sus motivaciones verdaderas. Los Ángeles le piden de nuevo que examine sus valores y sus sistemas de creencias, si en realidad desea alcanzar el estado de la iluminación angelical.

Los sistemas de creencias únicamente son fragmentos de Dios, entendiéndolo como un ser completo. Usted puede aprovechar todos sus beneficios. También aprender acerca de lo que cree y descartar determinadas creencias a medida que vaya aprendiendo más. Primero se vive y después se crece. Primero debe amar y luego empieza a conocer.

El plan de sanación de los Arcángeles explica que usted tiene libertad de decisión, de hecho usted siempre ha sido libre. En el momento en que decida procesar sus experiencias como se lo hemos indicado, permitirá el flujo del Espíritu a través de su cuerpo, sin ningún tipo de impedimentos que puedan surgir de las restricciones provenientes de los temores que puedan existir dentro de usted.

Dios es de una energía, combinada de diversas maneras por su experiencia y placer. Si usted no desea creer en algo, primero debe descubrir cuales son sus creencias y después entender la forma en que se fueron configurando.

Según el momento, las creencias son basadas en la fe. En otro son basadas en pruebas. En el fondo las dudas están basadas en supuestos. Estos supuestos, a su vez, están basados en sus experiencias y sobre la parte más alta de sus experiencias, usted crea los supuestos acerca del ser divino de Dios.

Sin embargo sus supuestos no afectan la realidad que es, sino afectan únicamente la realidad de la que usted es consiente. Si desea vivir una vida de suposiciones, entonces pregúntese ¿por qué razón escogió a la encarnación como una forma de experiencia? ¡Los mundos en los que usted vive son creados para que viva en ellos, justo ahora!

Procese sus experiencias ahora. Usted espera porque siente que podría sufrir más dolor al procesar sus experiencias que al ignorarlas. Pero está olvidando del significado real del karma. El alma escoge el ciclo de la experiencia.

Los Arcángeles desean que usted desafíe a la vida y a usted mismo. Levantarse y desafiar los elementos. Cuestiónese, investigue y crezca. Nosotros creemos en usted y confiamos plenamente en la santidad de su corazón. Nosotros somos invisibles ante los ojos del cuerpo, pero no lo somos ante los ojos del alma, que se mueve en la verdad.

La verdad es todo aquello que abarca la totalidad de cada una de las cosas. Una vez que usted intente definir la naturaleza de Dios, se separará de aquel todo. ¡Deténgase! ¡Aprenda! ¡Escuche! Es el señor el que le da la vida. Venga y vívala de nuevo. Levántese en contra del yugo de la complacencia, del yugo de la mediocridad, del yugo de la desmotivación y llénese de poder usted para completar su propósito y su misión sobre la tierra.

Nosotros le enseñaremos cómo procesar sus experiencias. Con esta habilidad usted encontrará que ellas van adquiriendo más vibración y más luz. Entonces empezará a sentir cómo se va llenando con la paz de la energía divina que corre en libertad.

La sabiduría, el poder y el amor son suyos; no están fundamentadas en ninguna clase de membresías, ni en organizaciones secretas ni no–secretas; ni se ofrecen a través de procesos de iniciación controlados y a partir de situaciones externas, ajenas a su propio ser. La sabiduría, el poder y el amor son suyos, porque usted decidió reconocerlos y aceptarlos, también porque se ha quitado sus máscaras y se ha despojado de las barreras protectoras que lo mantenían alejado de esos atributos divinos.

La aceptación es un paso hacia la integración consiente con el Espíritu. ¿Por qué otra razón usted vino a la tierra a experimentar, si no fue para aprender? Si decide no procesar sus experiencias, usted pierde de todos los beneficios que ellas le ofrecen. ¿Está seguro que ese es su deseo? ¿Acaso no se ama lo suficiente como sí lo hacen los Ángeles con usted?

Desear es la fuente de todo crecimiento y está estrechamente ligado con el experimentar el mundo terrenal. Al romper con el lazo de sus condicionamientos, usted puede llegar a adquirir conciencia de aquello que siempre ha existido. La duración de la paz y de la felicidad depende de usted en la medida en que viva en la pureza de la verdad del ser; la verdad de vivir en el presente de lo que realmente está sintiendo: el amor y el odio, la rabia y la paz, el dolor y el placer. Entender sus motivaciones, descubrir sus propios valores y descubrir la razón por la cual usted cree en lo que hace, es de suma importancia.

Lo esencial del plan de los Arcángeles es explorar las emociones que siente y luego aprender a verificarlas apropiadamente. Es importante notar que las emociones le han sido dadas, no como un obstáculo, sino como una herramienta valiosa para aumentar su experiencia en los mundos que usted ha escogido para habitar.

Los Ángeles enseñan que no existen emociones correctas ni equivocadas. Simplemente existen emociones. Lo que siente en una situación no es otra cosa diferente a su sentimiento. Usted puede sostenerse de la energía de la emoción y seguir la cadena de energía hasta lo más profundo de la fuente.

En la raíz de la emoción encontrará el más grande de todos los aprendizajes y la parte más cariñosa de su propio ser, con la cual debió haber perdido contacto consiente. La raíz de la emoción lo conducirá a otras causas y verá los patrones que han configurado sus valores y sus creencias, las cuales, a su vez, han reducido las posibilidades de sus experiencias disponibles al enfocar su atención tan solo sobre una pequeña astilla de la creación.

¡Lo invitamos a empezar a transitar por un camino de honestidad interior, al enfrentar sus miedos más profundos! En su corazón reposa la verdad, está oculta detrás de las paredes del miedo. Nosotros, los cuatro Arcángeles, enviamos nuestro amor hacia usted con el fin de llenarlo de poder para que usted mismo se ayude.

Encuentre la paz, el entendimiento y el valor necesario para vivir su vida con la verdad, la honestidad y la apreciación de todas las cosas.

En la luz y el amor del Creador, siempre estamos con usted.

—Miguel, Rafael, Gabriel y Uriel

*No existen las pruebas,
únicamente existe la experiencia,
la creencia y la fe.*

3

Los cinco segmentos del ser y las siete claves para el autoconocimiento

PARA UN MEJOR entendimiento hemos dividido la integridad humana en cinco segmentos: el ser del alma, el ser superior, el ser emocional, el ser básico–subconsciente y el ser consiente–intelectual. Por medio de la integración de cada uno de ellos, en plenitud de conciencia, empezaremos a ganar cada una de las siete claves del autoconocimiento. Hemos seguido la observación de los antiguos y hemos venido a "conocernos a nosotros mismos".

Los cinco segmentos del ser

1. El ser del alma
2. El ser superior
3. El ser emocional
4. El ser básico–subconsciente
5. El ser consiente–intelectual

Segmento uno. El ser del alma: átomo indestructible de Dios

El alma es el componente clave del ser. Es eterna y está compuesta del espíritu puro. El alma tiene su propia identidad y propósito en su elección para extenderse a sí misma dentro del mundo de las encarnaciones para experimentar. Cuando todo el ser se encuentra integrado, existe un estado de infusión del alma dentro del individuo. Algunas veces se confunde el ser interior con el ser del alma. El ser del alma es esa voz espiritual que existe dentro de usted y que lleva una vibración de un amor inmenso y de bienestar. Él no conoce el miedo, ni el hambre, ni la oscuridad, ni la decadencia.

Como parte de Dios, el ser del alma tiene la libre voluntad para explorar los mundos del espíritu y los mundos de la materia. Se ha dicho que el ser del alma puede tener múltiples existencias simultáneamente en una multiplicidad de mundos, tanto físicos como no físicos. Por lo tanto, es posible para el alma ganar experiencia de diversas encarnaciones al mismo tiempo. El ser consiente no se da cuenta de estas otras personificaciones —tampoco es necesario que lo sepa—.

Segmento dos. El ser superior: nuestra fuente del saber

El ser superior es un depósito de experiencias terrestres entresacadas de las innumerables entradas sensoriales del hombre como ser. Para satisfacer por completo el propósito del alma para esta vida, nosotros, con la mente consciente, intentamos conectarnos a la sabiduría del ser superior y recurrimos a ese conocimiento para ayudarnos en nuestra vida cotidiana.

Nuestro ser superior puede ser alcanzado a través de la meditación y de la facultad de la imaginación que Dios nos ha dado. El ser superior es una vasija de espíritu que almacena la sabiduría obtenida en el transcurso de nuestras experiencias de la vida. El ser del alma hace girar al ser consciente, a la personalidad, dentro de la existencia en los mundos físicos de la materia, de la energía, del espacio y del tiempo. El ser superior actúa como conducto entre el ser consiente y el ser del alma

Segmento tres. El ser emocional: guía hacia la verdad

Nuestro ser emocional intenta darnos la orientación necesaria en la forma de pistas, a partir de nuestras experiencias cotidianas en el trabajo y en la casa, con los compañeros del trabajo o con nuestros seres queridos. Al aprender a entender y a trabajar permanentemente con el ser emocional, podremos evitar que el ser básico tenga que trabajar en exceso en sus intentos por alcanzar nuestro ser consiente.

Con frecuencia calumniado por muchas personas como algo negativo, el ser emocional es un componente clave del ser humano integrado, el cual desarrolla una función muy real y necesaria. Él nos dice en qué momento necesitamos actuar y nos indica la dirección hacia la sanación. Ignorar sus mensajes equivale a perder claves vitales para mantener el corazón y la mente abierta al Espíritu Santo en el amor y en la buena voluntad.

La habilidad de sentir las emociones experimentadas por el ser emocional, es una facultad que Dios nos ha dado, con una importancia similar a la de la imaginación, la cual, cuando es entendida por el ser consiente–intelectual, es vista como una herramienta invaluable a la hora de vivir nuestras vidas con un corazón abierto.

Segmento cuatro. El ser básico–subconsciente: el niño que llevamos por dentro

Al mismo tiempo que nuestro ser consiente está esforzándose para conseguir el equilibrio entre todos los factores de la vida moderna constantemente estamos recibiendo impulsos de nuestro ser básico (el ser subconsciente). Estos impulsos vienen en forma de sentimientos fuertes, de deseos instintivos y de sueños.

La sombra del ser forma parte de nuestro ser básico. Es esa parte de nosotros que estuvo brillando y se convirtió en oscuridad con el fin de servir para nuestro propio desdoblamiento. Esta es la parte dolorosa a la cual ya no necesitamos proteger. Las sombras interiores pueden ser llevadas de regreso a la luz, cuando estimemos que están curadas y liberadas.

El ser básico está relacionado con la supervivencia. Nos referimos a la supervivencia física, emocional e intelectual. Algunas veces es primitivo en sus imaginaciones. Nosotros lo aceptamos y honramos por la valiosa función que éste nos brinda —conexión con el mundo y con los elementos de la tierra, el aire, el agua y el fuego— y nuestra permanente supervivencia en este mundo.

El problema aquí es que el ser básico por sí solo no está equipado con los componentes necesarios para juzgar con exactitud las experiencias del ser consiente. Cuando, predominantemente, reaccionamos hacia la vida a partir del ser básico, nuestras acciones son exclusivamente de supervivencia. Este instinto de supervivencia obviamente tiene un propósito —el bienestar físico y psicológico son necesarios para existir en el plano físico y para interactuar con el medio ambiente— pero el ser básico lleva control, estaríamos corriendo el riesgo de retroceder nuestra existencia al plano del reino animal.

Ningún estado de conciencia es permanente en el sentido de que debemos permanecer en él de manera indefinida. La energía del universo es fluida y dinámica. Nosotros estamos en el mar de la energía de Dios. Si nos encontramos atascados o anclados a un patrón o a una experiencia que nos ha resultado intolerable, entonces existe una ayuda.Usualmente usted puede ayudarse a sí mismo a salir de algún patrón o modelo no deseado, a través del uso de una o más metodologías de las que aparecen descritas en este libro, particularmente la técnica L.E.A.R.N. presentada en el capítulo 15.

Segmento cinco. El ser consistente–intelectual: despertar de la personalidad.

El ser consciente es el estado con el que más fácilmente podemos identificarnos. Éste es el despertar de la personalidad por medio de la cual el mundo nos conoce. Es además el modelo del alma por el cual esta vida ha permanecido trabajando en sí misma dentro de los mundos materiales. Recuerde que el ser del alma hace girar a la personalidad dentro de los mundos terrenales. Esa personalidad es la mayor parte del despertar del ser (el ser consciente).

La personalidad está constituida por nuestros valores, gustos, disgustos y por las actitudes generales en relación con diversos aspectos (nuestras creencias). Está construida por factores ambientales que han ido apareciendo a medida que hemos ido creciendo, así como también por factores hereditarios genéticos. Ambos factores forman parte de la estructura del alma cuando hace girar la personalidad dentro de la existencia. Con el fin de mover al ser consciente hacia las áreas de experiencia que se deseen, el ser del alma confecciona la encarnación del ser consciente.

Mientras que nosotros, el ser consistente, aprendemos más sobre nuestras características y sobre los cinco segmentos del ser, empezamos a alinear nuestro propio ser hacia el Espíritu Santo y hacia nuestra misión en la vida. Llegamos a entender y a integrar los patrones de alma para esta vida. Entramos al estado de infusión del alma en donde permanecemos vivos con la energía divina en todos los segmentos del ser.

Las siete claves del autoconocimiento

Además de entender los cinco segmentos del ser, necesitamos estudiar las siguientes siete claves del autoconocimiento. Al observar la información que proviene cuando nos enfocamos en cada una de las claves, estamos ganando un mayor nivel de conciencia y el entendimiento de nuestro proceso interno. Las siete claves del autoconocimiento son:

1. Entendiendo sus sueños
2. Entendiendo sus sentimientos
3. Entendiendo sus patrones de pensamiento
4. Entendiendo su cuerpo
5. Entendiendo sus deseos
6. Entendiendo su sombra interior
7. Entendiendo su mortalidad

Clave uno: *Entendiendo sus sueños*

Los sueños, algunas veces, contienen mensajes provenientes del ser básico. Estos mensajes están en la dirección del ser del alma. En otras ocasiones, los sueños contienen información proveniente de la fuente de la sabiduría del ser superior. Cuando llegamos a comprender nuestros sueños, logramos un conocimiento interno y experimental acerca de cómo es que nuestro ser básico opera para darnos información significativa de nuestra vida.

Las experiencias relacionadas con los sueños, tal como se explica en el capítulo cuatro, resultan ser tan válidas como las experiencias de nuestra vida cotidiana. Es justamente en el momento de procesar nuestras experiencias —ya sea que se traten de sueños o de cualquier otra índole— que ganamos percepción y sabiduría.

¡El primer paso para entender sus sueños es recordarlos! Si está teniendo dificultad para recordar sus sueños, asegúrese primero de que está descansando lo suficiente. Si esto no le ayuda, trate de cambiar su posición para dormir, coloque su cabeza en el punto Norte y sus pies en dirección al punto Sur. Experimente hasta que pueda tener acceso al recuerdo de sus sueños. Permanezca en la cama durante un momento al despertarse. Recordar tranquilamente esto puede ayudarle a hacer un viaje retrospectivo y a acordarse del sueño. Con frecuencia, evocar un detalle del sueño desencadenará más recuerdos localizados dentro de usted. La simbología de los sueños está estudiada y se discute con más detalles en el capítulo veintisiete.

Clave dos: *Entendiendo sus sentimientos*

Los sentimientos y las emociones han influido hombres y mujeres desde el principio de los tiempos. A muchos de nosotros nos han enseñado (especialmente en algunas de las tendencias que existen de "la nueva era") que nuestras emociones son negativas y carecen de espiritualidad. El círculo de Iluminación Angelical enseña que todas y cada una de las partes de nosotros mismos (los autosegmentos) son partes santas, dignas de todo honor y de total respeto. El respeto se produce cuando enfocamos nuestra atención en cada uno de los autosegmentos con el deseo de aprender, crecer y aceptar cualquier cosa que se nos revele.

La primera clave para entender sus sentimientos es reconocerlos. Tan simple como eso, muchas veces fallamos cuando debemos reconocer y aceptar nuestros sentimientos porque nuestra mente condicionada tiene miedo de que esos sentimientos no sean espirituales o de que podamos perder amor si llegamos a reconocerlos.

Reconocer nuestros sentimientos no significa trasladarlos a alguien más. Con mucha frecuencia es aconsejable "procesar" antes de hablar. De esta manera usted puede formular sus respuestas en una forma que estén de acuerdo con lo que comunica adecuada y positivamente el estado que está experimentando en ese preciso momento.

Como se presenta en el capítulo veintiocho, "Una guía para las emociones", los sentimientos y las emociones pueden ser agrupadas dentro de dos áreas básicas:

1. Sentimientos que reflejan una aceptación de amor.

2. Sentimientos que reflejan el temor de la pérdida del amor.

Practique la identificación de lo que usted está sintiendo y trabaje hacia el descubrimiento de los elementos más profundos de estos sentimientos. Por ejemplo, trate de minimizar la emoción de la rabia. Es muy normal que resulte ser algo doloroso o que hasta se sienta herido. Usted puede seguir el camino de la emoción inicial hasta llegar al sentimiento en el que nace, ese que existe en el centro de su corazón.

Clave tres: Entendiendo sus patrones de pensamiento

Se dice que los pensamientos son como si fueran cosas. Esto significa lo que concebimos como pensamientos en las energías mentales, eventualmente influencia nuestras acciones físicas, lo cual después va a afectar las formas materiales y las sustancias que existen dentro de nuestro mundo.

Entender los patrones de pensamiento es, quizás, una de las siete claves más difíciles para descubrir y entender. Esto es así, principalmente porque debemos utilizar los procesos de pensamiento para intentar la comprensión de éste en sí mismo y a los patrones o modelos que lo crean.

Uno de los métodos de entendimiento de los patrones de pensamiento es observar detenidamente las condiciones y situaciones de vida. De una u otra forma, los patrones de pensamiento han tenido influencia en la generación de las condiciones. Por supuesto que existen muchísimos más factores que afectan nuestras condiciones de vida. El factor externo más importante es la forma en que los patrones de pensamiento de otros seres y sus acciones físicas influyen en nuestras vidas. Aunque eso es importante, necesitamos hacer énfasis específicamente sobre nuestros propios patrones de pensamiento. Al modificar nuestros patrones de pensamiento, nuestras acciones también empiezan a cambiar y en consecuencia, el mundo a nuestro alrededor reacciona ante el cambio de ritmo en nuestras energías y éstas empiezan a cambiar también.

Otro método para alcanzar el entendimiento de los patrones de pensamiento es hacerle una pregunta al procesador de pensamiento (es decir, a su mente) y esperar la respuesta. Los procesos de pensamiento gustan de "hablar" internamente. Por ejemplo, pregúntese a sí mismo ¿por qué tuve ese pensamiento? o ¿por qué tomé esa decisión? —u otras preguntas expresadas de modo que conlleven a una respuesta constructiva— después, espere una respuesta. Notará que rápidamente recibirá como respuesta un "proceso de pensamiento".

Algunas veces las respuestas serán completas; otras veces necesitará hacer más preguntas. Como ha dicho Cristo, "pidan y recibirán", por lo tanto usted también puede aplicar esa frase a su propio ser. Pregúntese usted mismo y acepte las respuestas que reciba, no como si fueran la verdad absoluta, sino como pistas profundas para descubrir los misterios de su ser.

Clave cuatro: Entendiendo su cuerpo

Nuestros cuerpos como materia física, son formas y sustancias que existen en el mundo material. Como formas y sustancias, ellos son extensiones y patrones de pensamiento. Como tal, nuestros cuerpos han sido proyectados dentro del mundo a través de las energías de pensamiento creativo para experimentar y ganar sabiduría. Respetamos el templo de nuestro cuerpo por la habilidad que nos da para experimentar la alegría de la vida, así como también las penas, para aprender, apreciar y crecer.

Escuchar a nuestros cuerpos también puede ayudarnos en nuestra salud básica. Por ejemplo, algunas personas tienen reacciones alérgicas frente a diferentes alimentos. En otra forma menos violenta pero no por eso menos real, las comidas y otras sustancias afectan nuestra habilidad para concentrarnos y enfrentar la vida de manera más positiva.

Cuando ponemos atención a nuestros cuerpos, aprendemos cómo las diferentes sustancias afectan nuestra personalidad. Entonces podemos escoger entre usar o evitar estas sustancias para crear, aumentar o evitar un estado específico del ser.

Una manera de entender mejor su cuerpo es limitar temporalmente su funcionamiento. Por ejemplo, trate de no utilizar sus manos por una media hora. Después, escriba sus pensamientos y sus sentimientos de acuerdo a lo que haya experimentado. El capítulo veinticinco le dará algunas sugerencias específicas en esta área, las cuales podrá ensayar. A medida que aprenda a apreciar los dones divinos de su cuerpo, usted mirará su cuerpo, no como una limitación sino como una ventaja valiosa con la que experimenta el mundo terrenal.

Clave cinco: Entendiendo sus deseos

Se dice que los deseos son la fuente de todo dolor, pero cuando los honramos y los entendemos como un componente del autoconocimiento, encontramos que ellos representan una de las claves más útiles para centrarnos en nuestros asuntos más importantes.

Los deseos llegan como sentimientos fuertes y poderosos que crean dentro de nosotros una energía, como una especie de adrenalina, que nos hace actuar. En ocasiones, sentimos temor de nuestros deseos porque hemos actuado previamente sobre ellos y como resultado, hemos experimentado alguna clase de dolor. Por lo tanto la afirmación de que "los deseos son la fuente del dolor" ha sido transmitida a través de los tiempos.

Pero si vemos nuestros deseos con anhelo de entenderlos (por ejemplo: por qué razón los tenemos en un primer lugar), entonces las energías que los componen se separan en partes más discretas. Observar las partes individuales del deseo nos ayuda a entendernos mejor. Las partes que componen el deseo son patrones de pensamiento y sentimientos. El propósito de estas combinaciones es crear un estado deseado del ser (por ejemplo: la felicidad o el compromiso). Este estado puede ser alcanzado a través de cambios internos o cambios del mundo exterior alrededor nuestro.

Sus deseos son pistas poderosas para revelar los secretos de su ser interior. La próxima vez que quiera algo, tómese un momento para localizar la parte de su cuerpo que emana ese deseo. Tenga en cuenta la vibración de ese centro energético cuando usted siente ese deseo. Por ejemplo, ¿el deseo proviene el centro de su garganta? Es posible que exista la necesidad de expresar verbalmente su verdad. Luego, imagínese que el deseo ha sido satisfecho. ¿Qué es lo que "visualiza" como resultado de haber satisfecho su deseo? ¿Tuvo alguna sorpresa? ¿Cómo se siente y cuáles son sus pensamientos?

Clave seis: *Entendiendo su sombra interior*

Se dice, que la sombra interior es aquella "parte de la luz que se convirtió en oscuridad" para poder enseñar. La sombra interior es la parte de nosotros que le teme a ser rechazada y que implora la aceptación. Es la parte de nosotros que nos mueve para actuar dentro de patrones "negativos" con el fin de examinar el amor que sienten las demás personas hacia nosotros. También se conoce con el nombre de niño interior.

A medida que empezamos a mostrar amor y aceptación incondicional hacia nuestro niño interior, la conexión de sanación entre nuestro ser básico y nuestro ser consciente se olvida. Esta relación puede llegar a prosperar, estimulando al ser básico para que comparta el significado de sus sentimientos más íntimos con los otros autosegmentos.

Para entender la sombra interior, imagínese que usted tiene cinco años otra vez. Accidentalmente, ha roto el florero de cristal de su madre, justo el que le había dado como regalo su abuelita. Asustado por la pérdida de su obsequio, usted oculta los pedazos de vidrio en la esquina del closet de su cuarto (como si su madre no fuera a notar la ausencia de la antigüedad o como si ella no se fuera a dar cuenta del agua derramada sobre el piso, la cual usted no terminó de limpiar). ¿Qué es lo que quiere que su madre le diga cuando encuentre los vidrios rotos? ¿Qué es lo que usted quiere decirle a su madre?

Su sombra interna es como un niño de cinco años. Se necesita cuidado y entendimiento para poder ser capaz de crecer y unir las otras partes del ser. Usted, como un ser consciente debería esforzarse para entender y aceptar la sombra interior. Escúchela y aliméntela con el propósito de obtener una mayor integración entre todos sus propios autosegmentos. Esto le ayudará a alinear los cuerpos interiores, los cuales, a su vez, son los que le proporcionan el poder (la habilidad) para definir, manifestar y complementar la misión de su vida.

Clave siete: *Entendiendo su mortalidad*

La vida y la muerte están tan íntimamente entrelazadas hasta tal grado que si pudiéramos llegar a entender nuestra mortalidad (la muerte) entonces llegaríamos a entender el misterio de la vida misma. Uno por uno, cada uno de nosotros perderá todas las cosas y a todas las personas que hayan sido importantes durante nuestra vida. La vida es un proceso que es indispensable definir desde el primer instante para cualquier cosa y para desarrollar las relaciones entre cada uno. Después es necesario aprender a decir adiós a todo y a todos. Cuando reflexionamos sobre esta realidad, cada momento de la vida se convierte en algo sagrado porque lo único que tenemos es el momento —en cada persona o en cada elemento de la naturaleza y en cada cosa de la creación—.

Puesto que aún no existe ninguna prueba objetiva sobre vida después de la muerte, debemos decidir qué deseamos creer. Esto hace que quede completamente sobre nuestros hombros la responsabilidad de tomar la decisión de aceptar o rechazar a Dios (la vida eterna). Por medio del entendimiento y la contemplación de nuestra mortalidad, estamos obligados a utilizar los atributos de la fe y las creencias para determinar si nos acogemos a la idea de que la muerte nos conducirá a la vida eterna, o si equivale a la experiencia final de nuestra conciencia individual.

Al contemplar nuestra mortalidad nos sentimos motivados para vivir, aquí y ahora. Estamos energizados para escoger y llevar a cabo nuestro propósito de vida. Llegamos a apreciar la oportunidad de vivir cuando entendemos completamente que nuestros cuerpos cesarán de funcionar y aceptamos la realidad de nuestra mortalidad. El tiempo de vivir es ahora, mientras estamos aquí y en plenitud de conciencia.

El individuo integro: el iluminado

Iluminación. Ese tan mencionado estado esquivo, sobre el cual han escrito los sabios, los místicos y los maestros durante siglos, es ahora desenmascarado para que usted pueda verlo. No se trata de una serie misteriosa de reglas y de suposiciones antiguas. Tampoco se trata de un secreto íntimo para cuya enseñanza requiere de procesos de iniciaciones ni rituales. La iluminación no necesita que usted tenga que vivir una vida de ascetismo, en la que usted mismo se niega la posibilidad de acceder a las cosas de este mundo.

La iluminación es simplemente la aceptación y el trabajo con todos los segmentos del ser para vivir una vida basada en la verdad, la aceptación y el aprendizaje. Si logramos hacer esto, será cuestión de tiempo antes de que alcancemos el estado de iluminación, gracias al cual estamos viviendo como lo dijeron los hombres de la antigüedad: "el hombre se conoce a sí mismo".

Un individuo integrado acepta cada uno de los elementos de sí mismo como lo que son en realidad, aquí y ahora, mientras que permanecen en continuo desplazamiento hacia el propósito del alma. En otras palabras, no nos quedamos esperando a ver si empezamos a ser integrados mágicamente. Nosotros participamos en nuestras propias vidas. Si sentimos que no podemos participar, entonces podemos pedir la ayuda de los Arcángeles que nos dan la inspiración para empezar el proceso de integración.

Nosotros integramos los cinco autosegmentos del ser para que podamos llegar a entenderlos intelectualmente y aprender a utilizarlos diariamente con plenitud de conciencia. Literalmente, nos convertimos en una luz y brillamos con un amor que no conoce el fin. El entendimiento de los cinco segmentos del ser y su interacción es importante dentro del proceso de iluminación angelical. Nosotros podemos entender mucho mejor estos segmentos practicando ejercicios que nos ayudan a enfocarnos en cada uno de los segmentos. Los dos ejercicios a continuación están diseñados para proporcionarle un nivel de conciencia más amplio y directo acerca de cada uno de los autosegmentos y sus respectivos propósitos.

EJERCICIO

*Conectar al ser consiente
con el ser del alma y con el ser superior*

Siéntese tranquilamente en su habitación. Asegúrese que no será interrumpido ni molestado durante un período de varios minutos. Ahora relájese y haga unas cuantas respiraciones profundas de limpieza. Luego, empiece a contar mentalmente en orden regresivo, empezando con el número siete hasta llegar al número uno. Comience el conteo.

En cada número haga una pausa y focalice su atención como aparece a continuación.

7 . . . Enfoque su atención en la base de su columna vertebral. Haga esto calmadamente. Coloque allí toda su energía en una forma muy relajada. Espere hasta que se sienta en completo equilibrio. Libere la totalidad de los indicios de energía restrictiva que pueda detectar.

6 . . . Enfoque ahora su atención sobre la parte más baja de su abdomen. Sienta una vez más la energía que se encuentra en ese lugar. Imagine a la energía liberándose. Libere la totalidad de los indicios de energía restrictiva que pueda detectar.

5 . . . Enfoque su atención sobre el área ubicada tres pulgadas arriba de su ombligo. Observe cómo la energía se va arremolinando sin ninguna clase de límites y luego se libera. Libere la totalidad de los indicios de energía restrictiva que pueda detectar.

4 . . . Enfoque su atención sobre el área de su corazón. Sienta cómo la energía lo va calentando y tranquilizando. Libere la totalidad de los indicios de energía restrictiva que pueda detectar.

3 . . . Enfoque su atención sobre el área de la garganta. Deje que se relaje Permita que la energía fluya libremente. Libere la totalidad de los indicios de energía restrictiva que pueda detectar.

2 . . . Enfoque su atención sobre el área entre sus cejas, en el punto llamado el tercer ojo. Imagínese la energía girando libremente. Libere la totalidad de los indicios de energía restrictiva que pueda detectar.

1 . . . Concéntrese sobre la parte más alta de su cabeza. Ábrala para recibir la energía del universo. Libere la totalidad de los indicios de energía restrictiva que pueda detectar.

Ahora imagínese que unas cintas en forma de anillos circulares se están rompiendo en pedazos a su alrededor, desde la base de su columna vertebral hasta la parte más alta de su cabeza. Ellos se liberan y caen a la tierra. Ahora, su energía está fluyendo en forma natural y libre. La energía proveniente de usted se mueve hacia fuera en forma de ondas sobre un estanque formado por múltiples niveles.

A medida que la energía de los anillos se empieza a mover hacia su exterior, usted empieza a flotar hacia arriba, lentamente hacia arriba. Permítase ser usted mismo. Flote en ese caudal de energía positiva. Déjese arremolinar dentro de esa luz y sienta su maravilloso poder Después de un momento usted se sentirá como si hiciera parte de esa misma luz. Desde esta privilegiada posición podrá ver, conocer y estar en todas las direcciones simultáneamente. Entonces estará experimentando la visión de su ser del alma.

A su lado, podrá ver al ser superior. Este aparece como la fuente de la sabiduría reluciendo a su alrededor. Perlas doradas de la sabiduría flotan sobre la superficie del zafiro. Cada perla es el destello que proviene de la luz que se refleja alrededor de usted.

Por debajo de usted verá el caudal de energía que conduce al mundo terrenal y el cuerpo en el cual habita su ser consiente. Usted envía corrientes de amor en ese caudal de energía, así como también mensajes de apoyo y de orientación.

Ahora levanta una perla de sabiduría de la fuente del ser superior y la coloca dentro del caudal de energía. Esta se va disolviendo, en pequeñas gotas de oro liquido, a medida que va viajando en el caudal de energía hacia el ser consiente.

Usted permanece en este estado durante unos cuantos minutos, mientras que está experimentando las maravillas de la luz, la sabiduría, la conciencia y del compromiso que se producen dentro de usted. Cuando ya haya terminado, relájese de nuevo y suavemente, permita que su conciencia descienda de nuevo a su cuerpo y a la tierra. Después de unos cuantos segundos abra los ojos. Respire profundamente y mueva su cuerpo. Tómese el tiempo necesario para revisar e integrar sus experiencias. También es posible que sienta deseos de escribirlas.

EJERCICIO

Conectar al ser consiente
con el ser emocional y con el ser básico

Siéntese en una silla cómoda o acuéstese sobre una cama. Relájese. Sienta como la tensión de su cuerpo va desapareciendo. Después de un rato empezará a darse cuenta de algo que le va a sacudir su conciencia. En su corazón, otra vez, en alguna parte dentro de usted, sentirá una insistencia. Imagine que está girando alrededor del origen de esta insistencia, dándole la cara, enfrentándola. Entonces empieza a caminar.

Está oscuro y usted está caminando sosteniendo su mano sobre un carril en una pared o en un túnel. Sigue caminando sin estar seguro hacia donde va. De nuevo, siente la suave sacudida otra vez. Después de un corto tiempo usted ve una luz débil, más adelante. Entonces se dirige hacia la luz, a medida que continúa sosteniéndose sobre el riel en busca de apoyo.

Mientras se va acercando, puede ver una puerta cerrada. Usted llega hasta la puerta y se detiene. Sobre la puerta hay una aldaba de madera en forma de la cabeza de un león. Lleva su mano hacia la aldaba y golpea tres veces. Después de unos pocos instantes, la puerta se abre lentamente y deja ver una escena.

Esta es una escena que proviene del pasado de su vida. Aparece representada para usted por parte de su ser emocional. Puede que sea una de las heridas no resueltas que le causan remordimientos o una escena de alegría y felicidad. Camine por esa habitación tranquilamente.

Mientras que ve la escena, empieza a percibir una presencia detrás de usted. Lo está invitando a actuar, a hacer algo. Esta presencia es su ser básico. Siga sus impulsos e involúcrese en la escena que el ser emocional le ha presentado. Haga parte de la escena e interactúe con todo su contenido y con sus personalidades. Realícelo durante unos cuantos minutos, (siempre y cuando lo encuentre agradable).

Después de un rato, cuando considere que ya haya sido suficiente, ofrézcale una despedida a la escena. Agradezca al ser básico y al ser emocional por su valiosa ayuda. Luego abandone la habitación y cierre la puerta.

El camino de regreso es más fácil, mientras que sigue la luz del ser consiente de regreso a su estado de conciencia despierta. Abra los ojos y descanse durante un momento. Medite acerca del significado de esta experiencia. Este ha sido un mensaje que le han enviado sus seres emocional y básico.

Ponga en práctica estos dos ejercicios. Tómese su tiempo para experimentarlos. Mientras que continúa en su proceso de alcanzar el estado de la iluminación angelical, recuerde que todos los segmentos del ser deben ser integrados. Nosotros no somos un solo segmento, sino todos los segmentos al mismo tiempo. Esta es nuestra humanidad y en verdad, estamos hechos de una sola energía: —La energía del Creador—.

Los sueños con frecuencia son la manera más práctica
que utiliza el ser básico para resolver las
inconsistencias que se tienen en la vida despierta
—las cosas que decide no enfrentar en forma consciente—.

~

4

Experiencias y herramientas espirituales para la iluminación angelical

LAS TÉCNICAS Y metodologías de la iluminación angelical incluyen, pero no se limitan a los cinco tipos básicos resaltados en este capítulo. Estos son: la oración, la meditación, la contemplación, la interpretación de los sueños, la evocación de la vida pasada y por último, el sonido, la música y la vibración. Además de estas herramientas, cada Arcángel tiene una técnica principal que aparece descrita en su sección respectiva.

Estos métodos y técnicas son como los instrumentos de su caja de herramientas espirituales. Cada herramienta tiene un propósito para llevar a cabo una tarea. El instrumento no es el objetivo como tal. Tampoco lo es la idea utilizarlo durante determinados intervalos o durante unos períodos especiales de tiempo.

Imagine utilizando un destornillador para ajustar un tornillo que sostiene una cortina. ¿Utilizar el destornillador es la meta? ¿El objetivo es poder usar el destornillador todos los días? ¿Acaso, el hecho de que utilizar el destornillador lo convierte en una mejor persona? ¡Por su puesto que la respuesta a todas estas preguntas es no!

Otra analogía sobre los instrumentos espirituales y sus propósitos se refiere al viaje de Día de Acción de Gracias. En este ejemplo, un hombre regresa a su casa para compartir la cena de este día con su padre, a quien no ha visto desde hace muchos años. De la misma manera como el hijo pródigo retornó a casa, así también, este hombre ahora desea ver y aprender del pasado, en este caso, de su padre. Él deberá viajar por todo el país para poder llegar y celebrar el Día de Acción de Gracias.

Primero, él deberá decidir qué método de viaje va a utilizar para alcanzar su meta. Puede tomar un avión o un tren. También podría tomar un bus o manejar. En este caso, él decide manejar.

Luego, decide la ruta que ha de seguir para llegar a la casa de su padre. Él desdobla su mapa y encuentra que existen dos posibles rutas. Entonces consulta el reporte del tiempo atmosférico para saber si debería tomar la ruta del extremo Norte o la ruta del extremo Sur y así poder determinar a través de cuáles estados necesitará viajar para llegar a su destino.

Finalmente, toma su auto y empieza su largo viaje. Tres días más tarde y después de cruzar por varios estados por fin consigue su meta, la casa de su padre y puede compartir con él la cena. Aquella reunión es de alegría marcada por la aceptación, por sentimientos profundos y el amor.

En esta analogía:

- El hombre (en este caso el hijo) nos representa a nosotros mismos.

- El vehículo (el auto) que utilizó para llegar a su objetivo representa el instrumento espiritual que decidimos usar cuando nos abrimos a la energía divina.

- La consulta del mapa y la verificación del estado del clima representa la mirada honesta de nuestras motivaciones y de la situación real de nuestra vida cuando vamos a empezar nuestro recorrido espiritual.

- Los estados por los cuales atravesó representan los diferentes estados de conciencia que experimentamos en el camino de nuestras metas espirituales.

- El padre representa a nuestro ser del alma y la cena representa la sabiduría del ser superior.

- La felicidad de la reunión indica que la experiencia de la infusión del alma, es cuando cada uno de nuestros autosegmentos llegan a alinearse con la energía divina y con el modelo de alma establecido para este lapso de vida.

Nosotros utilizamos los instrumentos en la medida en que los vamos necesitando. Ellos cumplen con su propósito y luego son colocados a un lado. Vivir nuestra vida consiste simplemente en ser. Una vez que el hombre (el hijo) alcanzó el objetivo de llegar a la casa de su padre, como lo describe la historia, él no permaneció dentro de su vehículo, sino que lo colocó a un lado, mientras que disfrutaba con su padre.

Los instrumentos de la iluminación angelical nos ayudarán a realizar modificaciones y ajustes específicos en nuestros mundos interiores. Ellos no ayudan a enfocarnos en nuestras experiencias para poderlas procesar, así como en la sabiduría —las experiencias procesadas e integradas— del ser superior. Además también nos ayudan a abrirnos a la energía de los Arcángeles y de otros seres divinos.

¿Qué son las experiencias?

Las experiencias son las partes de la vida que transportan el sello vibracional de todos los niveles de nuestra conciencia en un momento específico. Por lo tanto observamos que todas y cada una de las experiencias contienen el completo misterio de la vida misma.

Las experiencias pueden conducirnos a estados particulares de conciencia. Al utilizar los instrumentos espirituales, podremos alinearnos en relación con los niveles de una experiencia en particular y por lo tanto alcanzar su correspondiente estado de conciencia. Dentro de nosotros está la memoria y la experiencia del mundo celestial del creador. Los estados del *ser* que se encuentran asociados con los grandes místicos del pasado y del presente son nuestros, ya que hemos experimentado tales estados y podríamos experimentarlos de nuevo.

Nosotros, como almas encarnadas, procesamos múltiples tipos de experiencias. El alma está enseñándonos constantemente, no sólo durante estados de vigilia sino también durante el sueño, mientras dormimos y soñamos despiertos. Los principales tipos de experiencias, que podemos procesar utilizando la caja de herramientas espirituales de la iluminación angelical son: las experiencias del presente, las experiencias del pasado, las experiencias de los sueños y las experiencias de la imaginación (cuando soñamos despiertos).

Las experiencias del presente

Éstas equivalen al diario vivir. Nosotros nos esforzamos para procesar las experiencias diarias a medida que ellas van sucediendo. Al hacerlo conseguimos detener el patrón que acumula más experiencias que se quedarían sin ser procesadas y que probablemente necesitarán una nueva revisión más tarde. Al ignorar lo que, en nuestros corazones, sabemos que podríamos estar enfrentando y resolviendo, no solamente estamos agregándole más cosas a nuestra carga para el futuro, sino que, en forma muy sutil, empezamos a limitar el presente. Esto es menos represivo que práctico. No podemos procesar todas las experiencias del presente simultáneamente. Muchas veces el procesamiento nos conduce hacia el pasado y de por sí, esta es una situación que ocupa considerable tiempo físico. Pero podemos procesar nuestras experiencias diarias a través de la verdad reconociendo que tenemos asuntos que enfrentar a medida en que sentimos las emociones que se desencadenan en nuestro interior. A partir de este punto de vista, nos esforzamos por expresar nuestras emociones de una forma saludable en lugar de reprimirlas. Una manera, de estar al tanto con las experiencias diarias, es usar la técnica L.E.A.R.N., presentada en el capítulo 15.

Las experiencias del pasado

El pasado fue alguna vez el presente, como el futuro será el presente y luego, será pasado. Cuando hablamos de la *experiencia*, nos referimos a un estado del ser. Este estado consiste en los exactos lineamientos mentales, emocionales, espirituales, físicos y subconscientes de la energía divina, los cuales existen en un momento determinado del tiempo.

Las experiencias no procesadas permanecen esperando para ser descubiertas y examinadas. Cuando estamos perplejos en el presente o cuando empezamos a procesar conscientemente nuestra vida presente, con frecuencia nuestra atención está dirigida hacia las experiencias del pasado. Cuando en el presente, estamos confundidos por las emociones y no sabemos por qué razón estamos sintiendo lo que sentimos, ha llegado el momento de explorar el pasado para buscar una respuesta.

Nos esforzamos por procesar nuestras experiencias del pasado. Este pasado pudo haber sido ayer o hace veinte años. A medida que trabajamos para examinar nuestras respuestas en el presente, estamos inevitablemente atraídos por el pasado para buscar el origen de la experiencia. Este origen se encuentra en el lugar a donde nos condujo el camino para que lográramos llegar al entendimiento y al crecimiento. Entonces, de alguna manera, procesar el pasado es procesar el presente ya que siempre estamos aquí y ahora. Al sumergirnos en nuestro pasado, podemos llegar a curar viejas heridas de nuestros corazones, a ocuparnos de viejos remordimientos que podamos tener y a abrazar nuestra experiencia de una manera tal que hubiéramos sido incapaces de hacerlo cuando esas experiencias ocurrieron por primera vez.

Las experiencias provenientes del pasado pueden incluir momentos de vidas anteriores. Se puede tener acceso al conocimiento proveniente de vidas pasadas y utilizarse en el presente para ayudarnos a regresar a los estados de conciencia en los cuales deseamos vivir, pero hemos olvidado como lograrlo. Estas experiencias son almacenadas dentro del depósito llamado ser superior.

Experiencias de los sueños

Al comienzo puede que parezca extraño el hecho de ver los sueños como experiencias de la vida, pero eso es lo que son en realidad. De la misma manera en que ocurre con los mensajes del ser del alma o del ser básico, ellos son experiencias que procesamos a través de las técnicas de interpretación de los sueños. Las experiencias de los sueños son algunas veces increíbles y fantásticas. En los sueños, tenemos experiencias que no podemos tener en la vida física, tales como el sueño de volar.

Los sueños también son las formas que utiliza la mente subconsciente para descansar del estrés. Los asuntos no resueltos del soñador se revelan en formas que, en muchas ocasiones, nos dejan perplejos. Además, la simbología manifestada por el soñador difiere uno del otro. En el capítulo veintisiete, aprenderá cómo entender y descubrir la simbología de sus sueños.

Las experiencias con la imaginación (Cuando soñamos despiertos)

Una de las experiencias más relajantes y preciosas se encuentran en el recorrido que nuestro ser interior efectúa durante las horas del día. En estos sueños tenemos experiencias que se forman a partir del principio del "¿qué pasaría si . . . ?". Otras veces nos desplazamos hacia estados de conciencia del pasado conocidas comúnmente como ensueño. Esta etapa es muy importante para nosotros. Recordar el pasado y utilizar el saber ganado allí equivale a darle más vida al presente con la suma total de nuestro ser espiritual.

Los instrumentos espirituales nos ayudan a procesar nuestras experiencias

Nosotros utilizamos la oración, la evocación de la vida pasada, la meditación, la contemplación, el sonido, la música y la interpretación de los sueños, como métodos para alcanzar un estado de concentración que nos permita ganar acceso hacia el ser superior. Este nos dispone hacia el conocimiento y nos dirige hacia el ser del alma. Una vez abiertos a estas fuentes y funcionando desde el espíritu de la verdad y la honestidad, claramente, podemos trabajar a través de nuestra experiencia e integrar sus lecciones.

La oración

La oración es una forma que utilizamos para solicitar desde lo más profundo de nuestros corazones la ayuda del poder y de la gracia divina de Dios. No consideramos a la oración como el camino para conseguir las cosas que queremos, ni como una forma de imponer nuestra voluntad sobre los demás. La oración es una forma de comunicarnos con la parte sagrada que existe dentro de nosotros mismos.

La redacción de la oración es importante así como las intenciones. Las oraciones en este libro, todas ellas inspiradas por los Ángeles, promueven el poder individual. Las oraciones que solicitan la ayuda y la orientación en el proceso de la integración del ser están dirigidas hacia el Arcángel apropiado.

Al hacer un repaso de lo que pedimos en nuestras oraciones, podemos aprender más acerca de lo que estamos sintiendo en relación con una situación o una persona en particular. El siguiente es un ejemplo de una oración de solicitud seguida por la misma petición, expresada de una manera que describe más detalladamente nuestras preocupaciones más íntimas. A medida que oramos, podemos intentar llegar de forma continua hasta la parte más profunda de nuestros corazones, con el fin de comunicar de manera explícita, tanto a nosotros como al Creador, quiénes somos y qué es lo que estamos sintiendo.

Primer ejemplo de oración: "Querido Señor, por favor ayuda a mi hijo para que deje de actuar irresponsablemente y permítele que pare de beber".

Segundo ejemplo de oración: "Querido Señor, por favor ayuda a mi hijo enviándole la fortaleza de tu presencia para que él pueda entender la razón por la cual no se siente capaz de controlar sus acciones. Hago esta oración para que él pueda ser capaz de enfrentar su dolor y sanar su corazón. Espero que él pueda perdonarme por el dolor que pude haberle causado. Te pido que por favor lo protejas en este momento tan difícil que está atravesando".

La siguiente oración está dirigida para uno de los Arcángeles. Usted puede utilizar las oraciones que aparecen en este libro, o modificarlas de acuerdo a la necesidad:

Querido Arcángel Miguel,

Te estoy haciendo esta oración para que me ayudes a fortalecer mi conciencia de tu divina inspiración en mi vida. Abro mi corazón hacia ti y te pido que derrames sobre mí tu divina energía. Te pido que me asistas para remover las máscaras de mi corazón y vivir en el espíritu de la verdad, la honestidad y la justicia más y más cada día.

Te lo pido a través de la energía del Cristo universal, Amen.

La oración es un camino para hablar con su ser interior para descubrir sus deseos. Los deseos son la fuente del crecimiento. A medida en que permita que sus deseos más íntimos salgan a la superficie, intente observarlos con una mente abierta y sígalos hasta llegar a lo más profundo de sus raíces. Con la oración podemos enfocarnos sobre las experiencias de nuestra vida con el deseo de mejorar y crecer. Nosotros deseamos este crecimiento para nosotros, lo mismo que para aquellos a quienes amamos y para toda la humanidad en sí misma. El creador no necesita de nuestras oraciones. Nosotros si. Las oraciones pueden conducirnos a un mayor descubrimiento de nuestra naturaleza divina.

Las interpretaciones de los sueños

Los sueños son utilizados en el proceso de iluminación angelical, principalmente por el poder de sus mensajes simbólicos de uno o más de los autosegmentos, enviados por intermedio del ser superior. Al aprender el lenguaje de los sueños podemos interpretar de una manera efectiva estos mensajes.

Los asuntos olvidados o aquellos que nos confunden son traídos hasta nuestra atención para un mejor entendimiento. Como resultado, nos concentramos en asuntos que son importantes y los resolvemos para permanecer en tono con el propósito de nuestra alma o para mantener el equilibrio emocional. Es posible recibir la orientación directa con respecto a una situación o a una relación determinada.

El entendimiento adecuado de los símbolos de un sueño es importante, por lo tanto debemos ser cuidadosos y no racionalizar su significado. En otras palabras, no debemos permitir que la mente consiente ignore el verdadero mensaje del sueño (el capítulo veintisiete discute este tema).

Ocasionalmente, podemos tener experiencias de sueños con seres del reino de los Ángeles que habitan más allá del mundo terrenal. Algunas veces, estos sueños están marcados por su claridad. Comparados con estos sueños lúcidos, los otros sueños podrían aparecer como bidimensionales.

El propósito de recordar la ayuda de los Ángeles tiene como fin el crecimiento espiritual. Esto es logrado, en parte, removiendo los bloques de nuestra propia humanidad. Como el padre y la madre que ayudan a su niño a crecer y a valerse por sí mismo, de la misma forma proceden los seres angelicales que nos cuidan.

Cuando usted llama a los Ángeles para que lo ayuden, ellos le prestan su asistencia de la manera más conveniente para su aprendizaje y crecimiento. Un buen padre sabe cuando intervenir para ayudar a sus niños y cuando retroceder para permitirles experimentar por su propia cuenta. Los Ángeles hacen exactamente lo mismo.

Todas las personas sueñan. Es posible que usted no pueda recordar sus sueños, pero eso no significa que no lo haga. Los sueños son necesarios para nuestro bienestar físico, emocional, mental y espiritual. Estudios demuestran que los individuos que despiertan repetidamente, justo cuando están a punto de entrar en el ciclo REM del sueño, manifiestan, con mucha frecuencia, síntomas negativos. Estos síntomas incluyen pérdida de peso, irritabilidad, confusión y en casos extremos, la inhabilidad para funcionar en las labores cotidianas. La interpretación adecuada de los sueños se extiende hacia la función constructora fisioespiritual del soñar para lograr el mejor beneficio de la experiencia de los sueños.

La meditación y la contemplación

La meditación está relacionada con el apaciguamiento temporal de la mente. En el momento en que el ser consciente–intelectual centra la atención sobre una imagen, un mantra o un área del cuerpo en particular por ejemplo, el caudal normal del pensamiento se deja a un lado y podemos llegar a otro nivel del pensamiento.

Este nuevo caudal del pensamiento, usualmente cargado de la sabiduría del ser superior o de mensajes de nuestra alma, puede ser experimentado en un ambiente multidimensional mientras que su cuerpo se ubica tranquilamente en un estado de separación del mundo sensorial.

Los ejercicios de cantos y respiración, constituyen una parte de las técnicas de meditación. Estos ejercicios entrenan a los sistemas del cuerpo físico y al cerebro para profundizar en los patrones de relajación. Los cuales a su vez, nos conllevan a la aceptación de la existencia de otros centros de energía. Estos centros de energía normalmente, se encuentran lejos como para reconocerse en el diario vivir.

La contemplación, parecida a la meditación, es similar al uso de la imaginación como visualización creativa. En la contemplación, uno puede tomar una decisión confusa o un sueño perplejo y observarlo desde muchos ángulos diferentes. Este dominio físico que poseemos cada uno de nosotros, es un extraordinario laboratorio interior. En él, podemos experimentar el contenido de nuestro corazón de acuerdo con los conceptos y patrones para llegar a un entendimiento más profundo de nuestras experiencias de la vida.

La meditación dirigida puede ayudar a reconectarse con los diversos centros de energía de su cuerpo etéreo, con el fin de regular la energía que fluye de cada uno de ellos. Existen siete centros mayores de energía en el cuerpo etéreo. También se conocen comúnmente con el nombre de chakras. (Ver el cuadro a continuación).

Número	Nombre	Localización	Color	Propósito
Séptimo	Corona	la corona	violeta/blanco	brindar la energía espiritual de Dios
Sexto	Tercer ojo	la frente	índigo	claridad en la visión; precognición
Quinto	Garganta	garganta	azul	la verdad al hablar; audición clara
Cuarto	Corazón	corazón	verde	amor, crecimiento y claridad
Tercero	Plexo solar	plexo solar	amarillo	emociones, sentimientos y sensaciones
Segundo	Sexual	ombligo	naranja	reproducción y creatividad
Primero	Base	base de la rabadilla	rojo	instintos, salud física, conexión con la energía terrestre

Los Siete Chakras

Usted puede utilizar la meditación orientada para explorar los centros de energía. También puede ser dirigida hacia las áreas o los centros de energía que considere que se encuentran bloqueados. Utilice su imaginación para sentir que la energía entra en un equilibrio o se abre en un área en particular. Los centros de energía son receptivos ante sus pensamientos y sus imaginaciones. Por ejemplo, cuando trate de revitalizar un centro, imagínese respirando con la energía del color relacionado con el centro específico (respire energía de color índigo para el centro del tercer ojo).

Durante este proceso usted puede llegar a adquirir conciencia de las cosas más ocultas y confrontarlas. Muy probablemente están relacionadas con el centro de energía sobre el cual usted se está enfocando actualmente. Ellos son parte de los asuntos que podrían haber originado un desequilibrio en un centro en particular. Reconózcalos, siéntalos y resuélvalos si es necesario o si siente el deseo de hacerlo —o las dos cosas—, ya sea durante la meditación o más tarde.

Recordar la vida pasada y la regresión

Recordar la vida pasada es utilizada también para integrar los autosegmentos del ser. Al ser conscientes de las experiencias de la vida pasada a través del contacto con el ser superior, ponemos en práctica las lecciones aprendidas en el pasado. Todos somos, por supuesto, un compuesto de todas nuestras experiencias. Cuando no encontramos la respuesta a un problema en nuestra vida actual, la conciencia proveniente del pasado podría tener la clave para actuar en el presente. Algunas personas podrían recordar vidas pasadas mientras que otras pueden no hacerlo. La evocación se puede realizar a través de sueños o recurriendo a la experiencia psíquica directa, ya sea de manera visual o en forma intuitiva. Las lecturas y las regresiones de las vidas pasadas, así como ocurre también con las técnicas autoadministradas, pueden ayudarle a tener acceso a la sabiduría proveniente del ser superior.

Este es el momento apropiado para hacer una pequeña exposición acerca del karma y sobre la forma en la que nosotros lo vemos. Creemos que somos alma y que el alma desplaza hacia la materia (a la vida terrenal) una parte de ella misma, nuestra personalidad, con el fin de adquirir experiencia, de aprender, de crecer y de evolucionar. Consideramos que escogemos como alma, lo que queremos experimentar en cada etapa de la vida. Esto compromete nuestra decisión en relación con cuál de nuestra causa y efecto forjador, o karma es la que deseamos integrar completamente con el fin de complementar ese ciclo de experiencia.

En nuestra opinión, el karma no es un castigo por las acciones equivocadas del pasado; mucho más que eso, representa cuánto queremos enfrentar, abarcar o aprender de ellas, en una etapa determinada de nuestra vida. Cada uno de nosotros tiene la libre voluntad para escoger las experiencias de aprendizaje que vamos a tener en cada vida. Las habilidades y destrezas desarrolladas en vidas pasadas pueden ser utilizadas y aplicadas de nuevas maneras en cada etapa de la vida. Pero cuando el karma es utilizado por otros —quizás por algunas tendencias espirituales— para controlar nuestras acciones, nos crea limitaciones. Podríamos bloquear la habilidad para resolver los asuntos de nuestra vida. La técnica L.E.A.R.N. considera los problemas que pueden surgir de la racionalización de las experiencias para satisfacer un sistema de creencias en particular.

Recuerde que las experiencias de la vida pasada no son diferentes a las experiencias de la vida presente. Ellas constituyen partes vibracionales de un todo o imágenes en el tiempo. Con frecuencia ocurre que durante la regresión a una vida pasada, los asuntos son enviados al ser consiente desde el ser superior, a través de la iniciativa del ser del alma. De esta manera, las experiencias y la sabiduría de la vida pasada pueden ser accesibles para usted en el presente.

La relación con cualquier experiencia es que fallamos al aprender de ella. El momento actual siempre se convierte en pasado. Tan rápidamente como experimentamos, así mismo nos dirigimos hacia la experiencia siguiente. No olvide de vivir en el momento inclusive mientras esté procesando el pasado.

Sonido, música y vibración

El sonido y la música también juegan un papel muy importante en la obtención de la iluminación angelical. El sonido y la música actúan principalmente sobre los centros físicos y emocionales. Al estar interconectados los autosegmentos vemos que cuando uno se activa, todos los demás son afectados de igual manera.

El sonido y la música pueden ser utilizados para colocar el cerebro físico en una frecuencia de onda determinada. Ha sido comprobado que ciertas frecuencias de onda del cerebro son conductoras a proyecciones extracorporales, el viaje durante los sueños, ESP, la profecía, la curación general y el bienestar. El canto es una técnica reconocida que utiliza el sonido para la expansión espiritual. A través del tintineo y de los efectos de las ondas producidos por el canto, el sonido llega hasta el cerebro a través del oído izquierdo y derecho, en una frecuencia un poco diferente. Esta diferencia se convierte en la frecuencia para la cual el cerebro es condicionado.

La música, conocida también como el lenguaje universal del alma, comunica sin palabras en forma misteriosa como pocos otros lenguajes pueden hacerlo. A medida que va integrando sus autosegmentos del ser, podría tener la experiencia de cantar espontáneamente. Encontrará que varios estilos de música serán más impactantes y lo confrontarán con asuntos que necesita tratar.

Por ejemplo, la música con un ritmo fuerte podría ayudarle a ponerse en contacto con el ser básico y con sus asuntos. En otros momentos, esta clase de música le ayudará a confrontar sus experiencias de ira del pasado. Diversos estilos musicales pueden ser utilizados para estimular las diferentes partes del ser.

Está sonando nuestra canción

La música tiene el poder de transportarnos en el tiempo hacia estados específicos del ser, que llevan consigo su propio sello vibracional. ¿Cuántas veces ha escuchado una canción en la radio y se ha sentido transportado hacia la época en que se originó la canción? La canción no sólo desplaza su atención hacia diferentes épocas, sino que además nos trae al recuerdo diversas emociones conectadas con las experiencias de esa época. De esta manera, usted puede utilizar la música para alinear de nuevo su ser actual hacia un estado de conciencia que desee o que necesite experimentar otra vez.

Trate de utilizar el poder de la música para lograr el estado de conciencia en el que desea vivir. A partir de ahí, puede explorar la forma en la que llegó hasta esa experiencia o hasta ese determinado estado. Puede aprender mucho más de lo que espera. En algunos casos, puede incluso sanarse usted mismo alineándose en un estado en el que la energía divina estaba floreciendo a través de usted, sin impedimentos causados por restricciones de su propia formación.

¿Cómo le ayudan el canto y la vibración?

El canto ha sido utilizado a través de los siglos como una herramienta para centrar la atención sobre los poderes supremos. No son las palabras en sí mismas las que proporcionan el beneficio más grande del canto; más allá de eso, su importancia está en la forma en que afecta al cerebro. El canto genera cambios en las vibraciones del mecanismo del cuerpo físico y del cerebro. Al cerrar los ojos, efectivamente, cambia la forma en la que usted siente. Ya no podrá ver lo que está a su alrededor y su foco de atención se desplazará hacia los centros de su función cerebral relacionados con el sentir (el tacto) y hacia lo que escucha (la audición).

Cuando usted canta una palabra o un mantra, las vibraciones del sonido que emanan desde su voz son transferidas a su cerebro en frecuencias sutilmente diferentes, como resultado de las posiciones de los oídos y de las variaciones en el tono del canto o de la canción misma. Justamente de la misma forma en que la música de las tasitas tibetanas generan sonidos de varias frecuencias, los cánticos ponen en movimiento un sonido con un efecto de gorjeo. El oído izquierdo y el oído derecho escuchan diferentes frecuencias de sonido. Las frecuencias están muy unidas entre sí y esta es la diferencia entre ellas cuando son procesadas por el cerebro, el cual, a su vez, se entrena para recibir esa frecuencia específica.

Estudios sobre las ondas del cerebro han encontrado bastantes grupos o niveles de actividad de las ondas cerebrales tales como: beta, alpha, theta y delta. Cada uno de estos grupos posee una frecuencia de 6 Hz. En otras palabras, cuando el cerebro izquierdo procesa los sonidos del oído derecho a 12.000 Hz. y el cerebro derecho procesa los sonidos del oído izquierdo a 12.010 Hz., el cerebro está procesando a 10 Hz.

Tipo de onda	Rango de frecuencia	Descripción
Beta	13–30 Hz	Atención externa (estado de alerta)
Alfa	8–13 Hz	Estado de relajación
Theta	4–7 Hz	Sueño profundo, acceso a las memorias profundas
Delta	0.5–4 Hz	Sueño profundo

Actividad de onda en el cerebro y las frecuencias del sonido

Mantener el ritmo de los cánticos durante un tiempo considerable produce un cambio físico en los patrones de las ondas del cerebro. Éste afecta la manera de sentir, su habilidad para visualizar y puede llegar a conducirlo a hacer uso de los centros del cerebro que hasta ese momento habían permanecido inutilizados. ¿Son estos centros bloques de sueños o aperturas a los mundos celestiales?

En cualquier caso el uso de los cánticos y de las vibraciones nos ayuda a calmar el cuerpo y el cerebro, con el objetivo de acceder a la información proveniente de las fuentes divinas. Esta información nos ayuda a procesar las experiencias en el inmediato presente.

El resultado final: permitirnos a nosotros mismos ser

La vida es un continuo proceso. Aprendemos a visualizar honestamente nuestras reacciones ante las experiencias de la vida, Luego expresamos nuestros sentimientos, aceptamos nuestra experiencia y liberamos el ciclo del aprendizaje para integrarlo dentro del ser superior. Después, nos preguntamos cómo podríamos actuar de maneras diferentes en las situaciones del futuro. Entonces habremos tomado el conocimiento ganado y lo habremos aplicado en nuestras vidas.

Lo que buscamos no es la habilidad de usar las herramientas espirituales o la habilidad para actuar. Lo que buscamos es mantener nuestros corazones abiertos hacia el espíritu de la vida y vivir en un estado de amor y felicidad. El resultado final de la iluminación angelical está representado por el Arcángel Uriel: simplemente, ser.

El desprendimiento es aceptar la realidad de su vida,
como lo es en este preciso momento.

5

Empezando su viaje con los Arcángeles

LOS CUATRO ARCÁNGELES están preparados para llevarlo en un viaje. Este capítulo trata de cómo puede prepararse para ese viaje. Aquí se le dirá qué necesita llevar y qué tendrá que dejar atrás. Se le dirá qué tan largo es el viaje y lo que observará cuando llegue a su destino. Finalmente, se le dará el siguiente paso para empezar su propio viaje.

Qué llevar en su viaje: el deseo

Al ser analizado cuidadosamente, el deseo —en particular nuestros propios deseos— constituye un sendero hacia el entendimiento y la aceptación de nuestro ser como aprendiz espiritual y como parte de la humanidad. Estos dos estudios, espiritualidad y humanidad, no pueden ser asumidos por separado y el uno no puede ser aprendido a expensas del otro. La persona comprometida con estos dos estudios dentro de una total exploración de vida engendrará dentro de sí misma una compasión y un amor hacia la humanidad, un deseo por descubrir los secretos de la vida y de la muerte, del Dios y del Espíritu, de manera que beneficiará todo lo que exista a su alrededor

Cuando nos enfocamos en nosotros mismos, en nuestras experiencias y sentimientos y en vivir cada día aceptando nuestra humanidad, encontraremos que los elementos espirituales que siempre hemos buscado están a nuestro lado. Su misión espiritual empezará a aclararse y usted la seguirá y la vivirá. Al procesar diariamente sus sentimientos, permitirá que el corazón permanezca en su estado natural de apertura y de amor. Esta se constituye en una experiencia de la gracia de Dios.

El espíritu arrollador de la vida maneja nuestra voz, nuestras manos, nuestros corazones y cada movimiento es hecho en paz y en armonía. Pero todavía existen momentos en los que, inconscientemente, impedimos este flujo de amor, de la misma manera en la que una represa impide el curso de un río. El agua da marcha atrás. Eventualmente la represa se llenará y el amor que hemos mantenido represado, se desbordará hacia el mundo a través de nosotros.

Al procesar honestamente nuestras experiencias diarias, podemos evitar que se forme la represa desde el principio. Esto nos ayudará a evitar los altibajos de dar amor, negarlo, darlo de nuevo, sin entender las fuerzas que nos empujan hacia ese ciclo inestable.

Para alcanzar la automaestría (el autoconocimiento), debemos aceptar lo que somos, nuestros sentimientos y deseos. En segundo lugar, debemos esforzarnos para entender la razón por la cual deseamos lo que deseamos, sin condenarnos a nosotros mismos. Al seguir el curso de nuestros deseos, empezamos nuestro viaje hacia el autodescubrimiento. Esta jornada es, en esencia, lo que en la antigüedad se describió con la expresión: "conócete a ti mismo". Ahora, esto no significa: "cámbiate a ti mismo", ni "condénate a ti mismo", ni siquiera "vive bajo una serie de leyes". Se trata simplemente de que el "hombre se conozca a sí mismo".

Qué debe dejar detrás antes de iniciar su viaje: creencias autolimitantes

Las creencias autolimitantes son pensamientos que restringen su poder. El poder está definido, en una forma positiva, como la habilidad para actuar. Esta habilidad es crucial debido a que vivimos en un mundo que requiere la creación para modificar la energía divina en varias formas con el fin de lograr las metas dentro del reino de la materia, energía, espacio y tiempo.

Por medio del incorrecto análisis y aplicación de las lecciones de una experiencia, podemos, inconsistentemente, instalar creencias limitantes que cambien nuestro destino. De nuestro destino se ha dicho que es nuestra meta. Al cambiar nuestras creencias, cambiamos nuestras experiencias y al cambiar nuestras experiencias cambiamos nuestro destino o meta final.

El plan de los Arcángeles le enseñará cómo crear nuevos patrones para remover sus creencias autolimitantes. De esa manera, logrará la fuerza necesaria a través de las creencias positivas para vivir la clase de vida que verdaderamente desea.

A través del tiempo y las enseñanzas el poder y el deseo han ganado connotaciones negativas. El poder y el deseo no son negativos en sí, pero si lo es el mal uso que se haga de estos conceptos. Una vez que extendemos estos conceptos hacia el exterior de nuestro propio espacio personal, en un esfuerzo para utilizar el poder y actuar sobre otras personas o dirigir nuestros deseos para cambiar a los demás en contra de su voluntad, entonces cruzamos la línea que existe entre la creatividad y la destrucción. La apropiada aplicación de los principios del poder y del deseo resulta esencial en el cumplimiento de la misión de nuestra vida acorde con el patrón del alma y con el plan divino.

Las creencias autolimitantes deberían dejarse abandonadas en el momento en que usted decida empezar su viaje. En el caso de que lleve algunas, por accidente, no se preocupe. Existen muchos sitios por el camino en donde podrá descartar patrones no deseados, en la medida que vaya aprendiendo y comprendiendo la razón por la cual llegó a aceptarlas en primer lugar.

¿Qué tanto durará la jornada?

La velocidad y la distancia de la jornada dependerán de cada individuo. Cada uno de nosotros es único con gran variedad de experiencias en esta vida y el pasado. Si es sincero y entregado al proceso de la iluminación angelical, podrá darse cuenta de que el proceso se mueve a medida que lo hacen las estaciones, es decir, lenta pero firmemente.

Los cuatro Arcángeles trabajan juntos para ayudarle, a veces de manera independiente cada uno en su momento y otras veces de manera simultánea. El tiempo empleado con el Arcángel Miguel puede variar dependiendo de la cantidad de represión que haya rodeado de discordia su vida. Algunas veces, después de que el Arcángel Miguel ha empezado a ayudarle, el Arcángel Rafael vendrá a orientarle para que se ocupe de las verdades que ahora está descubriendo. La cantidad de tiempo que le dedique a Rafael dependerá de la cantidad de dolor que haya dejado sin procesar durante su pasado y de la forma en que ahora desea procesar ese dolor.

Después de aceptar la verdad y curar las heridas de su corazón, está en posición para aceptar el desafío de definir y de llevar a cabo los pasos para cumplir la misión de su vida. El Arcángel Gabriel viene a usted para ofrecerle el envío divino: tomar la iniciat... para completar el propósito de su alma durante esta vida. Esto implica la defini... propósito y la elaboración concreta de los planes y parámetros para logra...

Gabriel le enseñará sobre la energía divina de la creación, el mantenimiento y la disolución. Usted trabajará con los patrones de la naturaleza y necesitará desarrollar la fortaleza para poder continuar con el proceso de la iluminación angelical a través de su realización. La cantidad de tiempo en esta área de desarrollo depende de su misión específica y de su situación en particular.

Uriel viene para ayudarle a encontrar la apreciación en el simple vivir. Por medio de la orientación de los otros Arcángeles, usted puede llegar a convertirse en un ser humano integral. Usted es de aquellos cuerpos que están en armonía con el mundo exterior. Esta energía del Espíritu Santo viene a usted por medio del ser del alma sin ningún tipo de restricción originado por los patrones inconscientes de limitación. El tiempo gastado con el Arcángel Uriel depende de su progreso en el procesamiento de sus experiencias y en la integración de la sabiduría, mientras trabaja junto con los Arcángeles Miguel, Rafael y Gabriel.

No hay límite de tiempo en la iluminación angelical. Al final utilizaremos lo que hemos aprendido en el viaje. Los Arcángeles Miguel, Rafael, Gabriel y Uriel siempre estarán con nosotros. Las lecciones que hemos aprendido empiezan a ser integradas dentro de nuestro ser superior. Hemos aclarado las obstrucciones de nuestros centros de energía. Esto permite progresivamente almacenar una mayor cantidad de energía divina que entra en nuestros corazones y fluye hacia el mundo.

¿Qué encontraré al final del viaje?

¿Puede imaginar el amor ilimitado del creador moviéndose a través de usted continuamente? ¿Quiere experimentar la interminable felicidad y el profundo conocimiento de su propia naturaleza y la de los demás? ¿Puede recordar vivir en armonía con el infinito? ¿Puede imaginar ser como un niño? ¿Cómo se sentiría al tener el corazón lleno y desbordado de amor, compasión y alegría?

Estas y otras expectativas lo esperan al llegar al final del viaje, —junto con los dolores y las penas de la vida humana—. No abandonamos nuestra humanidad para en alma llena de p __ la iluminación angelical. El dolor, el placer, la agonía y el éxtasis. Por medio de __ ón de la vida tal como es con el deseo de amar y brindar mucho más amor __ mos nuestras vidas con el espíritu y de acuerdo con los patrones del __ cada paso que tomamos y cada palabra que hablamos está __ del Espíritu Santo.

Su futuro, nuestro futuro, el futuro

Nuestro futuro es totalmente previsible si aprendemos a ver y a interpretar los patrones de nuestro propio ser. Utilizando la caja de herramientas espirituales, puede empezar a ser mucho más consciente de sus patrones y de las maneras que ha aprendido para responder y procesar sus experiencias.

Una vez vea claramente los patrones que dirigen su vida, el futuro perderá sus misterios. Al poner en práctica sus enseñanzas, el futuro se convierte en el resultado de sus decisiones que hace concientemente en el presente. Estas decisiones pueden terminar en éxitos o fracasos.

Nadie conoce las alturas hasta las cuales nos podemos elevar ni las profundidades de nuestra propia introspección. Por lo tanto, todavía nadie conoce el futuro. Allí se encuentra una gran aventura, ábrase a todos aquellos que han recibido el regalo de la conciencia. Tome el regalo de su vida y construya el futuro en el que desea vivir.

Su próximo paso es el primer paso hacia la iluminación

Empaque sus maletas, ya está listo para empezar su jornada. En la siguiente sección del libro, conocerá al Arcángel Miguel. Miguel es el Arcángel de la verdad y la justicia. Él le ayudará a ver con la verdad sus acciones y sus elecciones. Siga su orientación. Este es el primer paso hacia la iluminación angelical.

Para una mejor ayuda en su trabajo con Miguel, asegúrese de hacer el ejercicio del Trazado de su Vida (capítulo diez) inspirado por él. Use las meditaciones y las oraciones al pie de la letra, tal como aparece en la sección dos. Ponga suma atención en sus sueños y tómese un tiempo para revisarlos. Aprenda a entender los mensajes de sus mundos internos.

Tomé las cosas con tranquilidad. Este no es un viaje de autocondenación, sino uno de autoaceptación y renovación. Usted es amado y al mismo tiempo, es un ser de amor. Que su viaje este lleno de aventura, crecimiento y entendimiento.

La necesidad espiritual es una necesidad humana.

El Arcángel Miguel

Un Ángel puede iluminar el pensamiento
y la mente de un hombre
a través del fortalecimiento del poder de la visión
visión y a través de brindarle a su alcance alguna verdad
verdad que el mismo Ángel contempla.

—Santo Tomás de Aquino, *La Dicha del Camino*

~

6

Miguel:
el Arcángel de la verdad y la justicia

EL PRIMER ARCÁNGEL que lo guía a través de su viaje es San Miguel. Miguel normalmente aparece representado con una armadura, una espada en su mano derecha y una balanza en su mano izquierda. Otras veces aparece en una batalla con su talón sobre la parte posterior del cuello del Ángel caído. Esto simboliza la última iluminación del ser más grande sobre el egoísmo.

El Arcángel Miguel fue el primero en reconocer a Pedro cuando éste comenzó su ciclo de exploración en el reino de los Ángeles. Con la ayuda y asistencia de la energía de Miguel, Pedro empezó a romper sus propias barreras. Él fue capaz de participar de la verdad de su vida, en una posición de alineamiento con su modelo y con el propósito de su alma.

Con la ayuda de Miguel, encontramos que la verdad es el estado de autoentendimiento. Logramos este estado observando objetivamente los patrones de nuestra condición. Esto nos ayuda a mirar la verdad de cómo la conciencia (la personalidad) toma decisiones. Aceptando la verdad de nuestro condicionamiento, podemos cambiar la realidad que experimentamos cambiando nuestros propios patrones de comportamiento.

El atributo de justicia puede ser visto como una disposición para aceptar el ciclo de experiencias como resultado de nuestras elecciones. Esto se relaciona con el concepto de Karma, sus causas y efectos. El atributo de la justicia está enfocado en sí misma. En otras palabras, no buscamos hacer cumplir la justicia sobre otros. La justicia autoreflexiva es el tipo de justicia que Miguel representa dentro de la iluminación angelical.

El atributo de honestidad es igualmente válido para el individuo como para aquellos que nos rodean. Una característica de la honestidad es no malinterpretar (para nosotros mismos y para los demás) los patrones de condicionamiento que hemos llegado a entender.

Por ejemplo, digamos que alguien acepta la verdad de que él o ella tiene un patrón de comportamiento que lo instiga a robar. Para ellos sería deshonesto decirse que no tienen un problema o una inclinación a robar. También, podría ser deshonesto que ellos mismos se representaran de manera equivocada ante los demás como una persona en quien se puede confiar al estar sola en una tienda. Al ser honestos, encontramos la razón de nuestro ser. Esto nos dará un espacio para mirar las formas de cambiar nuestros patrones y buscar las razones más profundas del por qué es que ellas existen en ese primer lugar. La verdad es esencial. Si no admitimos que tenemos un problema, entonces no existe una manera en que podamos conseguir cambiar los patrones inconscientes que rodean y provocan ese problema.

Siempre llega el momento cuando a cada uno de nosotros se nos presenta el reto de enfrentar honestamente aquellos hechos en nuestras vidas que son el resultado de decisiones. Este momento está marcado por el reconocimiento de la espada de la verdad del Arcángel Miguel.

Esta espada simbólica, la espada de la verdad, es manejada por individuos valientes, quienes aceptan la consciente tarea de integrar sus vidas en el proceso de involucrar su pasado con experiencias actuales para vivir una vida amorosa y apasionada. Cada uno de nosotros tenemos esa espada de la verdad a nuestra disposición en este momento. Está guardada dentro de su vaina esperando nuestra orden. Con ella, nosotros podemos cortar las barreras internas que mantenemos y que impiden el propósito de realización de nuestra vida, el logro de un autoconocimiento y la integración de nuestros autosegmentos.

Los tres atributos de la espada de la verdad

1. **Realización.** Reconocer que en este momento, usted lleva la espada de la verdad consigo todo el tiempo, no hay fórmulas ni herramientas que deben ser comprados. Todo lo que necesita ahora es usted.

2. **Valentía.** Generar la valentía para levantar la espada de su vaina a su lado y utilizarla para entenderse a sí mismo y a su propósito. Podría sorprenderse por lo que ve.

3. **Compromiso.** Compromiso significa que una vez empuñe la espada de la verdad, no habrá retorno. Uno debe cumplir con la honestidad necesaria cuando la espada de la verdad es desenvainada. Uno debe moverse hacia un compromiso y esforzarse todo el tiempo para ver la verdad de nuestras acciones y deseos.

Es muy probable que al estar leyendo esta información, ya haya utilizado la espada de la verdad, o tal vez, está por enfrentarse ante la posibilidad del reto más grande de su vida. Algo por lo que ha estado esperando mucho tiempo —convertirse en el portador de la espada de la verdad—.

Creer no es igual a la verdad

Creer no es igual a la verdad, pero creer afecta las experiencias en la vida. Por ejemplo, si cree que no es experto en cierto deporte, y su práctica es pobre y crea dolor, usted escogerá no participar en ese deporte en lo absoluto. Esto limita su experiencia y todo aquello que pudiera surgir de la práctica de ese deporte, tanto situaciones positivas como negativas. Por el contrario, si considera que con práctica puede lograr experiencia, entonces tratará de aprender nuevas cosas. Esta creencia también afectará su experiencia.

Imagínese que está en una playa de espaldas al agua. Enfrente de usted se encuentra el bosque y detrás de usted está el océano. Empieza a caminar. Su experiencia será muy diferente dependiendo de la dirección que tome cuando empiece a caminar. Si camina hacia el bosque, verá árboles y animales. Si camina hacia el océano, experimentará la arena, el agua, las olas y la vida del mar. De una manera similar, nuestras creencias se enfocan al alcance de las experiencias disponibles dentro de una amplia asociación. Ellos definen nuestra visión, nuestra perspectiva. Debido a que estamos limitados por los puntos de vista basados en nuestro sistema de creencias, sólo podemos experimentar la vida a partir de ese conjunto de puntos de vista.

Como puede ver, creer no es igual a la verdad —ésta iguala un alineamiento en particular de su punto de vista—. El alineamiento incrementa o disminuye las experiencias disponibles que pueda encontrar. Trate de extender esta analogía física en sus sistemas de creencia espiritual.

Algunas personas consideran que el grupo de creencias son como las llaves. Ellos sienten que si mantienen el grupo de creencias apropiado, éstas representan las llaves del reino de los cielos. Creen que estas llaves les darán la salvación del espíritu después de la muerte de su cuerpo. Consideran que si le fallan en sus propias creencias, no podrán abrir la puerta del cielo a la hora de morir.

Una de las metas de la iluminación es ayudarlo a lograr un mayor conocimiento de su sistema de creencias. Siguiendo la dirección del Arcángel Miguel y practicando las técnicas inspiradas por él, usted podrá llegar a entender la razón por la cual cree en lo que hace. Entonces puede escoger el cambio de sus creencias. Cambiando sus pensamientos, cambiará sus puntos de vista y a su vez será expuesto a una amplia gama de experiencias.

Cómo están formadas las creencias

Miguel enseña que las creencias se forman al procesar experiencias. En la elaboración de experiencias hacemos suposiciones de causa y efecto. Con el tiempo éstas empiezan a ser parte del sistema de creencias que puedan limitar nuestras experiencias. Los Arcángeles nos animan para elaborar un estado del alma infundida. Cuando integramos todos los autosegmentos y procedemos de un estado de infusión del alma, somos capaces de extraer todas las enseñanzas de cada una de las experiencias.

Cuando tocamos el fuego con la mano, nos quemamos. Allí procesamos esa experiencia y aprendemos lo que podría suceder si tocamos el fuego. Creamos la idea de que el fuego nos hará daño basados en la integración de la sabiduría de la experiencia a través de un proceso. Aprendemos cómo interactuar físicamente con el medio ambiente procesando nuestras interacciones con él.

Las creencias también están formadas por nuestras experiencias con los demás. Los padres son usualmente nuestro primer contacto en la vida. A medida en que crecemos, las relaciones se expanden para interactuar con hermanos, parientes, amigos y con el mundo en general. Los patrones de aceptación y de rechazo que encontramos crean nuestras creencias.

Las creencias formadas por nuestras relaciones definen el amplio grupo de experiencias que podemos tener. De la misma manera como una serpiente que se está comiendo su propia cola, podríamos —hablando en sentido figurado— girar dentro de un amplio grupo de experiencias porque el grupo se refleja a sí mismo. Estos patrones pueden mantener su atención enfocada en áreas específicas por meses y años hasta que otra energía ajena a nuestra conciencia actúa sobre nosotros.

El principio físico establece que un objeto permanecerá en movimiento hasta que otra fuerza actúe sobre él. Igualmente, sus creencias se moverán en una dirección (dentro de su grupo de experiencias) hasta que la otra fuerza actúe sobre usted. Esto puede ocurrir de varias maneras.

Por ejemplo, una vez que haga el esfuerzo (energía directa) para examinar sus creencias, para entender como están formadas y escoger entre aceptar o cambiar, introducirá una nueva fuerza sobre usted. La energía externa puede influenciarlo a través de otras personas, el medio ambiente, sus propios segmentos y el reino espiritual. Estas fuentes pueden cambiar su patrón de creencias.

Tiempo: ¿falso o real?

El tiempo no espera a nadie. El mundo marcha. Se dice en términos metafísicos que el tiempo y el espacio son ilusiones. Desde el punto de vista de la eternidad, los conceptos de tiempo y de espacio pierden significado. Pero cuando se vive en el mundo de reencarnaciones, el tiempo y el espacio son de gran importancia. Ellos tienen un gran significado y no son ni una ilusión ni una trampa para atraparlo y cegarlo de la verdad.

El tiempo y su extensión es una experiencia. Las experiencias relacionadas con el tiempo pueden generar suficiente acumulación de energía que influye sobre usted para modificar sus creencias. Por ejemplo, digamos que cree en cierta técnica de meditación que le brindará paz y felicidad. Durante un período de meses y años practica esta técnica. Al final sus resultados son menores de lo que esperaba; su creencia de que esta técnica de meditación sería eficaz ha sido disminuida.

Con frecuencia, la gente no procesa completamente sus experiencias ni acepta las lecciones que ellas presentan. Este hecho también es conocido como represión. Sin embargo, en el ejemplo de la técnica de meditación, encontramos que dicha técnica no resultó como se prometió; en ese caso el meditador puede decidir culparse a sí mismo. Él puede argumentar que no practicó la técnica correctamente o que no está espiritualmente maduro para este trabajo; puede tener una gran cantidad de excusas, todas dirigidas a él mismo.

Culparnos es algunas veces la forma de proteger otros intereses nuestros. Por ejemplo, si el meditador escoge cambiar su creencia en la técnica de meditación, puede estar internamente presionado para cambiar su creencia en el camino espiritual o religioso que propone dicha técnica. Reconociéndose a sí mismo que la técnica de meditación no brinda lo que promete, entonces necesitará considerar que el resto de su viaje podría estar fuera de los alineamientos del plan y del propósito del alma. Él puede sentir la necesidad de cambiar su vida. Cambiar es difícil para muchos de nosotros, especialmente cuando se trata de cambios de gran importancia. El camino espiritual es uno de los cambios más importantes en la vida.

Hágase la siguiente pregunta: ¿qué gano con reprimir el proceso de mis experiencias? Incluso si este proceso lo conduce a dejar viejos ambientes, viejas relaciones y viejos caminos, no existe razón para retardarla. A largo plazo podrá terminar abandonándolos de todos modos; cansado y agotado por los años de represión.

Ahora tome su tiempo para reflexionar. Después, cuando haya curado las heridas del pasado y haya procesado sus experiencias con la ayuda del Arcángel Rafael, el Arcángel Gabriel llegará para enseñarle. Él le mostrará cómo generar consistentemente la fuerza, la persistencia y la entrega que se necesita para aceptar y llevar a cabo la misión de su vida.

Estancamiento espiritual

El estancamiento espiritual ocurre cuando no recordamos que podemos girar y mirar nuestras vidas desde un ángulo diferente. Nos olvidamos que tenemos alternativas. Es como si estuviéramos congelados, caminando en dirección recta incapaces de girar hacia alguna dirección experimentando sólo lo que está al frente de nosotros.

Las creencias no son una verdad objetiva. Son una opción de actitud con respecto a la dirección a la cual estamos expuestos. Los ojos humanos tienen un ángulo limitado de visión de unos 140° de izquierda a derecha. Así también son las creencias que nos proporcionen con un rango limitado de experiencia.

Las creencias están en parte formadas por experiencias, y el rango de experiencia está definido por nuestras creencias. Los patrones están establecidos por las repetidas experiencias que un sistema particular de creencias ofrece. Estos patrones tienden a enfocar su atención sobre otras experiencias que simplemente refuerzan las creencias obtenidas. A medida que pasa el tiempo, podemos enclaustrarnos en patrones, dejando muchos aspectos de la vida fuera de nuestro alcance. Miguel puede ayudarle a romper esas barreras y esos modelos para descubrir que la vida consiste en mucho más que un solo sistema de creencias.

¿Qué beneficios en particular le ofrece su sistema de creencias? ¿Lo mantiene cómodo o le facilita su expansión? Hágase estas preguntas. Ellas le ayudarán a analizar objetivamente los diferentes sistemas de creencias.

EJERCICIO

Descubra su sistema de creencias

Sobre un trozo de papel, haga una lista de las carreras o trabajos que sienta que podrá hacer. Luego, escriba las carreras o trabajos que sienta que no es capaz de hacer. Tómese su tiempo para escribirlos.

Después de que haya escrito estas seis ocupaciones o carreras, cierre los ojos. Descanse por un momento. Ahora, retroceda en el tiempo hasta cuando tenía doce años. Después de un momento, regrese hasta cuando tenía diez años, luego a los ocho, luego a los siete, y finalmente a los seis años de edad.

¿Recuerda jugando con sus amigos cuando tenía seis años? Pudo haber jugado "pretendiendo". Probablemente, imaginaba crecer y desempeñar diferentes roles. Se vio como un doctor, un astronauta, un bombero, o quizás como un obrero operando una gran grúa. ¿Recuerda cómo se sintió al imaginar todo esto? ¿No sintió completamente posible poder crecer para cumplir con todos estos roles? ¿Por qué pensó que podría cumplir con todos estos roles?

Ahora mire sus seis alternativas. Revise las tres ocupaciones o carreras que siente que no podrá realizarlas. ¿Cuáles son las creencias que no le permiten llevar a cabo estos roles? ¿Ha tenido experiencias en su vida que le hagan pensar que no podrá cumplir con estos retos? ¿Los cree verdaderos? ¿Si realmente hiciera el esfuerzo, no cree que podría lograr uno de estos tres roles? Si no es así, pregúntese ¿por qué no?

Los sistemas de creencias son relativamente individuales. Por ejemplo, un sistema de creencia que puede proveer a una persona mayores experiencias disponibles, puede proporcionarle a otra experiencias disponibles más limitadas. En muchos casos, cambiar un sistema de creencias lo alinea de manera que tendrá nuevas experiencias que no estaban disponibles para usted en su anterior sistema de creencias.

Los sistemas de creencias no son ni buenos ni malos. Ellos son autoimpuestos. Con el conocimiento consciente de cómo procesar sus experiencias día a día, desde el punto de vista del sentimiento infundido, usted puede integrar el conocimiento en su vida y escoger un cambio o modificar sus creencias.

Por ejemplo puede que usted no crea en los Arcángeles. Esto podría excluir experiencias con ellos. Pero debería preguntarse ¿cómo se puede creer sin experiencia? Esto brinda un tributo a la fe. Una persona puede escoger creer en algo sin experimentarlo y tenerle fe.

Existe el peligro de aceptar el sistema de creencias como última verdad. Por ejemplo, imagínese que tiene un par de lentes que le ayudan a su visión. Un par de lentes le permiten ver claramente a dos millas de distancia, pero no de cerca; otro par le permite ver de cerca, pero no a más de una milla de distancia. Otro par le permite ver a diez millas de distancia en cualquier dirección. En cada caso, su percepción es su experiencia.

Recuerde que los diferentes sistemas de creencias lo disponen hacia los diferentes grupos de experiencias. Por lo tanto escoja un sistema de creencias por las experiencias que éste le ofrezca. A partir de este estado de conciencia, podrá prevenir qué modelos autolimitantes serán instalados en su sistema corporal y mental.

Miguel le ayuda a romper con los viejos patrones y sistemas de creencias. Usted puede experimentar más y más de las creaciones de Dios. Ahora es como un niño otra vez. La creencia de que puede tener una experiencia específica le ayudará en la manifestación de esa experiencia en su vida.

El poder de la creencia

El poder de la creencia es un elemento importante en la iluminación angelical. Trabaje y estudie con Miguel ya que él le ayudará a ver los patrones que han estado instalados dentro de usted. El ejercicio del cuadro de su vida en el capítulo diez estuvo inspirado por el Arcángel Miguel para ayudarle a entender lo que vale, lo que valora y lo que cree. A medida que brilla la luz de la espada de la verdad sobre sí mismo, el proceso de integración del propósito del alma y del modelo se habrá iniciado.

Entender la forma en que sus creencias pueden definir la competencia de sus experiencias es uno de los primeros pasos de la iluminación angelical. El Arcángel Miguel puede inspirarlo y guiarlo durante todo este proceso. Confíe en él y libere las ataduras de una energía protectora que limita sus experiencias. Acepte la creencia de que la vida puede estar llena de amor, maravilla y misterio una vez más. Escoja creer en los Arcángeles y haga énfasis en permitir que los atributos de Miguel —la verdad, la justicia y la honestidad— florecen dentro de usted.

Reconozca que ahora tiene el símbolo de la espada de la verdad a su disposición. Puede usarla en cualquier momento. Utilice la espada para cortar sus propias barreras e ilusiones. Comprométase en el proceso del entendimiento y descubra sus modelos. Libérese del estancamiento espiritual. Esto podría resultar un proceso difícil y desafiante, pero el Arcángel Miguel le ayudará con su presencia y lo inspirará con su amor a la verdad, la honestidad y la justicia.

No es que el poder ni el deseo sean negativos,
lo negativo es una aplicación incorrecta de estos atributos.

7

Diga toda la verdad:
los poderes, el propósito y el proceso de Miguel

A INICIAR SU trabajo con el Arcángel Miguel ganará un grandioso entendimiento del propósito, poder y proceso que él representa. Empezará a ser consciente del enfoque de Miguel mientras usted avanza en su trayecto hacia la meta. Como un viaje hacia un lugar lejano, éste representará nuevas visiones para usted. Estas visiones son, en parte, un reconocimiento de los poderes, del propósito y del principal proceso de Miguel. Como quedó establecido en el capítulo uno, el principal poder de Miguel es la visión, su principal proceso es el entendimiento y su propósito es florecer los atributos religiosos de la verdad, la honestidad y la justicia.

El poder de la visión

El poder principal de la energía que surge de Miguel es simbolizado por la espada de la verdad. Cuando el poder de su espada se hace evidente en el individuo, las vendas son removidas de sus ojos, por así decirlo. Todas sus concepciones e ilusiones son presentadas al desnudo ante ellos.

Es a través del enfoque de la función de la visión que llegamos a entender nuestros sentimientos, pensamientos y acciones. No pretendemos poseer la verdad, la honestidad y la justicia pero si la claridad en la visión que nos brinda el entendimiento. Este entendimiento se manifiesta en el mundo en acciones que tienen sus raíces en los atributos divinos de la verdad, honestidad y justicia.

Miguel lo guiará para seguir la voz de la verdad dentro de su ser. Esta voz no es la voz de sus pensamientos ni la de su corazón, son ambas y muchas más. El estado de infusión del alma, se convierte en una parte de su vida cotidiana. Desde este estado su poder de visión se agudiza. Aquí es capaz de distinguir la verdad de la autodecepción. Cuando percibe que algo no está correcto en una situación o problema, está reaccionando ante una situación de desequilibrio de uno o más de sus autosegmentos.

No se desanime. Cuando atravesamos por una tormenta es muy difícil ver con claridad a medida que tratamos de equilibrar múltiples factores para permanecer verticales y seguir caminando. Cuando trabajamos el estado de la infusión del alma, es como si habitáramos en el centro de una tormenta; aquel lugar de calma y tranquilidad. Es exactamente desde aquí donde podemos juzgar nuestras acciones y motivaciones.

El mundo es nuestro escenario

Se ha dicho que todo el mundo es un escenario y nosotros somos sus actores. Desde el centro de la tormenta usted puede ver el escenario, identificar a los actores, relacionar las funciones que ellos representan y apreciar las acciones como un todo. La claridad de visión que se adquiere al decir la verdad le permite hacer cambios que le dan poder y enriquecen su vida.

¿Qué papel representa en este mundo? ¿Está seguro de su diálogo? ¿Está preocupado por lo que viene? No podemos detener a los demás en su actuación. Ellos están en plena libertad de hacerlo, de la misma forma como nosotros tenemos libertad de actuar. Lo que podemos hacer es encontrar la tranquilidad y el silencio dentro de nosotros y luego presentarle al mundo, a los seres queridos y a nosotros mismos la verdad del ser espiritual que somos. Esto proviene de nuestra experiencia directa, más allá del papel que estamos representando. Se origina en la experiencia individual de iluminación, mientras brillamos la luz de la visión sobre el mundo a nuestro alrededor.

El poder de la visión es como el poder del Sol. Cuando lo enfocamos sobre nosotros, de la misma forma en que el Sol enfoca su luz sobre la tierra, vemos la realidad de la vida libre de ilusiones. Las sombras son removidas. La luz del Sol provee energía para el crecimiento y la nutrición de la tierra; de igual manera usted debe enfocarse y proporcionarse el entendimiento, lo que le da la energía para los atributos de la verdad, la honestidad y la justicia, para crecer en su paisaje interior.

El proceso de entendimiento

El entendimiento llega en la medida que usted haga brillar la luz de su atención sobre sus experiencias. A través de continuas experiencias, se agudiza la capacidad de juzgar los elementos y las fuerzas que existan a su alrededor. Las circunstancias que encuentra en sí mismo, le permiten aprender más sobre usted.

Al enfocar su atención más allá de las situaciones superficiales, su conocimiento será recompensado. Este conocimiento calma su corazón y su mente, pero además puede proporcionarle un gran dolor al notar que con sus decisiones pudo herir a los demás, así como también a usted mismo.

Aún cuando es importante vivir en el presente, no debemos olvidar las lecciones del pasado para no cometer los mismos errores una vez más. Es necesario curar el dolor y vivir en armonía ya que la vida continúa sin importar lo que se haga. Hasta que aceptemos que nuestros cuerpos van a morir (cuarta clave para el autoconocimiento), no podemos experimentar en su totalidad lo más profundo de la vida, lo cual viene de aceptar nuestra inherente mortalidad (séptima clave para el autoconocimiento).

El propósito de la verdad, la honestidad y la justicia

El propósito principal de la energía que emana de este Ángel sagrado, es ayudar al florecimiento de los atributos divinos de la verdad, la honestidad y la justicia dentro de cada uno de nosotros. El propósito principal de Miguel es una vez más simbolizado por la balanza que sostiene en su mano izquierda. Todas las acciones requieren de una reacción. Por lo tanto todas nuestras acciones necesitarán ser balanceadas. Este es el propósito de la balanza. Esto es conocido como karma.

Recuerde que no debemos presionar la verdad, la honestidad y la justicia sobre nosotros mismos o sobre los demás. Podría ser lo mismo que falsificar un sentimiento. Si no sentimos compasión, necesitamos seguir el camino de la falta de esa emoción para descubrir por qué no reaccionamos de la forma que deseamos. La respuesta se encuentra en nuestro interior y no en los demás.

Si no cree que puede ser honesto consigo mismo y parece preocuparse más por su caos personal que por la justicia, pregúntese ¿por qué lo hace? Normalmente la respuesta puede encontrarla en sus sentimientos. Una vez que identifique sus sentimientos con el poder de la visión, está listo para viajar a la raíz de sus emociones. Rafael le ayudará a procesar sus sentimientos y emociones. Miguel le ayudará a verlos.

Permítase sentir. No hacerlo sería como deshonrar una parte de usted. La sanación llega a todos los niveles. No separe ninguna parte de usted. Integremos todas las partes de nuestro ser. Nuestras experiencias siempre serán nuestras experiencias y nunca podrán ser borradas de la memoria del alma.

Cinco formas de decir la verdad total (cómo decir la verdad total)

Decir la verdad total no significa pararse en un podio y contar a todos aquellos que están a su alrededor la historia de su vida, todo lo que piensa, siente y sabe. Decir la verdad total significa ser honesto con uno mismo; decir la verdad total significa que usted es capaz de aceptar los cambios y los patrones que se han establecido dentro de usted.

Paradójicamente, al decirse la verdad, le está contando al mundo la verdad total de usted mismo. El verbo *decir* puede ser engañoso. Usted no está pronunciando palabras a otros, sino que sus reacciones con ellas provienen de un nivel de autohonestidad que representan la verdad. En respuesta, ellos también tienen la oportunidad para contestarle de igual manera.

HISTORIA DE PEDRO

Decir la verdad total

Durante los años de juventud de mi hijo, yo reaccioné ante sus acciones en una forma de establecer control. Esta actitud era proveniente de mi patrón de pensamiento: "esta es la manera en la que se hará y punto". Su rebelión en contra de la conformidad era justamente lo mismo que yo había sentido como adolescente, la única diferencia era que ahora yo estaba al otro lado de la cerca.

No importaba qué hacía o cómo le respondía, parecía que siempre él peleaba conmigo. ¡Sentía que el límite de mi frustración ya había sido alcanzado y que él lo había sobrepasado cientos de veces! Pero entonces los Arcángeles Miguel y Rafael empezaron a trabajar conmigo. Mis conversaciones con mi hijo empezaron a cambiar. Al aceptarme y mirarme claramente a mí mismo con la ayuda de Miguel, fui capaz de tomar la iniciativa para el siguiente paso y mostrarme a mí mismo y a mi hijo de una manera abierta.

Una noche mi hijo me llamó por teléfono. Por aquella época estaba separado de mi ex–esposa, lo que aumentó la confusión en ese momento. Encontré un teléfono y lo llamé para saber que quería. Él necesitaba que lo llevara a algún lugar. Eran las nueve de la noche del domingo y estaba nevando en cantidades. Mi hijo sabía, según nuestros acuerdos previos, que si necesitaba que lo llevara a alguna parte, él tenía que avisarme con un día de anticipación.

En ese momento yo estaba cansado y no me sentía bien como para manejar hasta la casa de su amigo, pero me preocupaba que se enojara conmigo si se lo decía. Entonces empecé a explicarle que no quería manejar y reaccionó con los patrones viejos, repitiendo los mismos argumentos de discusiones pasadas. En lugar de contestarle que "no" una y otra vez, le dije de manera más honesta cómo me sentía: "me siento mal cuando tengo que decirte que no, pero esta noche estoy muy cansado y necesito quedarme en casa". Para mi sorpresa él respondió tranquilamente: "Muy bien". Allí terminó la conversación sin ningún mal sentimiento.

Esta simple conversación con mi hijo fue una experiencia de iluminación y un giro en el entendimiento y el poder de visión y los beneficios que brinda el hecho de decir la verdad total.

¿Cuál es la verdad total?

Decir siempre la verdad total es un paso muy importante en los lineamientos de los autosegmentos. La verdad total está reflejada en la totalidad de sus experiencias procesadas, no procesadas e integradas. Es la realidad de Dios como lo ha experimentado. En esta luz, todas las experiencias de la vida son sagradas. Ellas provienen del universo de Dios, nacido de la esencia del creado. Usted está hecho de la esencia del amor y es un ser de amor, viviendo en la verdad total del creador. Miguel nos pide encender la luz de la lámpara de la divinidad que hay dentro de cada uno de nosotros, para poder vernos a nosotros mismos una y otra vez y así compartir con el mundo en paz y armonía una vez más.

¿Cuándo debería decirse la verdad total?

Dígase la verdad total usted mismo todas las mañanas, todas las tardes y todas las noches. Diga la verdad total todo el tiempo, mientras ve como las tendencias egocéntricas interpretan las experiencias a su manera. Aprenda a entender las tendencias egocéntricas. Ellas no son ni equivocadas ni malas. Simplemente apuntan a una verdad basada en sus reacciones de supervivencia. Por lo tanto, cuando es consciente de que una parte de usted está escondiendo la verdad, no la condene ni esquive. Más bien, haga brillar la luz del sentimiento del amor y trasládela de un lugar de miedo a un lugar de aceptación. Este será el inicio como un ser de luz, sentimientos, paz y equilibrio.

Diga la verdad total en todo momento y vivirá una vida llena de alegría. Sus elecciones serán honestas, cualquier aflicción será purificada y sus lágrimas serán como la mano de Dios sobre su hombro. Su sonrisa será la puesta del Sol que alumbra en la oscuridad.

¿Dónde está la verdad total?

Esto se entiende mejor con otra pregunta anterior: ¿Dónde está usted? La verdad total es la sabiduría integrada que habita en el ser superior, combinada con experiencias no procesadas o procesadas parcialmente que encontramos en nuestra memoria del alma. La verdad total se encuentra en la voluntad para admitir e iniciar el proceso de integración y de sabia agrupación. La voluntad es confianza. Esto significa que su ser, a través de mensajes e impulsos, le hace un llamado para manifestarle la valentía de vivir.

¿Por qué se debería decir la verdad total?

¿Quiere paz, amor, entendimiento y felicidad en su vida y la de sus seres queridos? ¿Quiere vivir cada día con la alegría de la infancia? Estas y muchas más, son las razones por las cuales debería siempre decirse la verdad total a usted mismo y a los demás.

Una mentira puede ser más fácil decirla en un momento específico. Aun cuando cierre los ojos a una parte de la verdad, mintiéndose a sí mismo por un momento, algún día será descubierta. Lo que hace es aplazar su crecimiento.

Recuerde, que así como su cuerpo respira y exhala, y así como su cuerpo descansa y ejercita, así también usted procesa y luego integra la sabiduría. Primero experimenta y luego medita. Permita que la sabiduría del ser superior y las enseñanzas de su alma le den las respuestas necesarias para incorporarlas en su diario vivir.

¿Cómo decir la verdad total?

Estas son algunas formas para decir la verdad total:

1. **Escuche a su conciencia.** Escuche esa voz calmada dentro de usted. Está ahí por alguna razón. Esta es la voz del alma, enviando impulsos para guiarlo en sus metas y propósitos para su propio beneficio.

2. **Practique el plan de su vida.** Este ejercicio fue inspirado por el Arcángel Miguel. Puede ayudarle a identificar las áreas que necesitan algún entendimiento y proceso para lograr conocimiento.

3. **Ore e invoque la presencia de Miguel.** Esto nos ayuda a ver con claridad y nos da la inspiración para continuar. Recuerde ser amable consigo mismo durante este proceso.

4. **Practique las meditaciones de este libro.** Estos ejercicios, particularmente los del capítulo nueve, le ayudarán a ubicar su atención en el proceso de entendimiento individual a través del poder de la visión.

5. **¡Inténtelo. . . le gustará!** Después de decirse la verdad, podrá descansar. Todas aquellas cosas por las que estaba preocupado y que le causaban ahogamiento, quizás no iban a suceder, o si ocurren, no eran tan trágicas o dramáticas como pensaba.

¡Empiece hoy!

Empiece a decir la verdad hoy, mañana podría ser demasiado tarde. Nadie sabe cuando dejaremos este mundo o cuando nos dejarán nuestros seres queridos. Hábleles ahora desde la verdad en la que usted se encuentra. Comparta con ellos su propia verdad, esa que está dentro de su corazón. Anímelos para que ellos también la compartan entre sí (de la manera más amplia que puedan hacerlo) y acepte y aprenda de lo que ellos compartan con usted. Agradézcales por su amor y en respuesta, ámelos también a todos ellos.

Decir la verdad total se constituye en un largo proceso en la vida, el cual empieza en el momento en que usted adquiere conciencia de que está vivo. Observe a Miguel. Sostenga con valor y determinación la espada de la verdad. Sosténgala con el poder sanador del amor que proviene de la gracia de Dios y de su propio deseo de aprender y de crecer.

Al seguir el camino de nuestros deseos,
empezamos nuestro viaje de autodescubrimiento

8

Un mensaje de Miguel

Entender e integrar el patrón del alma

Yo vengo en nombre de la verdad y la voy a dar a conocer. Es la verdad que ha ignorado durante mucho tiempo. Es esa verdad que siempre ha existido en su interior, en lo más profundo de su ser. Es la verdad que ha olvidado a medida que ha perdido contacto con su inocencia.

Pido a aquellos que buscan mi ayuda, que tengan el valor para enfrentarse a sí mismos sin sus máscaras de protección. Ustedes necesitan coraje para soportar el dolor de las experiencias a las cuales se han negado a procesar. Además necesitan de un fuerte deseo para conocerse a ustedes mismos.

En el pasado se decía: "Hombre, conócete a ti mismo". Pero, ¿cómo puede conocerse a sí mismo hasta entender la razón por la cual decidió hacer lo que hace? Hasta que logre entender los factores que lo motivan en su vida, saltará de experiencia a experiencia sin saber cual es el camino por donde está forjado su destino.

Yo le ofrezco la balanza de la justicia, para que todos los hombres conozcan la verdad del creador. Ofrezco la balanza de la justicia para que entienda que cada acción necesita de una reacción en los mundos de la energía, la materia, el tiempo y el espacio. Esta reacción no es de castigo. Esta reacción es parte de la naturaleza cíclica del mundo terrenal.

Si me llama, no le voy a fallar. Voy a guiarlo hacia el sitio donde habita la espada de la verdad que está esperando su aceptación. Con el símbolo de la espada de la verdad, ahora tiene el poder para ver sus verdaderas motivaciones y entenderse a sí mismo.

Ya no decidirá mirar sus experiencias y tomar decisiones basadas únicamente en su interés personal. Ya no justificará con razones obvias que sustentan los sistemas de creencias que usted ha puesto al servicio de su interés.

La experiencia es la razón por la cual el alma decide girar en torno a la encarnación que ahora está consciente. Esta experiencia es para el beneficio integral del ser. Es un regalo de Dios. Cuídelo y hónrelo con todo el respeto que se merece. Todas y cada una de las formas tienen su propósito y su función. Todas ellas son formas de vida brindadas por la energía pura del creador.

¿Cómo podría llegar a entender el patrón del alma? El proceso con el cual los cuatro Arcángeles lo guiarán, es el proceso de autodescubrimiento, curación, compromiso y amor.

Hombres y mujeres de la tierra, busquen la verdad del amor en sus corazones. Yo no tengo el poder para desenmascararlos. No puedo ni empujarlo, ni influenciarlo, ni obligarlo, ni consentirlo. Mirarse a sí mismo en la luz de la verdad es traumático y conmovedor, pero al mismo tiempo restaurador. A medida que acepta la energía divina como una manifestación de la verdad, honestidad y de justicia, su vieja conciencia (el ser que había sido construido bajo sus viejos patrones) empieza a desintegrarse. En el fondo se encuentra la parte sensible de su ser; dulce, viva y de buena voluntad para vivir la vida a plenitud. Le pido aceptar la plenitud de la vida, para el enternecimiento de su verdadero ser, con el fin de manifestar una mayor claridad, verdad y amor en su mundo que lo rodea.

El plan de sanación de los Arcángeles es simple. No necesita comprar nada. No hay nada que buscar y no existen restricciones que lo aparten del beneficio que le ofrece el plan. Existen requisitos, pero estos requisitos son normas que se han de seguir. Con el fin de expandirse, hay que desplazarse y para ello debe haber motivación.

Entender el propósito del alma requiere el entendimiento de su patrón de comportamiento. Todo es como debiera ser en este momento, incluyendo el hecho de que en este instante, usted está decidiendo convertirse en un ser integrado consciente en todos los niveles: desde el ser del alma hasta el ser superior a través de los seres consciente, emocional y básico.

Cada uno a su debido tiempo y para cada momento un propósito. Con este propósito llega la información que ha de ayudarle a eliminar los vendajes de sus ojos y así decidir conscientemente el curso de su propia acción para curar las heridas del pasado que mantienen su corazón lejos de disfrutar una vida de plenitud; para comprometerse con persistencia y con fuerza para realizar su propósito en su vida en múltiples niveles y —en, antes, durante y después de todas las cosas y eventos de este mundo— para apreciar, amar y ser.

Para ser verdadero hay que admitir los sentimientos que se tienen. Rafael le ayudará a aceptar sus emociones y a aprender de sus deseos. Al admitir las emociones que está sintiendo, puede llegar a derribar las barreras que existen a su alrededor. Niveles profundos de honestidad requieren una apertura mayor a su ser y a su mundo exterior. Un entendimiento más profundo de la justicia lo conducirán a aceptar los ciclos de experiencia que haya escogido. Así mismo, los niveles más profundos de fortaleza y de compromiso, le ayudarán a llevar a cabo la misión de su vida.

Yo vengo hasta usted para ofrecerle el cáliz de pureza, y al beberlo, estará bebiendo de su propia verdad, aceptando y nutriéndose de la verdad interior que es usted mismo. Acepte mi ayuda, que se ofrece libremente. Gire su cabeza hacia los cielos, para que sea Dios quien lo cuide. No sienta miedo, puesto que los Ángeles y los Arcángeles están cerca de usted.

No vengo para mostrarle la verdad de otras vidas. Vengo para mostrarle el camino de su propia verdad. ¿De qué otra forma puede cambiar si no mira la realidad en que su vida ha sido construida? ¿De qué otra forma puede avanzar si no es rompiendo las barreras que enceguecen sus centros de energía? La tarea de observar la verdad e investigar en el espejo de ella misma, no es para los tímidos. Se necesita el atributo de la fortaleza. A medida que yo guío, puede pedirles a los otros Arcángeles que lo inspiren y que manifiesten en su favor los atributos divinos que posee cada uno de ellos.

Rafael lo ayuda a través de la sanación, la aceptación y la totalidad. Si mira en el espejo de la verdad y no puede curarse, entonces se sentirá afligido por la verdad que vea. Si mira en el espejo de la verdad y no acepta lo que ve, entonces se detendrá su búsqueda de la verdad interior. Si mira en el espejo de la verdad sin entender la totalidad de la vida, entonces va a sentir lástima de usted mismo.

Gabriel le ayuda a través de la fortaleza, de la persistencia y del compromiso. Si mira en su propia verdad pero no tiene el compromiso necesario, entonces se detendrá. Si mira a través de su propia verdad pero no tiene la fortaleza para continuar, entonces vacilará, y si mira la verdad en usted mismo pero no tiene la persistencia suficiente, entonces sus esfuerzos serán por corto tiempo y no alcanzará lo que se había propuesto y lo que había deseado.

Uriel le ayudará a través del amor, la belleza y la apreciación. Si mira en el espejo de la verdad sin amor, entonces sentirá desprecio por usted mismo. Si mira en el espejo de la verdad sin ver la belleza tanto de lo negativo como de lo positivo, entonces fracasará en el intento de comprender las fuerzas que lo empujan y que lo impulsan hacia su destino. Si mira en el espejo de la verdad y falla en lo que concierne con el aprecio de su vida, entonces no habrá ganado nada.

Es a través de los atributos del creador (manifestados por el propósito y los poderes de los cuatro Arcángeles) que usted busca, ve, acepta e integra toda la verdad. Yo le ayudaré a ver la verdad que hay en usted mismo y allí verá la verdad de sus creaciones. Esto le dará una gran alegría en el proceso de integración transformacional.

Le he ofrecido este mensaje por intermedio de la energía universal del Cristo del Creador.

*Niveles profundos de honestidad requieren
una apertura mayor a su ser y a su mundo exterior.*

~

9

Oraciones y meditaciones para contactar al Arcángel Miguel

Una oración de honestidad

Querido Miguel,

Ayúdame a lograr la honestidad que se necesita para llevar una vida de verdad y justicia. Permanece junto a mí en mi esfuerzo para romper mis patrones construidos. Envíame tu energía en mi deseo de cambiar mi vida de manera consciente, para ser más honesto tanto de palabra como de expresión y de acción.

Te pido a través de la energía del Cristo universal, Amén.

MEDITACIÓN

En presencia de Miguel

Siéntese en una silla o acuéstese sobre una cama. Vista ropa ligera que no lo incomode. Utilice el método que más se le facilite para relajarse (como el de respiración profunda). Esto le ayudará a enfocar toda su atención en su propio interior. Asegúrese de que no va a ser interrumpido por unos quince a treinta minutos. Después de que su cuerpo esté relajado y su mente se ha tranquilizado, continúe con el resto de la meditación.

Se encuentra parado en un templo. Es iluminado y amplio. Los pisos son de mármol muy brillantes y hay grandes columnas que se levantan por todo su interior. Usted se siente muy seguro allí y sabe que es un lugar muy bueno.

No hay nadie más a su alrededor, así que decide explorar el templo. Abre una gran puerta de piedra y entra en una habitación. Puede observar bastantes mesas. Hay muchas cajas en forma de adornos colocadas sobre las mesas. Entonces se acerca a una de las mesas y abre una hermosa caja tallada a mano. Dentro de ella, ve que hay piedras preciosas de todas las especies, Brillan. Otra caja está llena de monedas de oro y plata.

Luego ve una puerta de madera al final de la habitación y camina hacia ella. La abre y camina hacia otro cuarto. Este cuarto es tan maravilloso como el anterior. Éste está vacío excepto por los estantes de libros que están sobre cada una de las cuatro paredes y van desde el piso hasta el techo. Todos los estantes están llenos de libros. Si observa más detalladamente puede ver que los libros están escritos por reconocidos filósofos, pensadores y místicos. Muchos de los libros están cubiertos de polvo.

Luego ve otra puerta y camina hacia ella. Ésta está hecha de vidrio. Gira fácilmente a medida que la va abriendo. Entra a una habitación que está desocupada, excepto por un altar que está directamente al frente de usted. Al caminar hacia el altar nota que hay un gran espejo sobre la pared que está detrás del mismo. Mira hacia el espejo que refleja su imagen. Mírese a sí mismo durante un buen rato, mientras que permanece en esa habitación.

Escucha una voz que proviene de atrás de usted. Voltea y ve a Miguel cargando un cáliz en su mano derecha y una espada en su mano izquierda. Él camina hacia usted y le ofrece el cáliz. Usted lo toma lentamente y lo mira. En él ve agua. Entonces empieza a beberla, se asombra por el sabor del agua. No se parece a ningún agua que hubiera tomado antes. Mira hacia los ojos de Miguel. Tómese un momento para relajarse en la presencia de Miguel. Hágale las preguntas que desee.

Después de un rato, usted y Miguel abandonan la habitación. Cuando regresa al cuarto con la puerta de madera, nota que el cuarto está ahora completamente vacío. ¡No hay ni un solo estante sobre las paredes! Ahora se dirige hacia la habitación con la puerta de piedra y nota que las cajas ya no están sobre las mesas. De hecho, no hay mesas en el cuarto. Ahora deja el cuarto de la puerta de piedra y entra en el santuario principal del templo. Está solo otra vez.

Después de un momento agradézcale a Miguel y lentamente abra los ojos. Descanse y permita la presencia de Miguel para que esté con usted mientras que examina el significado de su experiencia.

Una oración a la verdad

Querido Miguel,
Ayúdame a levantar la mordaza que cubre mis ojos y mi mente. Sé que he escondido la verdad de mi ser a mí mismo por mucho tiempo. Ahora estoy listo para avanzar sin ningún temor. Me comprometo a revelar toda la verdad de lo que soy, en una forma amable y amorosa.
Te lo pido a través de la energía del Cristo universal, Amén.

MEDITACIÓN
Sobre la verdad

Siéntese en una silla o acuéstese sobre una cama. Vista ropa ligera que no lo incomode. Utilice el método que más se le facilite para relajarse (como el de respiración profunda). Esto le ayudará a enfocar toda su atención en su propio interior. Asegúrese de que no va a ser interrumpido por unos quince a treinta minutos. Después de que su cuerpo esté relajado y su mente se ha tranquilizado, continúe con el resto de la meditación.

Imagínese que está enfrente de un gran espejo. El espejo cubre toda la pared. En el centro del espejo puede verse a sí mismo como es hoy en vida actual. Está vestido con su ropa normal y aparece en un estado de relajamiento.

Ahora piense en usted como si fuera un bebé, un recién nacido. Tómese un tiempo y "siéntase" como un verdadero recién nacido. . . luego, tome la imagen de sí mismo en forma de un recién nacido y "ubíquelo" en el espejo, a la izquierda del centro. Ahora, a medida que mira hacia el espejo, puede observar dos imágenes: una de usted mismo como un niño recién nacido y otra como se ve ahora, en el momento actual.

Luego piense en usted como si se tratara de un niño que empieza a caminar alrededor de su casa. Una vez más, tómese un momento para sentirse como un niño. Ahora coloque esa imagen suya enseguida de la imagen del niño recién nacido que hay en el espejo. De izquierda a derecha, ahora deberá ver la imagen del recién nacido, la del niño que empieza a caminar y finalmente la imagen suya actual.

Ahora avance en períodos de cinco años. Con cada avance piense en usted en esa edad en particular. Tómese su tiempo para "sentir" que está viviendo en esa época. Asegúrese de tomar la imagen de cada época y ubíquela en el espejo junto a la imagen anterior. Continúelo haciendo hasta que llegue a la edad actual.

Tómese un momento y mire las imágenes que hay en el espejo.

Ahora apártese un poco del espejo. Para su sorpresa, a medida que retrocede, su imagen actual permanece en el mismo lugar dentro del espejo. Ahora es independiente de las imágenes del espejo. Usted está en el centro de visión del ser del alma. Ahora es una sola unidad de conciencia.

Desde este punto revise cada una de las imágenes en el espejo otra vez. Con cada imagen y con cada una de las progresiones de las imágenes —desde la juventud hasta su edad actual— trate de ver como su personalidad fue forjada para esta vida. Cada imagen contiene las semillas que la crearon. Ésta se ha manifestado desde sus bancos de memoria y ahora está en el espejo para que la revise.

Ahora vea con honestidad las decisiones que ha tomado y las experiencias que ocurrieron en cada uno de esos momentos. Trate de descubrir los valores que obtuvo y la forma en que ellos se fueron formando en cada una de las ocasiones. ¿Cómo asoció su experiencia a la causa y al efecto y cómo hizo para procesarla para configurar sus creencias? ¿De dónde provienen esas creencias? ¿Han sido sus experiencias completamente procesadas? ¿Puede verlas ahora de una manera diferente? ¿Puede que un futuro proceso le ayude a crecer?

Haga este ejercicio por unos diez o quince minutos. No se exceda ya que siempre puede regresar y explorar más si lo desea. El objetivo de esta meditación es el de descubrir la forma en que se han formado tanto su personalidad como su visión general sobre la vida, de manera que pueda ver la verdad en usted mismo y empezar a cambiar elementos de sus valores y de sus creencias. Conocer y entender sus valores y sus creencias le ayudan a tomar decisiones conscientes en el presente. Este es uno de los significados de la libre voluntad: decidir siempre y cuando se conozca la forma en que sus creencias afectan a las experiencias de su vida.

Una oración a la justicia

Querido Miguel,

Ayúdame mientras acojo la verdad y la compasión dentro de mi ser por medio de la aceptación de mi humanidad. Prometo ser amable y mostrar compasión cuando me corresponda hacerlo. También prometo ser justo en todas mis relaciones con los hombres sobre la tierra y en el cielo. Permanece conmigo Miguel y enséñame más sobre la justicia durante cada día de mi vida.

Te lo pido a través de la energía del Cristo universal, Amén.

Usted está vivo en el mar de la energía de Dios.

~

10

Trazando su vida:
un ejercicio con Miguel

DEBIDO A LA velocidad con la que mucha gente vive en este mundo moderno, algunas veces, la vida se presenta como un aspecto borroso. El Sol se levanta y se oculta y cada instante parece estar lleno de deberes y responsabilidades. No es coincidencia que para muchos, los años vienen y se van sin ninguna importancia. El ejercicio de trazar su vida le ayuda a disminuir la velocidad en su vida, de manera que pueda enfocarse en la revisión de esta gran experiencia.

Este ejercicio, inspirado por el Arcángel Miguel, involucra la evaluación objetiva y subjetiva. Al utilizar estos dos métodos, el ejercicio del trazado de su vida le ofrece un método balanceado y efectivo para vivir de una manera diferente.

El ejercicio le pide escoger un tema de tenga interés para evaluarlo en un período de tiempo determinado. Este ejercicio es mucho más fácil de llevar a cabo si se utiliza una gráfica con las coordenadas tradicionales X y Y. Diríjase por un momento a la pág. 81. Las coordenadas horizontales describen el período de tiempo a evaluar (los segmentos de tiempo), y las coordenadas verticales describen la escala de juzgamiento.

Puede usar el ejercicio para evaluar su vida espiritual durante un período de tiempo. En este caso, el tema a analizar es "la satisfacción espiritual". La posición más alta sobre la escala, o sea diez, representa "la máxima satisfacción espiritual" y la posición más baja sobre la escala, o sea uno, representa "la mínima satisfacción espiritual". El segmento horizontal representa los años. En este ejemplo escribirá 1978 en el primer segmento, 1980 en el segundo, y así sucesivamente, avanzando dos años en cada línea subsiguiente hasta llegar al segmento de tiempo número 12. Después de escoger su tema, establecer su escala y decidir cuál va a ser el período de tiempo que va a evaluar, estará listo para continuar con el ejercicio.

Comenzando con el primer segmento de tiempo (1978) escoja el número de uno a diez que mejor represente la forma en la cual usted calificaría el segmento del tiempo correspondiente al tema que lo ocupa (en este caso, satisfacción espiritual). Marque un punto sobre la gráfica, justo donde el primer segmento de tiempo y la escala se intercepten. Ejecute este mismo paso con todos los segmentos del tiempo sobre su gráfica. Después de que lo haya hecho, dibuje una línea entre cada uno de los puntos sobre la gráfica. De esta manera podrá apreciar fácilmente la forma en que ha evolucionado su tema evaluado a través del tiempo.

El siguiente paso a seguir es llenar las hojas siguientes (*Eventos y observaciones: Lado A y B*) según el tema que ha graficado (satisfacción espiritual en nuestro ejemplo).

Empezando con las notas del evento 1, piense en los eventos principales que ocurrieron en su vida durante ese segmento de tiempo. Escriba lo más significativo para usted. Ahora revise cómo calificó ese segmento de tiempo sobre su escala de juzgamiento. Considere su calificación y los eventos durante ese segmento de tiempo y registre sus observaciones. Esto representa la mezcla de los elementos objetivos y subjetivos de este ejercicio. El elemento subjetivo es su entendimiento sobre el tema en cuestión durante este segmento de tiempo, calificado en una forma numérica. El elemento objetivo son sus eventos detallados durante ese segmento de tiempo y sus observaciones acerca de la correlación que existe entre la calificación y los eventos.

Después de completar la sección de notas del evento 1, termine los eventos restantes registrándolos de manera descriptiva. Quizás tenga pocos segmentos de tiempo para trazar. Si es el caso, entonces complete las notas de los eventos relacionados en su línea de tiempo. Si desea tener más segmentos de tiempo de los que están disponibles en la gráfica, improvísela si es necesario.

El ejercicio también le permite variar los segmentos de tiempo para ordenar el tema. Los segmentos del tiempo no tienen que ser, necesariamente, bianuales como en nuestro ejemplo. Ellos pueden ser anuales, mensuales o diarios. En algunos casos, pueden ser de cada hora. Aquí hay un ejemplo donde se toma el sentido de los segmentos de tiempo a través de las horas: digamos que hubo una serie de eventos que dieron como resultado una seria discusión con su cónyuge o compañero. ¿Cómo puede determinar qué causó la discusión? ¿Puede resumir los eventos del día? Muchas veces estos eventos pasan tan rápidamente que no podemos recordarlos muy bien. También es posible que las emociones fuertes hagan difícil observar de una manera objetiva las cosas que han ocurrido. Es aquí donde las hojas de los eventos le ayudarán a recordar.

Elabore una gráfica, escriba la fecha, la hora y el título del tema, por ejemplo: *discusión con su cónyuge*. Marque el número diez como "el máximo motivo de discusión" y el número uno como "el mínimo motivo de discusión". Ahora establezca la línea del tiempo (segmento del tiempo).

En este ejemplo, usted recuerda que el punto más fuerte de la discusión fue alrededor de las 6:00 p.m. Empiece con el segmento del tiempo número 1 a las 10:00 a.m. y vaya avanzando de hora en hora. Ahora deberá calificar cada período de las horas con respecto a la escala de juzgamiento ubicando un punto sobre la gráfica donde se requiera.

Tome la hoja de *Eventos y observaciones* y escriba lo que sucedió en cada segmento del tiempo. Escriba los eventos, cómo se sintió, los pensamientos que tuvo y así sucesivamente. Luego, revise lo que ha escrito y busque la causa y el efecto dentro de los eventos.

Este ejercicio está diseñado para ayudarle a descubrir sus propias motivaciones y la parte de su responsabilidad, es decir, el papel que usted jugó en relación con el tema de la gráfica. Es muy importante que tome su tiempo para revisar lo que ha escrito. Busque los vínculos que puedan existir entre los eventos y sus sentimientos.

Una manera para aumentar los beneficios de este ejercicio es desarrollar varios temas durante el mismo período de tiempo. Por ejemplo, puede trazar su satisfacción espiritual durante un período de diez años, así como también su matrimonio durante el mismo período de tiempo si es su caso. Puede agregar más asuntos, tales como un cuadro de su salud física para la misma línea de tiempo. Después de completar las tres gráficas y las hojas de los eventos revíselas en conjunto. Observe y tome nota de los patrones resultantes.

Trazando su vida
Hoja de la escala del asunto

Fecha: <u>2 - 4 - 00</u>   Hora: <u>6:30 p.m.</u>

Tema: <u>Satisfacción Espiritual</u>

Escala de 10: <u>Máxima Satisfacción</u>

Escala de 1: <u>Mínima Satisfacción</u>

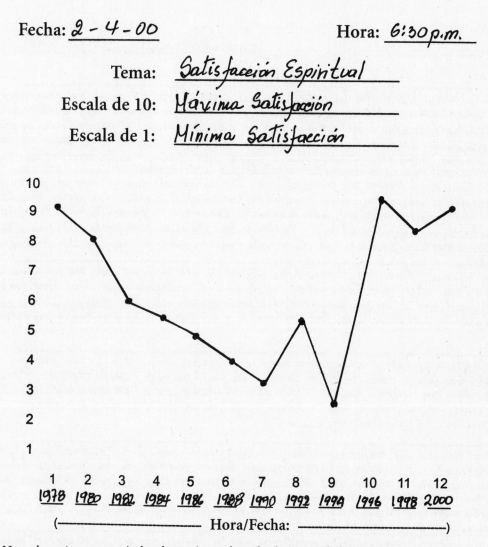

Nota: los números verticales determinan el grado de intensidad (máximo, mínimo). Los números horizontales corresponden al tiempo (horas, fechas, años). Las líneas que están por debajo de la sección del tiempo son para que relacione la hora y/o la fecha que representan los números (1= enero de 1978; 2= febrero de 1980, etc.).

Trazando su vida

Eventos y observaciones: Lado A

Fecha: __2 – 4 – 00__   Tema: __Satisfacción Espiritual__

Evento 1 Notas: Vivía en la casa con mi papá. Iba al colegio universitario y me empleaba solamente en trabajos de verano. Estaba muy involucrado en asuntos espirituales e intentaba nuevas técnicas para OBE proporcionadas por la comunidad. Descubrí que fuertes creencias eran ciertas en el camino de Dios. Sin deudas. Pocas responsabilidades. Creía que el líder de la comunidad era la mayor conciencia de la tierra. Fui admitido en la comunidad.

Evento 2 Notas: Me casé por primera vez. Abandoné el colegio. Nació mi primer hijo. Me vinculé a una organización local de la comunidad y recibí otra admisión. Esperaba más experiencias espirituales conscientes como me lo prometía el líder y las escrituras de la comunidad. Trabajaba tiempo completo. Descubrí que el líder retomaba secciones de libros de fundadores fallecidos sin reconocimiento alguno.

Evento 3 Notas: tiempos financieros difíciles. Me fui con toda mi familia para donde mi papá por tres meses y donde el abuelo por otros tres meses. El nuevo líder se hizo cargo del grupo, presentando una transición amable. Esperaba con ansiedad mayor crecimiento y las experiencias espirituales prometidas.

Evento 4 Notas: Monté un pequeño negocio en casa. Empecé a beber mucho. Obtuve mayores créditos! Me separé de mi esposa por corto tiempo. Paré de tomar en marzo del 83. Tiempos difíciles en el verano del 83. Posición lucrativa a corto plazo a finales del 83. Recibí otra admisión en la comunidad.

Evento 5 Notas: El anterior líder de la comunidad fue excomulgado por el actual, por supuesta apropiación de los fondos de la comunidad. Al fundador de la comunidad le encontraron grandes cantidades de escrituras que había tomado intactas de otros libros y las vendió como propias. Mi esposa no se daría cuenta de este problema. Sentí que tenía que olvidarme de este problema para mantener la estabilidad de mi familia. El segundo niño nació con problemas.

Evento 6 Notas: Tuve varios problemas con trabajos y sin mucho dinero. Atravesé el país para estar cerca de una clínica de especialistas para las terapias del segundo niño. Mejorías en la parte financiera con el nuevo trabajo en 1987. Conducía por largas horas. Disfrutaba del trabajo. Encontré gente de la comunidad en nuevas y muy diferentes áreas. Me di cuenta de peleas, hipocresías y elitismo entre los líderes locales.

Trazando su vida

Eventos y observaciones: Lado B

Fecha: 2 - 4 - 00   Tema: Satisfacción Espiritual

Evento 7 Notas: Recibí otra admisión para llegar a ser sacerdote, clérigo de la comunidad. Seguí trabajando en un puesto bien remunerado. Largas horas. En 1989 decidí mudarme a la ciudad donde estaban las principales oficinas de la comunidad. No lo quería hacer pero mi esposa fue insistente. Me trasladé y obtuve un trabajo con menos sueldo. Compré mi primera casa. Me costó trabajo adaptarme al nuevo trabajo. Se está construyendo la primera iglesia.

Evento 8 Notas: Se dio apertura a la iglesia. No me invitaron a la ceremonia. No pude lograr un mejor cargo en el trabajo. A finales del 91 pude pasar a una mejor posición. La iglesia no me permite enseñar en la iglesia. Es un tiempo especial. Me sentí rechazado. El hijastro está involucrado en problemas de jóvenes. El segundo hijo tuvo una dolorosa cirugía en la cadera.

Evento 9 Notas: Mi matrimonio está teniendo problemas. El primer hijo está presentando problemas en el colegio. El discurso del líder fue aburridor y redundante. El segundo hijo tuvo más cirugías en la cadera en el 92-93. De nuevo mucho dolor. Las peleas en la iglesia son más aparentes ahora. Me nombraron mejor empleado del año 93.

Evento 10 Notas: Me separé de mi esposa en abril del 94. Fallaron algunos proyectos importantes en el trabajo. Nuevo trabajo en octubre del 94. Un verano muy solitario sin mi familia. Leí libros diferentes a los de la comunidad y a los sugeridos en la lista del grupo. Perdí 40 libras. Abrí mis horizontes a otras perspectivas. Volví a sentir alegría. Conocí a Linda en sept. 94. Fluye gran creatividad. Sentí la presencia del arcángel Miguel.

Evento 11 Notas: Finalizó lo del divorcio. Vi al líder de la comunidad tratando de manipular a los seguidores. Empecé a verlo como humano y no como la más sublime consciencia sobre la tierra. Me causó enojo todos los años perdidos en la comunidad. Tuve problemas con los sistemas de creencias y el propósito de vida. Sentí la presencia de Rafael. Me casé con Linda en 1997. Compré casa. Inicié formalmente el círculo de Iluminación Angélica y creé un website: www.Angelic-circle.com. Empecé a escribir libros.

Evento 12 Notas: Se aclara mi propósito espiritual de nuevo. Avanzo con metas físicas y espirituales. Sentí la presencia de Gabriel a finales del 97. Empieza la influencia de Ariel en el 98. Me di cuenta que dentro de mí está la clave para mi propia iluminación y sanación.

Este ejercicio puede ayudarle a comprenderse a usted mismo y a sus motivaciones. También le ayuda a reconocer lo que vale, lo que cree y lo que piensa. Al reconocer estos factores, entenderá las conexiones que existen entre esos aspectos con sus experiencias cotidianas. Sus pensamientos no se confundirán con respecto al significado de una situación o a la forma como reacciona ante un evento.

Quizás se sorprenderá por sus descubrimientos. Durante el ejercicio debe ser honesto, tanto en los aspectos objetivos como los subjetivos. Colóquese subjetivamente en el período de tiempo para establecer las relaciones entre los eventos y sus sentimientos de ese momento. Luego ubíquese en el presente para hacer sus observaciones respectivas. La experiencia está ligada al conocimiento. Mientras mayor sea el conocimiento, más grande será la habilidad para analizar el pasado, aprender de él, procesarlo e integrarlo como sabiduría almacenada en nuestro ser superior.

Antes de iniciar el ejercicio es aconsejable practicar una técnica de relajación durante un corto tiempo debido al acelerado ritmo de la vida moderna que constantemente nos mantiene en movimiento. Cuando se sienta saturado de actividades, ponga en práctica la siguiente técnica. Ésta le ayudará a tranquilizar el ritmo de sus pensamientos, de manera que se pueda concentrar.

¿Alguna vez ha tratado sólo inhalar y exhalar? Si puede, trate de exhalar tres veces por cada inhalación que toma. No lo intente si le produce malestar. Si no puede hacerlo físicamente, entonces imagine lo que podría sentir si estuviera haciéndolo. Respirar de esa manera representa un cuerpo en constante actividad: continuo movimiento sin detenernos un instante para tomar un descanso.

Ahora, imagínese que está inhalando una vez por cada exhalación. Haga esto durante tres o cuatro ciclos. Después imagine que no está respirando aire a sus pulmones, sino vida dentro de su cuerpo, mente y espíritu. Respire los colores y las visiones que hay a su alrededor. Vea el mundo a través de sus percepciones. Dele un espacio a su ser y a sus centros de energía para aceptar el mundo. Ahora retorne esa energía. Estar siempre enfocado hacia su interior genera confusión y un falso equilibrio. Utilizando esta corta técnica de relajación, puede balancear la energía que fluye a través de su cuerpo. Practique esta técnica de relajación antes de desarrollar el ejercicio del trazado de su vida, o en cualquier momento durante el día cuando empiece a sentir que sus pensamientos están confundidos.

Recuerde el amor y la presencia del Arcángel Miguel mientras que trabaja con el ejercicio del trazado de su vida. Aquí podrá aprender más sobre usted mismo, su vida y las motivaciones y energías que lo empujan en sus acciones. Además, puede descubrir experiencias del pasado que no han sido procesadas en su totalidad. Muy a menudo existen dolorosos recuerdos que cumplen con estas características. Ponga en práctica la técnica del L.E.A.R.N. del Arcángel Rafael, que se presenta en la siguiente sección, para procesar todos esos recuerdos. Recuerde que la experiencia es el combustible que impulsa nuestro crecimiento.

Mucho amor nos es brindado y mucho amor es esperado. Usted puede desencadenar la paz, el amor y el cariño. Que este ejercicio inspirado por el Arcángel San Miguel, lo ayude en el proceso de vivir.

La prueba está en el proceso.

El Arcángel Rafael

Yo soy Rafael uno de los siete Ángeles sagrados,
el que presenta las oraciones de los santos
y aquel que se ha mantenido ante la gloria
de quien es toda santidad.

—El libro de Tobías, 12:15

11

Rafael: el Arcángel
de la sanación y de la aceptación

EL SIGUIENTE ARCÁNGEL ante su presencia es San Rafael. Es más conocido como el Ángel que ayudó a Tobías durante su viaje. Considerado como el patrón de los viajeros, su imagen es representada calzando sandalias y con un bastón en su mano izquierda. Rafael le ayuda a sanar las heridas que usted va descubriendo gracias al poder de la visión. Estas heridas frecuentemente han permanecido cubiertas o sin procesar durante meses o algunas veces años. Con la ayuda de Rafael usted aprenderá a procesar sus emociones para sentirlas a plenitud. Sin sentirlas, no puede expresarlas enteramente; y sin expresarlas no puede integrar el conocimiento que subyace al interior de ellas mismas. Ellas permanecen como cicatrices en su corazón.

Sienta a plenitud

Retroceda su pensamiento hasta la adolescencia. ¿Puede recordar algún momento de su vida cuando fue lastimado emocionalmente? Pudo haber sido una experiencia con un amigo o con sus padres por algo que hizo o dejó de hacer. ¿Cómo se sintió? ¿Trató de ignorar el problema? ¿Fue su respuesta honesta? ¿Cómo fue recibida su respuesta y cuál fue la respuesta que obtuvo a su vez?

Es la forma en que respondemos a experiencias la que nos crea el desafío de expresarnos y no reprimirnos. Expresarse significa responder en forma adecauda ante las experiencias a través del camino de la verdad. Cuando confrontamos experiencias dolorosas, hay un instinto de resguardar el corazón, de la misma forma como una tortuga coloca sus brazos y sus piernas dentro de su caparazón para buscar protección.

¿Qué ocurre cuando coloca su corazón dentro de una concha protectora? Deja de sentir y obstruye su expresión. Sin expresión, la sanación no puede ocurrir ni tampoco podemos alcanzar la integridad que proviene de la sanación. Empezamos a creer que la vida nos lastima; que el contacto y el compartir con otros es doloroso. Como dijo Cristo: "Coloca la otra mejilla". Al colocar la otra mejilla, usted conscientemente renuncia a la reacción instintiva de protegerse y de tomar represalias. La acción de poner la otra mejilla es igualmente significativa, tanto para usted como para aquellos que lo atacan.

Descubriendo de nuevo su corazón

El temor a la pérdida, combinado con la mala interpretación de nuestras experiencias causadas por el interés propio del ser egocéntrico (o por las inseguridades del ser de las sombras) nos ha llevado a cerrar el centro de nuestro corazón. Esta combinación ha hecho extrañas y misteriosas las sendas del corazón, haciendo más difícil la comunicación entre las personas.

Al abrir el corazón, se descubre y experimenta otra vez la plenitud de la vida. Estos vendajes estaban colocados de manera temporal y como ayuda para sobrellevar otro día aquí en la tierra y no como cadenas para atarnos al temor. El primer paso para retirar las vendas del corazón es hacer brillar la luz de la verdad sobre ellas. Muchas veces el impacto de la realidad de nuestras vidas nos sobresalta y nos ubica de nuevo en patrones cómodos que nos cubren de nuestras experiencias. Debemos poner resistencia a esa necesidad que nos quita la capacidad para sentir el dolor y que no nos permite sanar ni desvanecer los temores.

El siguiente paso es expresar sus sentimientos completamente, con precisión y de una manera constructiva. Esto da paso para que la esencia dorada del amor suavice y sane las heridas. Al permitirse a sí mismo sentir enteramente la alegría y el dolor de sus experiencias, usted le rinde honor a su vida, a las vidas de aquellos que están a su alrededor y al Creador.

La presencia de Rafael y su energía le ofrece el respaldo necesario para que continúe el proceso de sanación. Rafael estará con usted para ayudarlo a ser libre. Los Ángeles y los Arcángeles están aquí para ayudarlo. Después de experimentar el efecto positivo de la sanación que nos brinda autoaceptación, aumentará el deseo de abrir aún más el corazón.

Expresar no es reprimir

Expresar nuestros sentimientos significa expresarlos todos, —no reprimirlos—. No basta simplemente con expresar nuestros sentimientos, debemos manifestarlos de una forma que sea constructiva y que haga posible el proceso de sanación.

Se debe evitar expresarlos de una forma hiriente y destructiva tanto hacia nosotros como hacia los demás. Si usted siente la necesidad de hacerlo de esa manera, no se sienta mal, esto significa que no ha procesado completamente la emoción. La técnica L.E.A.R.N. le puede ayudar a procesar una emoción hasta llegar a descubrir su origen. Esta técnica también nos ayuda a desarrollar nuestros sentimientos de una forma que promueve el entendimiento y la comunicación. Esto nos brinda la integridad necesaria y la aceptación de la vida en todos sus aspectos. Por ejemplo, si alguien dice algo lo hiere, es natural sentir tristeza. Para muchos, la tristeza da paso rápidamente a la ira. Mientras que algunos no responden en forma directa, otros lo hacen instantáneamente con rabia y represalia. Al adoptar una respuesta agresiva e hiriente, se cree que las personas entenderán mejor nuestros sentimientos o que, al menos, experimentarán lo que estamos sufriendo.

También existen otros que se esforzarán por escudriñar el origen de sus emociones en lo más profundo de su pasado. Las emociones tienen a su vez, otras emociones que las originan. La ira tiene niveles que subyacen debajo de sí misma, los cuales conducen a su raíz u origen. Cuando somos conscientes de sus orígenes, existe la tendencia a comunicarnos mejor y escoger mejor las frases y las palabras de tal manera que no suenen amenazantes; es decir que optamos por aquellas que mejor describan lo que estamos experimentando y sintiendo.

Por ejemplo. Digamos que alguien en el trabajo tiene la costumbre de interrumpirlo siempre que está hablando. ¿Qué puede hacer al respecto? Podría optar por ignorarlo o por responder de igual manera. Tal vez podría atacarlo verbalmente, ya sea de frente o a sus espaldas. Sin embargo si desea comunicarse de una forma constructiva, podría optar por expresarse claramente, de esta forma:

"Cuando usted me interrumpe lo que estoy diciendo, siento como si no le importara lo que yo pienso. Me duele que no aprecie el valor de mi opinión".

Compare la siguiente afirmación con la anterior. ¿Cómo considera usted que alguien respondería a cada una de ellas?

"¡Estoy harto de que siempre me esté interrumpiendo cuando estoy conversando. Creo que es un idiota y quiero decirle que estoy cansado de sus estúpidas opiniones!".

La técnica de Rafael, llamada L.E.A.R.N. suministra un enfoque paso a paso para procesar sus sentimientos y sus emociones en la medida en que se relacionen con sus experiencias. Recuerde que el principal propósito de sentir y de expresarse es el crecimiento de los atributos de integridad, aceptación y sanación. La energía de estos atributos nos ayuda a mantenernos abiertos al Espíritu Santo, al ser del alma y a la sabiduría de nuestro ser superior. A su vez, esto nos permite construir un entorno cálido y protector en donde podemos vivir.

Amar al prójimo significa brindarle el respeto y amarse a sí mismo significa honrar y respetar sus propias experiencias. El honor más grande que podemos ofrecerle a la vida es procesar cada una de las experiencias en su máxima plenitud. La sabiduría adquirida quedará almacenada en el ser superior para ser compartida a través de un corazón. Ahora los sentimientos de plenitud y espiritualidad llegarán a usted cuando así lo desee. El proceso purificador de las expresiones apropiadas trae consigo estos divinos atributos para brindárselos de una forma natural y balanceada.

La olla de vapor de la represión

Todos los años de represión, alimentados por el temor al rechazo y a la pérdida del ser egocéntrico, crean una bomba de tiempo dentro de nosotros. Esta bomba de tiempo es una especie de olla para cocinar al vapor a punto de estallar, es decir, "la olla de vapor de la represión". A medida que se ignoran las emociones, sus energías se van comprimiendo como en una olla de cocinar al vapor, generando así una situación progresiva de volatilidad inminente.

La permanente represión de las emociones también crean dificultades de comunicación porque se ha decidido que no podemos ser honestos con todos aquellos que nos rodean. Cuando no somos honestos, no podemos esperar que nos respondan de una manera recíproca. Esto complicará aún más el problema. Con el tiempo, la carga y la presión llegan a ser tan fuertes que la olla explota o, por lo menos, empieza a dejar salir el vapor comprimido.

Con la ayuda del Arcángel Miguel, aprendemos a descubrir la verdad de nuestra represión haciendo uso de la autohonestidad. A pesar de ser una tarea muy difícil, debemos admitir que tan solo nosotros y nadie más, nos hemos encargado de ocultar nuestra propia verdad. Por mucho tiempo hemos visualizado las falsedades aceptándolas como si fueran verdad. También, empezamos a observar la forma en que hemos deformado nuestros corazones al permitir que los temores nos controlen. A medida que empezamos a procesar las experiencias reprimidas, se va liberando la presión de la olla, y al admitir que ésta existe, nos sentimos aún más lastimados. Es entonces cuando nos damos cuenta de la forma en que hemos pasado en vano tantos años preciosos dando vueltas entre modelos de infelicidad y de alienación. De muchas maneras, hemos vivido la vida como zombis, es decir, incapaces de sentir en lo profundo de nuestros corazones donde se conecta nuestra humanidad y nuestra divinidad.

Los niveles de las emociones

Al entender nuestras emociones (ver capítulo 28) podemos enfrentar, constructiva y positivamente, cualquier sentimiento, incluyendo el enojo, la envidia, los celos y el resto de las que se conocen como emociones negativas. El dolor que sentimos al darnos cuenta de que hemos vivido años de represión, años que no podemos recuperar, puede estar combinado con cierto nivel de ira. Recuerde que no hay emociones buenas ni malas. Simplemente, sentimos lo que sentimos. Tenemos la capacidad de sentir todas las emociones y a aprender de ellas, incluyendo la ira y las demás emociones negativas o desagradables. El siguiente es un corto ejemplo de los niveles de las emociones que podemos experimentar:

- Alguien lo critica, entonces usted reacciona con ira.

- Por debajo de la ira está el siguiente nivel de emoción; el dolor. Se siente herido porque sabe que la crítica que recibió tiene algo de verdad.

- Más en lo profundo, usted siente tristeza. Considera que no ha llenado la expectativa de esa otra persona (o tal vez su propia expectativa).

- Finalmente llega a la raíz más profunda de la emoción; el miedo. Tiene miedo de perder el amor de la otra persona, así como temor a no ser digno de ser amado.

Información adicional sobre cómo encontrar la raíz de la emoción, es contemplada en la técnica L.E.A.R.N (descrita más adelante en esta sección). Esto forma parte fundamental del proceso de expresar efectivamente sus sentimientos.

El limbo emocional

¿Se ha preguntado alguna vez la razón por la cual no siente una determinada emoción en una situación especifica? Por ejemplo, en una situación en la cual la compasión es la emoción a sentir, termina sintiendo superioridad. Tal vez, podría sentir desprecio más que amor por la humanidad. ¿Por qué razón siente celos en lugar de satisfacción? No tiene ninguna validez tratar de dirigir nuestros sentimientos. Simplemente no funciona. A pesar de la gran cantidad de reglas, leyes, proclamaciones y doctrinas espirituales creadas para degradar ciertas emociones negativas, no podemos sentir emociones positivas con sólo la fuerza de voluntad. El simple hecho de seguir las leyes y reglas espirituales no genera las emociones gloriosas de la realización espiritual y la satisfacción como humanos.

Cuando dirigimos la fuerza de voluntad hacia la visualización de nuestra verdad, tenemos la oportunidad de sentir la otra cara de las emociones negativas. De la misma forma en que siente las vibraciones ocasionadas por alguien que golpea el otro lado de una pared y las sigue para identificarlas, así mismo usted puede seguir los golpecitos de sus emociones para alinearse con ellos. Esto le ayudará a sentir, ver y descubrir el siguiente paso que necesita tomar. Cuando tenemos el deseo de aprender y de crecer mediante el procesamiento completo de las experiencias de nuestra vida hasta los niveles más profundos, entonces estamos actuando desde un estado de aceptación. En una forma más natural hemos retornado al estado maravilloso de la niñez. Empezamos por experimentar, como si fuera un sentimiento glorioso, la energía de la vida que nos impulsa a través del centro del corazón. Esto se refleja en nuestras acciones y en las palabras al reconocer que estamos bajo el cuidado protector del Espíritu Santo.

Identificar la represión

Sabemos que algún día moriremos. Nuestros cuerpos dejarán de funcionar de la manera como lo han venido haciendo desde el día en que nacimos. El siguiente ejercicio lo ayudará a identificar la represión a través del análisis de la mortalidad (la séptima clave del autoconocimiento).

Identificando la represión

Relájese y concéntrese por completo. A medida que va leyendo cada afirmación, haga una pausa para leerlas de nuevo, por lo menos una vez más:

- Algún día su cuerpo morirá.

- Éste se desintegrará y se transformará en polvo.

- El polvo se esparcirá por toda la tierra para ser reconfigurado en otras formas.

Enseguida, identifique sus sentimientos escribiendo tres pensamientos acerca de cada una de las afirmaciones arriba mencionadas. Escriba lo que siente. Si no puede sentir, entonces no está concentrado o está rehusando a liberar su represión. Al escribir sus sentimientos, habrá empezado a expresarse a sí mismo.

Finalmente vuelva a leer cada una de las tres afirmaciones iniciales con sus tres pensamientos respectivos. Siéntese, piense y reflexione acerca de lo que escribió. ¿Puede aceptar estos pensamientos? ¿Fue capaz de experimentar sus propios sentimientos? ¿Cómo se siente al experimentar esos sentimientos?

Al no existir ninguna evidencia sobre la existencia de la vida después de la muerte, asumamos (en este ejercicio) que no existe nada después de la muerte. A medida que lleva a cabo este ejercicio, mantenga su objetividad con respecto a esta posibilidad. La muerte es una experiencia de la vida. Aceptar nuestra muerte es aceptar nuestra vida. Negar una experiencia es alejarnos de la integridad de todo. Ganamos una profunda apreciación de nuestra humanidad cuando, paradójicamente, aceptamos nuestra mortalidad y revelamos nuestro corazón al mundo que existe a nuestro alrededor.

Ahora dedique unos minutos para llevar a cabo el ejercicio anterior con tres situaciones diferentes relacionadas con el presente. Estas situaciones son las que se encuentran en su "olla de vapor de la represión". Quizás les tiene temor. Escríbalos y siga los pasos señalados en el ejercicio anterior. Estos son los asuntos sobre los cuales usted debe trabajar y procesar.

Explore sus sentimientos. Ellos lo pueden conducir a las respuestas y a las nuevas maneras de ver la vida. Esto, a su vez, abrirá sus centros de energía con la preciosa conciencia del *ahora* que reviste el eterno momento en el cual vivimos.

Las emociones son sus amigos

Al estudiar con Rafael, usted estará en la compañía de un Arcángel glorioso de consuelo, aceptación y sanación. Recuerde que las emociones son sus amigos. No las subestime; por el contrario, hónrelas, al ser creaciones de Dios, con la gratitud y el agradecimiento que se merecen. Usted puede utilizar las oraciones del capítulo 14 para contactar la energía de Rafael e invocar su presencia. Practique también las meditaciones que se recomiendan o lleve a cabo las de su preferencia. De todos los métodos, el más recomendado es la técnica L.E.A.R.N. Éste es un método poderoso para ayudarle a mantener abierto el centro de su corazón hacia el espíritu de la vida.

Todo lo que haya sido reprimido, algún día debe ser expresado.

12

Expresar los sentimientos es importante para la sanación: los poderes, el propósito y el proceso de Rafael

EL ARCÁNGEL RAFAEl se ilustra con frecuencia llevando un bastón en su mano. El bastón simboliza la necesidad del alma para continuar avanzando en su viaje divino inspirado por el espíritu. Después de que la energía de Miguel haya quitado el vendaje de sus ojos, los atributos de Rafael le ayudarán a sanar las heridas que usted ahora puede visualizar. En este segmento de su viaje, estará acompañado por el Arcángel Rafael quien le ayudará a visitar de nuevo las experiencias del pasado que ahora son reconocidas a través de la espada de la verdad.

El principal poder de energía que emana de este Arcángel es la capacidad de sentir. Sin la ayuda de Rafael, el trauma de revivir viejas heridas emocionales podría llevar a cualquiera hacia un ciclo destructivo de autocompasión y de retribución. Y a pesar de que en un principio toda la oscuridad nace originalmente de la luz, es posible permanecer en tinieblas más tiempo del que pudiera necesitar.

Una visita al consultorio médico

¿Alguna vez ha sentido que no puede conectarse con sus sentimientos? La mayoría hemos experimentado esta incapacidad de interactuar con nuestros sentimientos alguna vez en la vida. Esta falta de contacto sucede porque estamos apartados de nuestro ser emocional. La supresión continua de nuestros actos nos lleva a un estado de represión.

El siguiente ejemplo ilustra la importancia de expresar sus sentimientos para el proceso de sanación. Digamos que usted padece de un dolor de estómago. Este no es un

97

dolor normal que podría desaparecer rápidamente. El dolor ha durado dos días y decide consultar con el doctor.

Llega al consultorio del doctor unos minutos antes, se sienta en la sala de espera y después de un rato es llamado a la sala de chequeo para que el doctor lo examine.

Él le pide que se siente en la camilla, luego le hace una pregunta: "¿Qué lo ha traído por aquí hoy?"

Usted responde, "no me siento bien".

El doctor comienza el examen. Primero le toca la pierna y le pregunta, "¿le duele aquí?" Usted no dice nada.

Entonces le toca el brazo y le pregunta, "¿le duele aquí?" De nuevo usted se queda callado. Él le palpa la cabeza y luego el estómago mientras le pregunta "¿le duele en esta parte o en esta otra?" Nuevamente, usted no responde.

En cada uno de los casos descritos, usted fue incapaz o no tuvo la voluntad para expresar lo que estaba sintiendo. El doctor no tenía idea cómo iniciar un tratamiento. Así como el expresar sus sensaciones de malestar físico ayuda al médico a diagnosticar su problema, de esa misma forma el expresar sus sentimientos ocasionados por sus experiencias pasadas, le permite al doctor que hay dentro de usted, sanar sus heridas emocionales. Expresar los sentimientos nos ayuda a enfocarnos sobre las áreas que necesitan ser sanadas. Sin esta expresión, el proceso de sanación es prácticamente imposible.

Lo contrario de la expresión es la represión. La represión nos hace insensibles ante nuestro ser emocional. Es como padecer una dolencia crónica y negar que nos afecta y nos hace sentir mal. Con el tiempo, es fácil aceptar un pequeño dolor como algo normal. Entonces nos olvidamos que podemos vivir sin ese dolor. El proceso de sanación se inicia a partir del momento en que admitimos la dolencia y luego expresamos el dolor. Si esperamos demasiado tiempo para admitir un problema, cuando aún hay solución, más tarde puede convertirse en una situación de emergencia.

Consejos para ayudarlo a permanecer en sintonía con sus emociones

1. **Lleve la espada de la verdad.** Sin éste símbolo, quizás no puede admitir o de ver la verdad por sí mismo. Tal vez llegue hasta culparse.

2. **Utilice las oraciones y las invocaciones del capítulo 14.** Éstas le ayudarán a ser más consciente de la presencia curativa de Rafael.

3. **Practique las meditaciones para contactar a Rafael.** Éstas le ayudarán a tranquilizar la mente, de modo tal que pueda adquirir conciencia de otros flujos de pensamiento y vibraciones.

4. **Estudie y utilice la técnica L.E.A.R.N.** Esta técnica fue inspirada por Rafael. Ponga mucha atención al ejecutar la revisión nocturna, que es el componente básico de la técnica L.E.A.R.N.

5. **Relájese.** ¡Inhale. . . exhale. . . y sea usted mismo!

¿Qué es la sanación?

Entender la sanación puede ser una tarea difícil. Si se define la sanación desde el punto de vista de las energías, podría considerarse como la realineación de los centros de energía del cuerpo. Cuando todos los centros de energía son curados, trabajarán en la armonía brindando un estado de paz y felicidad.

El proceso de expresar permite a los centros de energía liberarse de los patrones de energía represada. Estos patrones actúan como fuerzas gravitacionales sobre el centro de energía específico con el cual están asociados. Mientras que la energía intenta girar de una forma equilibrada al interior del centro, es constantemente presionada por fuerzas gravitacionales represadas y no procesadas.

Al iniciarse el proceso de expresión, se liberará una tremenda cantidad de energía. El centro de energía puede tratar de contrarrestar esta liberación, haciéndola girar de una forma agitada de un lado para otro, intentando encontrar un punto de equilibrio. Por esto al expresar los sentimientos, vemos que las situaciones se tornan difíciles, en lugar de mejorar. Esta búsqueda de equilibrio con relación a un centro de energía es normal y se espera que suceda, especialmente después de años de represión.

Se dice que el tiempo ayuda a curar las heridas, pero dentro de esa sanación encontramos una oportunidad para crecer. No olvide las viejas experiencias porque parece que ya no llaman su atención. Las lecciones valiosas permanecen ocultas, a la espera de que las descubramos y las examinemos. Utilice la técnica L.E.A.R.N. para procesar tanto sus experiencias del pasado, como las actuales. Esto le ayudará a mantener sus centros de energía balanceados y abiertos al espíritu de vida.

Al procesar las experiencias del pasado, encontramos más claro el presente. Es como si nos liberáramos de un entumecimiento que no nos permitía ver con claridad. Ahora podemos sentir una vez más las energías puras de las emociones y ver con claridad el camino que nos espera.

Sustitutos para la sanación

Cuando escondemos nuestros corazones, nos separarnos de nosotros mismos y de la humanidad. La vida no es confrontada con libertad. Nos sentimos temerosos de intercambiar energías, honestamente, con nuestras parejas, con nuestros padres e hijos. En lugar de una comunicación honesta, ahora tenemos actividades controlables (adicciones) que nos suplen la diversión que llamamos felicidad. De esta manera, la represión nos ha conducido hacia la adicción y la dependencia.

Algunas de las adicciones y dependencias más comunes incluyen:

- Abuso de estupefacientes.
- Abuso del alcohol.
- Sobrepeso como resultado del exceso de alimento.
- Gastos obsesivos.
- Fanatismo religioso.
- Participación pasiva en actividades.
- Exceso de trabajo.
- Cualquier otra acción que genera exceso.

Si usted puede asociarse con una o más de estas adicciones o dependencias, ¡eso es grandioso! No es grandioso por la magnitud del problema, pero si por el hecho de admitir que tiene un asunto, o varios, de los que se debe ocupar. Aquí habrá dado un gran paso para alejarse de la represión y poder ver la verdad. Pero, ¿puede evaluar con honestidad lo que le ha costado esta dependencia y lo que le costará si continua alimentándola en el futuro?

Si no puede conceptuar el costo de la adicción, piense en forma retrospectiva hacia el momento en que su dependencia aun no era tan fuerte; trate de recordar cuando la adicción se convirtió en su sitio de refugio. ¿Cuál herida o cuál emoción recuerda haber sentido que lo condujo a establecer este refugio? Enfóquese en esta experiencia e intente procesarla usando la técnica L.E.A.R.N.

Es posible que necesite llegar hasta la causa más profunda por la cual su adicción sirve como propósito en su vida actual. Pero usted y todos los que lo rodean se beneficiarán si encuentra un camino para satisfacer ese propósito de una manera más saludable. Dentro de la experiencia de romper con una adicción, siempre está presente la oportunidad de extraer perlas de sabiduría mediante el apropiado procesamiento de las experiencias. Estas nuevas perlas de sabiduría que usted cultiva, están integradas dentro de la fuente de la sabiduría que existe en su propio ser superior.

Las adicciones son síntomas de represión

¿Por qué Rafael quiere que usted rompa con estas adicciones? Simplemente porque cada una de ellas reducen su capacidad para sentir. Un efecto colateral de esta represión es que el poder de sentir se disminuye. Esto sucede porque hemos aplicado inversamente nuestro poder para sentir, abusando de las sustancias mencionadas, lo cual, a su vez, paraliza nuestros centros de energía emocional.

Para agrandar aún más el problema, las dependencias pueden resultar difíciles, a veces mortales, de romper. Si es adicto a sustancias físicas, quizás necesite ayuda profesional para resolver su adicción. Busque la ayuda más apropiada que pueda, pero también busque siempre liberar su represión. Usted es capaz de resistirse a sus tendencias habituales hacia la represión a través del fortalecimiento de la capacidad de sentir que existe dentro de usted mismo.

La dependencia, entendida como un modelo sustituto de energía, nunca puede llegar a reemplazar verdaderamente la necesidad que se intenta satisfacer. Si ese fuera el caso, entonces seríamos felices, ¿no es cierto? Las adicciones son sustitutas para alcanzar el estado de sentimiento, en los cuales usted pueda sentir. Este estado del sentimiento es el estado de vivir la vida a plenitud. La adicción crea una falsa imagen de la realidad. Esta falsa imagen es un pálido reflejo de la plenitud de la vida con sus centros de energía abiertos y moviéndose libremente.

Irónicamente, llevamos consigo todas nuestras represiones. El hecho que no podamos expresar nuestros sentimientos no significa que no podamos sentir. Estos sentimientos se han abandonado para ser procesados más tarde. Por consiguiente, todo lo reprimido deberá ser expresado en algún momento. Con mucha frecuencia, esto se hace sin llegar a apreciar lo que significa. La complacencia es considerada, por lo tanto, como el yo sin conciencia de sus responsabilidades.

Recuerde que utilizamos el poder de sentir para procesar nuestras experiencias. Esto trae de nuevo a colación los propósitos de Rafael: sanación, integridad y aceptación. El siguiente ejercicio puede ayudarle a descubrir y a procesar su represión. Se conoce con el nombre de la técnica "de enlace" y está diseñada para mostrarle qué se siente después de descubrir que ha estado reprimiendo sus verdaderos sentimientos, en vez de expresarlos.

EJERCICIO
La técnica de enlace

1. Tome un pedazo de papel.

2. Piense en tres personas importantes en su vida.

3. Ahora, por cada persona escriba tres asuntos sobre los cuales no ha podido conversar con ellas. Puede ser un asunto sentimental o un resentimiento. Al finalizar debe tener un total de nueve situaciones.

4. Empezando con la primera persona, tome el primer asunto del cual usted no ha podido hablar con ella y escriba tres razones por las cuales considera que no lo ha hecho. Cada razón debe clarificar la razón anterior. Al igual que un niño que pregunta sin descanso ¿por qué esto? o ¿por qué aquello?, pregúntese el por qué de cada una de las razones. Luego haga lo mismo con la segunda y con la tercera razón de la primera persona.

5. Repita el paso anterior con la segunda y con la tercera persona.

6. Si realiza este ejercicio con el poder de visión inspirado por Miguel, empezará a descubrir y a enfrentar su represión.

El acto de encarar la represión muchas veces es suficiente para dar el siguiente paso: procesar sus experiencias en el área descubierta. Usualmente, la represión es apenas la cima de la montaña de sus emociones. Dependiendo de la cantidad de represión que se haya suscitado, quizás hay más expresiones que se necesitan purificar y sanar. La capacidad de sentir puede ayudarle a expresar. De hecho, cuando siente a plenitud, no puede hacer otra cosa diferente a expresar —simplemente lo hace o vuelve y se reprime de nuevo—.

Al expresar sus sentimientos, quizás escoja aceptar las situaciones y las personas con las cuales ha estado involucrado. En el pasado pudo haber aceptado situaciones reprimiendo sus verdaderos sentimientos, lo cual es un engaño. Cuando usted aprende a expresarse a sí mismo, sus aceptaciones provienen de un estado consiente. Cuando llega a ser más honesto consigo mismo podrá terminar alejándose de viejas situaciones y relaciones.

Algunas veces lo que tememos es lo que deseamos. Cuando usted expresa sus sentimientos está viviendo la verdad —su verdad—. No podemos forzar a los demás a que se expresen de la manera que deseamos. Mientras que usted se esfuerza por expresarse claramente ante sí mismo, quienes están a su alrededor, también están expresándose o reprimiéndose ante sí mismos. Debemos aceptar las decisiones de las personas de expresarse o reprimirse, mientras aceptamos como válido nuestro proceso.

¿Cómo resistirse ante sus instintos por reprimir?

Nadie ha dicho que esto sea fácil. Aquí hay unos puntos para revisar si cree que no está expresando sus sentimientos. Usualmente sabemos cuando reprimimos nuestros sentimientos; este conocimiento proviene de esa pequeña voz que habita dentro de nosotros —nuestra conciencia—.

1. **Recuerde que reprimir es lo contrario de expresar.** Si desea vivir una vida plena, apasionada y agradable (aquí y ahora), acuérdese que la expresión es el proceso en que participa, ejercitando su capacidad de sentir que Dios le ha dado.

2. **Considere su compromiso de crecer.** Si se ha propuesto la meta de la iluminación angelical, la cual es integrar sus autosegmentos, eso indica que obviamente desea triunfar. Recuerde que ha escogido esta meta por su propia voluntad.

3. **Practique las técnicas y las meditaciones.** Trate de usar la técnica L.E.A.R.N. en el momento en que sienta el deseo de reprimirse a través de cualquier clase de dependencia. El capítulo 15 describe cada paso de esta técnica.

Los cuatro Arcángeles trabajan juntos en armonía para orientarlo a través del plan de sanación. Mientras Miguel le ayuda a ver la verdad a través del poder de la visión, el Arcángel Rafael le ayuda a sanar con el poder de sentir.

Es a través del poder de sentir del Arcángel Rafael que se nos ha dado la oportunidad de aprender su proceso de expresión. Después de expresar nuestros sentimientos llegamos a los estados de aceptación, sanación e integridad. Este es el propósito del caudal de energía que emana de Rafael.

Si piensa que no padece ninguna dolencia,
es muy posible que tenga miedo de sentir.

13

Un mensaje de Rafael

El primer paso para sentirse mejor es sentir

A medida que avanza en dirección de la sanación y de la integridad, le pido que recuerde que detrás de ese dolor, que ahora enfrenta con valentía, está el amor que siempre ha estado presente en su interior. Con la ayuda de Miguel ahora está encarando sus temores y descubriendo la máscara que ha llevado por mucho tiempo. Ahora le pido que observe cada experiencia del pasado y del presente sin reprimir sus emociones.

Exprese todas esas emociones: odio, amor, rabia, felicidad. Estas hacen parte de la experiencia humana. Las emociones son dones divinos. Usted no necesita sanar sus emociones —sus emociones están aquí para sanarlo—.

Expresar los sentimientos es importante para el proceso de sanación. Muchos han malgastado sus preciosas existencias rehusándose a aceptar sus experiencias. Pero yo le pregunto, ¿qué otra opción tiene que no sea aceptarlas?

Yo, por mi parte, no puedo hacer nada para sanarlo. Yo no sano con magia ni con brebajes. No tengo una forma física, ni cuerpo para habitar. Todo lo que hago es dirigirme a su corazón. Es allí a donde debe retornar. No le ayudaría, a menos que usted me lo solicite. Cuando lo haga, estaré siempre presente. Es usted quien debe expresar sus sentimientos; es usted quien debe explorar para encontrar la raíz donde yace la semilla de todas las experiencias.

Hasta ahora sólo ha vivido una parte de su vida. La lámpara está encendida, tan solo cierre sus ojos. Yo le diré cuando deba abrirlos, "Abre tus ojos, Oh hombre, y no temas a tu propia verdad. Abre tu corazón, Oh hombre, y siente tu propia verdad".

Si no puede expresarse ante sí mismo, permanecerá como un extraño al llamado del amor que ha eludido durante tanto tiempo. Si opta por permanecer cerrado al espíritu del amor, permanecerá oculto ante usted mismo. Venga que yo le mostraré el camino para que regrese a su corazón.

¿Por qué hay sufrimiento en el mundo en el que vivimos? El propósito del sufrimiento es ayudarle a ser consiente de algo que requiere de su atención directa e inmediata, primero para sobrevivir y luego para crecer en su vida. Por ejemplo, cuando toca algo caliente con su mano, el dolor que siente lo alerta que debe retirar la mano rápidamente o sentirá más dolor y sufrimiento. Lo mismo ocurre con las emociones.

Las emociones pueden ser generadas por experiencias físicas. Por ejemplo, un intercambio de palabras durante una discusión puede ser tan doloroso como quemarse por el calor del fuego. Una vez que el dolor se siente, la primera reacción es detenerlo. Esto es muy importante y usualmente es lo que ocurre. Si no es así, entonces la situación física puede volverse mortal (por ejemplo, el hecho de mantener sus manos en el fuego).

Para muchas personas, el temor de ser rechazadas y la mala interpretación de la importancia de expresar sus emociones ocasionan que éstas tergiversen sus reacciones emocionales al suprimirlas y negarlas. Esto sucede especialmente en aquellos que han seguido un camino espiritual que ha ignorado el propósito verdadero de las reacciones humanas y que las ha denunciado como bajas y negativas en su naturaleza. En el ejemplo anterior, alguien podría negar que sus manos se han quemado y hay dolor físico. Tan absurdo como parezca, mucha gente hace lo mismo en relación con sus emociones.

¿Qué pasa cuando uno reprime las emociones? Le pido que reconsidere lo que pasaría si reprime el dolor físico de sus manos en el fuego, o algún otro dolor similar.

Eventualmente, se acumula tanta represión que puede generar una ruptura o un escape de energía emocional. Desgraciadamente, muchas veces la ruptura se convierte en un *escape interno*; la tensión creada al evadir las reacciones honestas y puede traer como consecuencia daños físicos internos y enfermedades. A medida que el ciclo se cumple, crece su ansiedad por encontrar las razones que causan un nuevo dolor físico, sin darse cuenta que este puede haber sido originado, parcialmente, por la tensión de no poder manejar las respuestas emocionales generadas en el interior de su cuerpo de una manera abierta, honesta y oportuna.

No existe ninguna razón para que extienda su sufrimiento emocional. Todas las angustias mentales y sufrimientos emocionales están basados en su propia tabla de valores y creencias. Considerando que sus decisiones se basan en la posibilidad producir dolor o brindar placer, se puede asumir que usted siente y cree que es más doloroso enfrentar el dolor que causa su sufrimiento, que el dolor en sí. Es su decisión.

Una vez consciente que sus decisiones, con respecto a las angustias mentales y emocionales, son determinadas por sus experiencias (las cuales fueran influenciadas por sus valores y creencias), entonces puede liberarse a sí mismo. No necesita sufrir ni angustiarse durante meses o incluso años. Considere esto: hoy mismo puede desatar el poder del amor desde su interior. El amor no tiene preferencias. Es el néctar dulce de la paz interior que constituye nuestra propia esencia. ¿Pero cómo se puede desatar el amor desde adentro?

Hay muchas formas para tratar las emociones. Estos métodos incluyen: represándolas totalmente, el perdón a los demás y a nosotros por las decisiones que han causado mutuo dolor, y la honestidad con nosotros y con el prójimo, pudiendo así expresar libremente los sentimientos en cualquier momento.

Con mi orientación, Linda y Peter desarrollaron el Círculo de Iluminación Angelical que nos ofrece una técnica conocida como L.E.A.R.N. Esto puede ayudarlo a procesar sus emociones y el dolor de una experiencia, al expresar por ejemplo, la rabia, la tristeza, el resentimiento en su camino hacia la comprensión, la alegría y el amor que yace bajo las heridas. Estudie esta técnica, hágala parte de su vida diaria. Yo le prometo que estaré aquí con usted para ayudarlo cuando abra la ternura de su corazón.

La sanación que usted busca no es sólo la sanación del cuerpo, sino el retorno al corazón de Dios. Yo le ayudaré en su sanación; seré su amigo y su guía si me pide que caminemos juntos por la senda de la peregrinación hacia su pasado. A medida que transcurra el día, recuerde que la primera forma de sentirse mejor es permitirse a sí mismo sentir.

Que el amor florezca dentro de usted, sane las heridas de su vida y lo alivie con la energía y la paz divina.

Todas las personas sienten dolor.
No todas lo reconocen.

❧

14

Oraciones y meditaciones para contactar al Arcángel Rafael

Una oración de sanación

Querido Rafael,

Te ofrezco esta oración para que estés conmigo, mientras hago el esfuerzo de sanar mi corazón por las heridas de mi pasado que permanecen sin resolver. Por favor envíame tu energía curativa, para sanar mis heridas cotidianas, en la verdad y en el amor. Prometo que seguiré tu orientación en mi compromiso para sanar todos los aspectos de mi ser.

Te lo pido en nombre de la energía del Cristo universal, Amen.

MEDITACIÓN

En la presencia de Rafael

Siéntese en una silla cómoda o acuéstese sobre una cama. Libérese de cualquier clase de presión ocasionada por sus ropas. Utilice el método de relajación que mejor le parezca (puede ser el de respirar profundamente). Esto le ayudará a concentrarse en su interior. Asegúrese de que nada lo vaya a perturbar por unos 15 a 30 minutos. Después que su mente haya quedado tranquila y su cuerpo esté relajado, continúe con el resto de la meditación.

Imagínese que está caminando a la luz del día. El día está soleado y cálido. Sólo hay unas pocas nubes en el firmamento. Usted se encuentra en un bosque; los árboles bastante altos pero no se siente encerrado. Puede escuchar el trinar de los pájaros y el ruido de los animales a medida que camina.

Se detiene y se sienta cerca de un riachuelo. Se acerca a la orilla y recoge un poco de agua con sus manos y la bebe. El frío del agua lo refresca. Mientras que mira a través del agua, ve aparecer un reflejo. Tiene la forma de un hombre. Observa que está sosteniendo un bastón en su mano.

Usted se levanta y se voltea. Ahora está cara a cara con un bello ser de luz. El amor está brillando en sus ojos. Él extiende una mano y le dice que él es el Arcángel Rafael.

Imagíneselo con todos sus detalles. ¿Qué lleva puesto? ¿Cuál es el color de su cabello? Mire su bastón. ¿De qué clase de madera está hecho? ¿Hay gravados en la madera del bastón?

Nota un brillo dorado que emana de todo su ser. Él le pregunta si puede caminar con usted en su viaje. ¿Qué le responde?

Permanezca en este escenario todo el tiempo que considere necesario. Hágale cualquier pregunta a Rafael. Solicítele ayuda y consejo para su viaje.

Después de un rato, agradézcale y abra lentamente sus ojos. Relájese, permita que la presencia sanadora de Rafael lo cubra todo. Considere lo que ha experimentado durante esta meditación.

Una oración de integridad

Querido Rafael,

Mi oración de integridad es para estar cada vez más pleno de mí mismo. Para aceptar cada parte de mí; mi pasado, mi presente y mi futuro. Te pido que me ayudes a ver la verdad de mis amigos, de mis vecinos y de mis desafíos, para entender los designios del Creador. Me comprometo a considerar otros puntos de vista antes de hablar y a respetar el punto de vista de los demás cuando los escuche.

Te lo pido en nombre de la energía del Cristo universal, Amen.

MEDITACIÓN

Sobre la aceptación

Siéntese en una silla cómoda o acuéstese sobre una cama. Libérese de cualquier clase de presión ocasionada por sus ropas. Utilice el método de relajación que mejor le parezca (puede ser el de respirar profundamente). Esto le ayudará a concentrarse en su interior. Asegúrese de que nada lo vaya a perturbar por unos 15 a 30 minutos. Después que su mente haya quedado tranquila y su cuerpo esté relajado, continúe con el resto de la meditación.

Imagínese que está afuera. Está a punto de amanecer. Todavía está oscuro. Usted está vestido cómodamente. El clima está cálido, no hay brisa. Se siente agradable. La luz empieza a cambiar de negro a matices de azul oscuro. Las estrellas empiezan a desaparecer lentamente. Después de disfrutar el paisaje, el Sol empieza a salir. Observa cómo el círculo dorado de luz empieza su ascenso. El cielo cambia a medida que los caudales de luces de colores se extienden hasta el horizonte.

Después de un corto tiempo la escena desaparece. Ahora es consiente del brillante resplandor y del calor del Sol del medio día sobre su cabeza. No hay sombras, solamente hay luz. No hace frío, sólo calor. La brillantez lo encandila al principio, pero después se acostumbra. Todas las cosas están vivas y respondiendo a los rayos de energía que provienen del Sol.

Esta escena también se desvanece y hay un momento de oscuridad. Ahora mira la puesta del Sol en el horizonte. A medida que el Sol se pone, siente tristeza pero a la vez entusiasmo. Las estrellas y los planetas pronto llenarán el cielo infinito de la noche. Se relaja y acepta que el Sol se ha ocultado. Se maravilla ante tanta belleza. Sabe que mañana el Sol saldrá de nuevo. Ahora sólo disfruta del momento.

Luego hay una completa oscuridad y se imagina que está flotando, suspendido en el espacio. Todo a su alrededor es espacio pero no siente miedo. Un círculo de luz se abre a su izquierda. Dentro de él se forma una imagen suya, justo cuando estaba naciendo. Ve que su madre lo acepta y lo sostiene en sus brazos, muy cerca de su pecho. Ella le cubre sus manitas con sus dedos.

Ahora aparece otro círculo de luz directamente frente a usted. En él hay otra imagen. Es usted tal y como se ve actualmente. Está sonriendo y es muy feliz. En esta imagen ve todo lo bueno y lo malo que ha sucedido durante el transcurso de su vida. Siente las penas y las alegrías dentro de su corazón. Acepta su vida como es.

Al rato, aparece otro círculo de luz a su derecha. Dentro de él, se ve una vez más. Esta vez se está preparando para partir de este mundo. Es el fin del ciclo de la vida. Ha hecho las preparaciones debidas con usted y con su familia. Ha reflexionado sobre su vida. A medida que empieza a abandonar el cuerpo, lo rodea una sensación plena de bienestar.

Así como el Sol se levanta, se dirige al punto más alto y se sitúa detrás de una cortina de estrellas, así lo hacemos como encarnaciones vivientes. Cuando los elementos que forman nuestro cuerpo son nuevamente llamados a la tierra, ascendemos como materia etérea hacia las estrellas de los mundos espirituales. Sabemos que volveremos a levantarnos de nuevo, ya sea en este o en otro mundo.

Relájese. Medite sobre los ciclos de la vida. Trabaje alrededor del concepto de la aceptación. Acepte todos los ciclos puesto que ignorar y rechazar alguno, equivale a ignorarlos o rechazarlos todos.

Abra sus ojos, respire profundamente y mire a su alrededor. Usted está vivo y listo para vivir su vida en este día.

Una oración de aceptación

Querido Rafael,

Con esta oración confirmo que tendré conocimiento de tu presencia. Te pido que me ayudes a encontrar el apoyo necesario para traer a mi vida la aceptación de las decisiones que he tomado. Procuraré analizar y considerar antes de ignorar o juzgar. A medida que viva mi vida, espero que mi corazón sea puro y amoroso como el tuyo.

Esto te lo pido en nombre de la energía del Cristo universal, Amen.

Cuando usted no pueda experimentar sus propios sentimientos es porque no está en sintonía, —no está emocionalmente conectado—.

~

15

La técnica L.E.A.R.N.: un ejercicio con Rafael

LA TÉCNICA L.E.A.R.N. fue diseñada por inspiración de los cuatro Arcángeles. Aunque la influencia de cada Arcángel se puede sentir a través de esta metodología, Rafael es el principal gestor de esta técnica. Esta poderosa técnica combina múltiples elementos de la iluminación angelical y sirve como piedra angular para alcanzar dicho objetivo.

La técnica L.E.A.R.N. está diseñada para integrar sutilmente el ser emocional. Uno de los autosegmentos más difíciles de entender e integrar es el ser emocional. Comúnmente mal entendidos, los poderosos sentimientos llamados emociones nos inclinan hacia la acción o hacia la inactividad. Al integrarse el ser emocional, el ser consiente y el ser básico se benefician por igual. Una alineación tripartita de energía tiene lugar, la cual desbloquea el centro de su corazón, trayendo bendiciones infinitas hacia la luz.

La expresión L.E.A.R.N. es un acrónimo. La palabra "learn" (la cual significa en inglés "aprender") es apropiada como acrónimo porque estamos aquí para experimentar y para crecer. *Aprender* significa aceptar las experiencias de la vida, procesarlas y crecer a partir del resultado de ese procesamiento. Las letras del acrónimo de L.E.A.R.N. representan lo siguiente:

L = (label) identificar

E = (express) expresar

A = (accept) aceptar

R = (release) liberar

N = (nightly review) revisión nocturna

Vea las págs. 118 y 119 al final de este capítulo a medida que continua la lectura. Utilice estos formatos en correlación con los pasos de la técnica L.E.A.R.N. En el apéndice B se incluyen formatos en blanco que pueden ser fotocopiados para su uso personal.

Use los siguientes pasos, cuando esté confundido acerca de los sentimientos que pueda experimentar en una determinada situación. Escoja una situación que lo desconcierta o preocupa y resúmala sobre el formato *Descubriendo la raíz de la emoción* que aparece en el apéndice B. Para orientarlo se incluye un formato a manera de ejemplo en este capítulo. Este ejemplo le indicará cómo se usa el formato. Después de haber resumido la situación, continúe con el ejercicio.

1. Identificando sus emociones

Para entender emociones es necesario identificar con exactitud lo que estamos sintiendo. Mucha gente no tiene la capacidad de identificar lo que están sintiendo.

El primer paso es identificar su sentimiento inicial (rabia, ira, celos u otro). En el formato *Descubriendo la raíz de la emoción* escriba la mayor cantidad de afirmaciones posible, en las cuales se describan sus sentimientos sobre la situación en consideración.

Si tiene alguna dificultad para identificar sus sentimientos, recuerde que en este primer paso no se trata de expresar las emociones más subyacentes, sino las emociones superficiales o aparentes. Por ejemplo, usted sabe cuando está enojado. O sabe también cuando está sintiendo celos. Escriba esos sentimientos aparentes. Ya nos encargaremos de la emoción original más profunda a medida que avancemos en el ejercicio.

Remítase al capítulo 28 donde encontrará algunas emociones comunes (aparentes) y sus definiciones. También existe variedad de emociones que apuntan de nuevo a las emociones comunes. Utilice las tablas del capítulo 28 si tiene dificultades para identificar las emociones aparentes. Una vez identificadas las emociones, y escritas sus afirmaciones, estará listo para dar el siguiente paso.

2. Exprese lo que esté sintiendo

Ahora definamos cómo expresar la emoción que acabamos de identificar. Con frecuencia los pasos uno y dos se desarrollan simultáneamente. Algunas veces la expresión se hace automáticamente con muy poca supervisión del ser intelectual. En otras ocasiones es como si su ser consciente observara el yo emocional quejarse (expresar), la emoción.

En estas situaciones podemos utilizar la energía de la emoción para dirigir el ser hacia la raíz de la emoción, en un esfuerzo para expresar con palabras y gestos una parte más profunda de nuestro ser. Expresar el origen de la emoción es importante para entender la razón del por qué la sentimos en un principio. Por ejemplo, la emoción de la ira rara vez se manifiesta como un sentimiento solitario y muchas veces es una extensión de otras emociones como la tristeza o el miedo.

En el paso dos del formato *Descubriendo la raíz de la emoción*, escriba los sentimientos (dolor, decepción, herida, rechazo o temor) que están bajo la primera capa del sentimiento que ya se ha identificado en el primer paso. Escriba lo máximo posible para describir sus sentimientos. Puede consultar el formato guía que aparece en este capítulo.

Este es el paso más importante. Si no logra llegar al pasado más profundo, no obtendrá la más profunda sabiduría de la experiencia. Es decir, que ha escogido reprimir en lugar de expresar. Esto no está mal, pero no le ayudará a procesar su experiencia en el presente. Hay aún más pasos para procesar después de la expresión. Trate de sentir. Usted podría llorar o sentir oleadas de energía emocional, a medida que se dirija hacia lo más profundo de sus sentimientos. Llegue a lo más profundo. Recuerde su amor por la verdad y su deseo de crecimiento.

Después de escribir sus sentimientos en este nivel, estará listo para el siguiente paso. Si no puede escribir nada en este paso o siente que no se ha expresado bien ante sí mismo, quizás debería esperar otro momento, antes de proceder al paso tres.

3. Acepte lo que esté sintiendo

La aceptación significa aceptar lo que estamos sintiendo sin intentar redefinir el sentimiento en forma de una emoción más placentera. Por ejemplo, algunas personas creen que sentir ira es malo o negativo. Cuando experimentan esta emoción, sus seres intelectuales, cargados por el ser básico, identificará la emoción de manera incorrecta. Esto genera una reacción en cadena surgida por la incapacidad de aceptar la verdad de nuestras emociones. La aceptación es crítica para un honesto autoexamen y crecimiento.

En el paso tres del formato *Descubriendo la raíz de la emoción*, escriba los sentimientos abajo del dolor y del miedo escritos en el paso dos (culpa, arrepentimiento, ser dueño de sus propios sentimientos y la parte que usted ha representado al ayudar a crear la situación). El formato de ejemplo en este capítulo le dará una idea de cómo ejecutar este paso.

Esencialmente, este paso lo conduce más profundo de la emoción original, hasta la esencia de su ser. Aquí está extrayendo el néctar de la sabiduría de la experiencia. Lo que ocurre después es el paso natural de la integración de la sabiduría dentro de la fuente de sabiduría de su ser superior. Esto sucede en forma desapercibida. La aceptación llega con la calma. Es como estar en el ojo de una tormenta. La tensión es liberada quedando en paz con la experiencia. Ahora está listo para el siguiente paso.

4. Libere la emoción

La siguiente etapa es la de liberar. Esto no significa que tenga que renunciar a la experiencia que ha tenido. Liberar significa que después de identificar (clasificar) la emoción, expresar la raíz de la emoción (la verdad de usted mismo) y aceptar que en realidad ha sentido, entonces puede proseguir. Por ejemplo, algunas personas pueden clasificar una emoción como ira, luego expresarla a un individuo o a sí mismos. Ellos aceptan que el sentimiento fue verdaderamente ira, pero en vez de liberarla, se aferran a ese caudal de energía. Al hacerlo, la persona puede incurrir en un ciclo destructivo.

Si nos damos cuenta que no podemos o no liberamos la emoción, no significa que somos malos. Esto quiere decir que todavía no hemos expresado los niveles más profundos de la emoción en cuestión. Hasta que expresemos la raíz de la emoción, no podremos liberar fácilmente la experiencia. Es posible que necesitemos visitar la experiencia de nuevo, cuando hayamos desarrollado una resistencia más fuerte para el autoexamen.

En el paso cuatro del formato *Descubriendo la raíz de la emoción*, escriba los sentimientos que subyacen debajo de culpa y arrepentimiento del paso tres (amor, aprecio, perdón y esperanzas hacia el futuro). Escriba lo máximo posible para describir sus sentimientos. Una vez más, puede consultar el formato guía que aparece en este capítulo.

Con este paso se completan las etapas del formato *Descubriendo la raíz de la emoción*. Utilícelo para ayudarse en el transcurso de las etapas de procesamiento de sus experiencias. Con el tiempo no necesitará usarlo más. Los pasos del procesamiento de sus experiencias se convierten en parte natural de su vida. El paso final de la técnica L.E.A.R.N. (la revisión nocturna) se utiliza diariamente, como se explica a continuación.

Revisión nocturna:
acelerando su crecimiento y aprendizaje

La última etapa de la técnica L.E.A.R.N. es un ejercicio llamado la *Revisión nocturna*. Cada noche, durante un período de 10 a 30 minutos, revisamos los eventos que sucedieron en el transcurso del día. Comenzamos en orden regresivo, empezando con el acontecimiento ocurrido antes de acostarnos y continuamos sucesivamente hasta llegar al primer hecho sucedido en la mañana. A medida que vamos revisando las experiencias del día y las emociones generadas por ellas, le dedicamos un momento a cada una para preguntarnos cómo podríamos haberlas manejado de una manera diferente. ¿Cómo pudimos haber clasificado, expresado, aceptado y liberado nuestras experiencias con más honestidad?

Existe cantidad de acontecimientos durante el día. Algunos de menor importancia, otros de gran significado. Para ayudarle a procesar los eventos más significativos del día puede utilizar el formato de la *Revisión nocturna*. Hay cinco pasos a seguir. Llévelos a cabo con cada uno de los hechos significativos del día que desea procesar. Utilice un formato por separado para cada evento. En la pág. 119 encontrará un ejemplo de cómo desarrollar este formato.

Estos son los cinco pasos a seguir:

Paso 1: Describa el evento y lo que ocurrió. Describa simplemente los eventos tal y como sucedieron. Trate de ser lo más objetivo que pueda. No escriba nada acerca de sus sentimientos; sólo describa el evento como tal.

Paso 2: ¿Cuáles son sus sentimientos con respecto al evento? Escriba sus sentimientos acerca de lo que sucedió. Recuerde lo que aprendió en las primeras partes de la técnica L.E.A.R.N. y aplique esos conocimientos en este paso. En otras palabras, trate de escribir sus sentimientos a partir de la emoción aparente hasta llegar a la raíz de la emoción.

Paso 3: ¿Cómo manejó el evento; qué hizo? Una vez más, describa objetivamente las acciones que tomó durante el evento. Sea honesto.

Paso 4: ¿Cómo cambiaría la forma en que manejó la situación? Revise lo que escribió en los pasos uno, dos y tres. Luego escriba la forma en que hubiera preferido manejar la situación. ¿Si hubiera tenido la oportunidad de sentir los niveles más profundos de la experiencia antes de actuar o de hablar, hubiera escogido una forma diferente de manejarla?

Paso 5: Desarrolle un plan para enmendar la situación. Si cree que el evento requiere de una resolución de alguna clase, entonces decida lo que hará y comprométase a llevarlo acabo. Esto no significa que usted siempre deba hablar con la otra persona involucrada en el evento. Su plan para enmendar la situación debería tomar en consideración los sentimientos de las demás personas.

Recuerde que este no es un momento para martirizarnos a nosotros mismos, sino que más bien es una oportunidad para utilizar la facultad divina de la imaginación para volver a vivir y para volver a escribir los momentos claves de nuestro día. Este hecho extiende el potencial de aprendizaje de nuestra experiencia diaria. La *Revisión nocturna* es una poderosa herramienta para el autoentendimiento y el crecimiento. Al utilizar estos pasos usted crea un círculo en constante crecimiento construido día tras día.

La técnica L.E.A.R.N. inspirada por el Arcángel Rafael le ayudará a disfrutar la vida a plenitud. Practíquela con cuidado y verá los resultados en todos los aspectos de su vida. Sentirá la alegría de vivir de nuevo. Su corazón se encenderá con amor y usted encontrará lo que siempre ha buscado.

Usted no necesita sanar sus emociones.
Sus emociones están aquí para sanarlo.

La técnica L.E.A.R.N.
Descubriendo la raíz de la emoción

Fecha: **1-25-00**   Hora: **2:00 p.m.**

Describa lo que sucedió: Asistía al velorio de una vecina que había muerto recientemente y a quien la comunidad quería mucho. Cuando le dábamos la despedida mencioné que en algunas ocasiones me había dado regalos de Navidad, a pesar que no era un familiar cercano. Mi hermana y mi mamá dijeron: "nos imaginamos porque ella le dio regalos a usted y nunca a nosotros". Luego mi madre dijo: "ella se los dió porque en el momento que le estaba entregando los regalos a su hermana, usted estaba cerca".

1. Identificar: Clasifique sus sentimientos iniciales (ira, celos, etc.) y descríbalos lo máximo posible.

Ira: me dio ira porque ellas no reconocieron la amabilidad y generosidad de esta señora. - Bloqueado: mis energías fueron bloqueadas por su reacción a mi comentario. - Celos: surgieron viejos sentimientos de rivalidad entre hermanos porque el comentario de mamá implicaba que mi hermana merecía recibir regalos pero yo no.

2. Expresar: Escriba los sentimientos (dolor, decepción, etc.) abajo de los sentimientos que identificó en el paso 1.

Herido: me sentí herido y mal interpretado ya que mis comentarios desvirtuaron la generosidad de mi vecina así como el hecho de que yo mereciera recibir esos regalos. - Desilusionado y frustrado: porque nuestra conversación fue confusa y dolorosa en lugar de ser positiva y reconfortante. - Inseguridad y temor: me dio miedo de que tuviera razón. Quizá esa señora no me quería sino que no me quería hacer sentir mal.

3. Aceptar: Escriba los sentimientos abajo del dolor y temor del paso 2 (culpa, arrepentimiento y su rol en la situación).

Arrepentimiento y tristeza: me arrepentí de que nuestra conversación no hubiera sido clara y tan desacorde entre nosotros. Hubiera deseado haberlo comentado diferente, hablando de su generosidad y mi agradecimiento por eso. Por el contrario mi comentario les creó inseguridad y por eso no reconocieron su generosidad y de que simplemente yo le caía bien.

4. Liberar: Escriba los sentimientos abajo del arrepentimiento y culpa del paso 3 (amor, aprecio, perdón y sus esperanzas hacia el futuro).

Amor: me di cuenta lo mucho que valoro el amor y la aprobación de otros, especialmente de mi familia. - Perdón: tengo la oportunidad de perdonarme a mí mismo por no haber comunicado claramente mis sentimientos y reacciones a sus comentarios. Yo los perdono porque veo que sus comentarios reflejan su propia inseguridad y no un ataque hacia mí. - Esperanza en el futuro: espero que así como aprenderé a hacer mis comentarios de una manera honesta y cálida, los otros puedan hablar con la verdad y amor dentro de ellas mismas. Espero aprendamos a comunicarnos el uno al otro en forma cariñosa y comprensiva surgida más de la verdad que de la inseguridad.

La técnica L.E.A.R.N.
Revisión nocturna

Fecha: __1-25-00__   Hora: __10:00 p.m.__

1. Describa el evento y lo que ocurrió.   Asistía al velorio de una vecina
que había muerto recientemente ya que la comunidad había querido mucho.
Cuando dábamos la despedida mencioné que ella me dalos regalos en Navidad
a pesar que yo no era su familiar. Mi hermana y mi mamá dijeron: "nos
imaginamos por qué le daba regalos a usted y nunca a nosotras." Mi madre
dijo: "ella se los dio porque en el momento que entregaba los regalos a su
hermana, usted estaba cerca".

2. ¿Cuáles son sus sentimientos con respecto al evento?
Sentí ira, dolor, tristeza y celos. Me sentí subestimado, bloqueado
frustrado y mal interpretado. Había tratado de compartir un buen
recuerdo de esta señora en su velorio. En lugar de reafirmar mi
comentario y la generosidad de la señora, ellas me respondieron
con su propia inseguridad.

3. ¿Cómo manejó el evento; qué hizo?

Reaccioné con ira y dolor. Le devolví una pregunta a mamá
así: "bueno, ¿entonces por qué ella no le dió regalos a todos
los que pudieran estar presentes?"

4. ¿Cómo cambiaría la forma en que manejó la situación?
Me comunicaría más explícitamente: Primero, sólo diría lo mucho
que aprecié la generosidad y bondad de la señora, mencionaría mis
agradecimientos por los regalos que me dio en Navidad. Y de
esta manera, estos comentarios no provocarían los sentimientos
de inseguridad en mi mamá y mi hermana.

5. Desarrolle un plan para enmendar la situación.

Discutiré mis sentimientos honestamente en cada situación.
Trataré de comunicarme clara y honestamente hablando con la
verdad y amor. En lugar de reaccionar con ira (devolviendo
la pregunta a mi madre) explicaré mis sentimientos y reacciones
de la manera más honesta posible en cada situación. Por
ejemplo, empezaré con "hiere mis sentimientos cuando..."

El Arcángel Gabriel

Y el Ángel le respondió diciendo:
"Yo soy Gabriel, el que permanece en la presencia de Dios;
y fui enviado para hablarte
y para darte estas buenas noticias".

—Lucas, 1:19

16

Gabriel:
el Arcángel de la fortaleza
y del compromiso

EL TERCER ARCÁNGEL es San Gabriel y es reconocido por el gran número de pinturas sobre la Anunciación, algunas veces adornado con varios mantos llevando un cetro en su mano y otras veces como un Ángel femenino con una flor en su mano. Gabriel se muestra anunciándole a la virgen María que va ser la madre del Cristo.

El cetro o la flor son los símbolos de la divina tarea o misión de Dios dada a conocer a través de Gabriel. La madre María necesitó confiar en los atributos divinos de fortaleza, persistencia y compromiso para guiar al joven Cristo durante su edad adulta y en su misión divina.

La parte más importante de esta etapa de su viaje es construir los atributos de fortaleza, compromiso y persistencia mientras aprende a utilizar su poder para actuar y así definir y alcanzar su divina misión de la vida. Los resultados benéficos que ha recibido desde que sigue la orientación de Miguel y de Rafael lo han preparado para la presencia dinámica de Gabriel.

Gabriel se presenta ante usted después que ha decidido ejercer el poder de la visión y el poder de sentir. Miguel le ha enseñado a descubrir y a entender las situaciones actuales de su vida a través de este poder de la visión —la habilidad de ver honestamente el papel que usted representa en el proceso de elaboración de sus experiencias—. Rafael le ha enseñado cómo procesar sus emociones. Al usar el poder del sentimiento, ha sido capaz de aclarar las obstrucciones ocultas dentro de sus centros de energía.

El débil de las noventa libras

Para ilustrar la forma en que Miguel y Rafael lo han preparado para la orientación y desafíos de Gabriel, hemos escogido la vieja tira cómica del débil de las noventa libras.

El personaje es un hombre joven y débil, de unos dieciocho años de edad. La historia se desarrolla en una playa en un día cálido y soleado. El joven débil de apenas unas noventa libras de peso, tropieza con un hombre alto, arrogante y agresivo, quien lo golpea y avergüenza enfrente de muchas personas en la playa, incluyendo una hermosa rubia que llevaba puesto un bikini.

El joven débil regresa a casa y se mira en el espejo. Esto representa nuestro ser consciente deseando observar la verdad de nuestras vidas en el estado presente, ya sea bueno o malo. El débil es honesto consigo mismo. Admite que no tiene grandes músculos. Él ha ignorado su cuerpo. De la misma forma, en el momento en que la energía de Miguel se infunde y actúa en nuestro interior, decidimos ser honestos con nosotros mismos. Admitimos que hemos ignorado áreas vitales de nuestras vidas, más aún —nuestras vidas no son lo que nos hubiera gustado que fuesen—.

El débil sigue adelante para procesar sus sentimientos de vergüenza ocasionados por el incidente. Este es un paso muy importante, puesto que él pudo haber optado por reprimir sus sentimientos al racionalizar que el hombre del incidente era tan solo un idiota. Pudo haberse dicho a sí mismo que su cuerpo estaba en buena forma física. Si hubiese reprimido sus sentimientos de vergüenza y de dolor, entonces la energía de la emoción no hubiera estado disponible para él. Aunque las energías de las emociones reprimidas permanecen en la "olla a presión de la represión" para una extracción posterior, el hombre débil pudo haberse beneficiado inmediatamente al procesar la emoción en el presente. La energía emocional liberada pudo haber sido utilizada para penetrar de manera más profunda hacia la raíz causante de las emociones, de tal manera que esa sabiduría pudiera haberse extraído y por consiguiente, la lección habría quedado aprendida.

En la historia, el débil prefirió mostrar de manera directa sus emociones. Lo hizo mientras que se miraba en el espejo. Él aceptó la vergüenza y el dolor, lo cual a su vez le dio la energía necesaria para cambiar. De la misma forma ocurre cuando nos miramos en el espejo de la verdad y decidimos expresar nuestras emociones en vez de reprimirlas. Así aprendemos y crecemos. Las lecciones aprendidas en el presente nos ayudan a definir la dirección hacia la cual desearemos movernos en el futuro.

Tomar la energía y generar cambio

Aquel joven no se detuvo cuando logró el conocimiento y la expresión que resultaron de confrontar sus sentimientos. Él dio el siguiente paso y decidió el camino que su vida debía seguir. Iba a cambiar el estado de su cuerpo. Para lograrlo él iba a comer apropiadamente y hacer ejercicio con regularidad.

Durante varias semanas él siguió su plan. Cada día se alimentaba en forma adecuada. Su ejercicio físico incrementó dando como resultado el fortalecimiento de sus músculos. De esta forma, ejercitó el poder de actuar a través de tomar la energía y de adaptarla nuevamente a su nuevo cuerpo. Al final alcanzó su meta y durante el proceso, obtuvo fortaleza, empeño y persistencia.

De esta misma forma, nosotros, como seres conscientes, hacemos un plan —un proyecto para el cambio—. Este cambio nos trae las experiencias que deseamos. Nuestro proyecto puede consistir en pequeñas o grandes tareas tales como determinar la misión de nuestra vida y llevarla a cabo (así como lo hizo aquel hombre al transformar su cuerpo).

Al actuar, movemos energía. Adquirimos energía al procesar las experiencias, luego la moldeamos dentro de unas estructuras y formas que utilizamos para llevar nuestros respectivos proyectos hacia la manifestación. Hemos ejercitado el poder de acción, el cual resulta en el cumplimiento de las metas y en el incremento de nuestra fortaleza. Este aumento tiene un efecto exponencial —nos fortalece internamente para enfrentar la vida con una nueva conciencia—.

Entre más entendamos la totalidad de los procesos de la vida, abriremos más nuestros corazones. Entre más abramos nuestros corazones a la energía de la vida, tendremos más estructuras a nuestra disposición. Este es el propósito de Gabriel.

El uso adecuado de la nueva fuerza

Nuestro joven amigo regresó a la playa una vez que llevó a cabo sus cambios físicos. Aquel día, el hombre agresivo y arrogante sin ser capaz de notar los cambios en el débil, trató de nuevo de aprovecharse de la situación. El joven rápidamente se defendió subyugando al agresor. La hermosa chica rubia del bikini estaba ahora del brazo del joven mientras que el hombre arrogante tenía en sus manos la oportunidad de aprender y de crecer a partir de lo que le acababa de ocurrir.

La nueva fortaleza del débil pudo haber sido mal usada. Pudo haber elegido ir a la playa con las intenciones de herir y de castigar a su agresor; pudo haber guardado el odio en su corazón. Es vital entender el deseo que subyace detrás de la elección para cambiar, obrar y llevar a cabo. ¿Hay intención de destruir, herir o glorificar nuestro egocentrismo? Si la verdad y la honestidad son puras, entonces puede asumir que sus motivaciones también lo son. Esto significa que debemos mejorarnos sin tomar ventaja de los demás.

Métodos para aumentar su fortaleza

Aquí hay algunos consejos que pueden ayudarle a desplazar la energía que lo rodea, a través de la utilización de su poder para actuar:

1. **Mire dentro del espejo de la verdad.** Sin verse a sí mismo de una manera honesta, es posible que nunca se incremente su fortaleza para cambiar. Cuando ejercitamos nuestro poder para actuar (para crear cambio), el atributo de la fuerza aumentará.

2. **Procese completamente sus experiencias.** Así como los alimentos proveen los nutrientes, el procesamiento de las experiencias crean energía pura. Nosotros podemos usar esa energía para transformar nuestras vidas.

3. **Establezca pequeñas metas y cúmplalas.** No es una buena idea establecer metas descabelladas como realizar ejercicio tres horas por la noche, siete días a la semana. Así sólo llegaremos al fracaso y al agotamiento. Establezca pequeñas metas; por ejemplo, haga ejercicio 20 minutos cada día, durante tres días a la semana. De esta forma construiremos nuestra fortaleza con lentitud. Cada éxito nos ayudará a construir los éxitos futuros.

Aspectos a observar a medida que obtiene fortaleza

Los siguientes son algunos aspectos que debe tener muy en cuenta a medida que incrementa su fortaleza y su poder por medio del ejercicio:

1. **La arrogancia:** Si al ganar fortaleza empieza a sentir emociones de superioridad, deténgase y descubra la fuente de estas emociones. Cuando sentimos emociones basadas en el temor (ver Capítulo 28), es hora de usar la técnica L.E.A.R.N. de Rafael. Recuerde que el proceso de la vida es continuo. Siempre estamos aprendiendo. El aumento de la fortaleza le traerá un nuevo grado de conciencia y de experiencia, y a su vez nuevos retos.

2. **La vanidad:** Durante su asociación con Gabriel, esfuércese por ver claramente qué papel desempeña en el plan universal de Dios. La vanidad señala las áreas que están buscando su atención. Tenga cuidado de no represar este sentimiento. Recuerde, usted siente lo que siente. Sus sentimientos son pistas a seguir. Una vez más utilice la técnica L.E.A.R.N. para explorar el origen de la vanidad. Esta exploración lo conducirá hacia inseguridades escondidas.

3. **Patrones y creencias de autolimitación:** Al definir su misión y fijar los peldaños hacia ese objetivo, evite los patrones y las creencias que limiten su acción hacia esa meta. Al clarificar su intención de no lastimar a nadie de palabra ni de acción, necesita ser flexible consigo mismo en aquellas áreas nuevas para usted. Por ejemplo, si está tratando de ser más positivo en su lugar de trabajo, tenga cuidado de no volverse agresivo.

La divina diligencia de Gabriel

Después de haber sido despertados por la espada de la verdad de Miguel y de haber completado el viaje de curación del ser emocional con Rafael, el ser del alma y el ser consciente se constituyen ahora en el recipiente purificado del espíritu y están listos para aceptar la misión divina —la misión de nuestra vida— con mayor plenitud que antes. La presencia de Gabriel llega a nosotros para anunciarnos que hemos sido enviados para iniciar nuestra misión y para ayudarnos durante todo el camino.

El propósito de la energía que emana de este poderoso Arcángel de Dios, consiste en ayudar en el florecimiento de los atributos divinos de la fortaleza, de la persistencia y del compromiso dentro de cada uno de nosotros. Esto está simbolizado a través de María como principio femenino divino. María representa el principio creativo con el poder para dar a luz y manifestar una nueva vida en este mundo.

El cetro de Gabriel representa la energía divina de Dios, concedida a María para dar nacimiento a una parte de Dios sobre la tierra. La comunicación entre Gabriel y María simboliza la aceptación de la misión de nuestra vida. La misión de la vida es el propósito del alma y está dirigida por el ser del alma, a través del Espíritu Santo. El nacimiento del Cristo representa el compromiso hacia la tarea divina en que el alma ha decidido comprometerse.

Los afortunados son aquellos que han recibido la visita del poder de Gabriel. Esto significa que uno ha aceptado la espada de la verdad y que ha completado la mayor parte del viaje curando las viejas heridas emocionales y ahora está listo para aceptar la misión de su vida, libre de máscaras que cubran el corazón y de tensiones no resueltas provenientes de las heridas sin tratar. Con la fortaleza del Arcángel Gabriel estamos listos para empezar esa misión sin demora.

Entre más abramos nuestros corazones a la energía de la vida,
tendremos más estructuras y formas disponibles para seguir creando.

~

17

Definiendo la misión de su vida: los poderes, el propósito y el proceso de Gabriel

TAL VEZ LAS preguntas más difíciles de responder en la vida son ¿Por qué estamos aquí?, ¿cuál es el propósito de la vida?, ¿cuál es nuestro propósito individual al existir —la misión de nuestra vida—? El Arcángel Gabriel viene hasta nosotros para ofrecernos la opción de comprometernos a actuar con el fin de cumplir la misión de la vida. Depende de cada uno, como seres conscientes que somos, utilizar las herramientas que hay alrededor y así disponernos para recibir sabiduría del ser superior y la dirección del ser del alma.

Al disponernos ante el ser del alma, podemos volver a conectarnos con el conocimiento interior del modelo del alma y con el propósito de esta vida. Es aquí cuando las impresiones del alma nos recuerdan nuestro propósito sobre la tierra, así como también nuestra misión.

El poder principal de Gabriel

El poder principal que emana de Gabriel es el poder de actuar. El cetro es un símbolo de la acción de la divina voluntad y del propósito individual del alma en esta vida. El ofrecimiento del cetro es simbólico. Éste representa la decisión del ser consciente ya sea para aceptar o para rechazar la diligencia del ser del alma —para crear, manifestar y llevar a cabo el propósito del alma—.

El poder de actuar no significa "actuar" en una película. Este poder es la habilidad de mover la energía para adaptarla a las formas y a las sustancias en el mundo terrenal.

Este reajuste se logra hacer a través de la experiencia y del aprendizaje. Todos los habitantes de la tierra están interconectados entre sí. Existe una inmensa conexión espiritual al expandir la conciencia a nivel individual y colectivo.

Una mente abierta es esencial para lograr la expansión individual y general de los roles necesarios para llevar a cabo la misión de la vida. Aun cuando no entendamos las acciones del prójimo, debemos esforzarnos por tratar de respetarlas, como seres de luz y amor que viven en la misma condición humana como nosotros.

¿Cuál es la misión de su vida?

¿Cómo puede actuar para llevar a cabo la misión de su vida, antes de conocer de qué se trata? Cada experiencia contiene una clave. Primero que todo utilice lo que ha aprendido con Miguel y Rafael. Si aplica las lecciones aprendidas con ellos, aumentará su habilidad para ver más exactamente su propósito desde el punto de vista de su alma. De lo contrario, la mala aplicación o la no aplicación de lo aprendido puede disminuir su habilidad para actuar en forma constructiva hacia sus metas.

Si está aplicando apropiadamente las lecciones de Miguel y de Rafael pero todavía no tiene conciencia de cuál es la misión de su vida, entonces puede intentar el siguiente ejercicio. Este puede ayudarle a conectarse con el ser del alma, con el fin de descubrir su misión. No es necesario que se vuelva frenético buscando su misión; muchas veces usted ya está por el camino correcto. Ahora mismo usted está acumulando conocimiento y preparándose. Disfrute el momento y el proceso. Recuerde que la vida es un proceso, no un resultado.

¿Cuál es su línea? Defina la misión de su vida

Recuerda aquel viejo concurso de televisión "¿Cuál es mi línea?". En aquel programa, un panel de celebridades con los ojos vendados debía hacer una serie de preguntas acerca de un personaje desconocido. El objetivo del juego era adivinar la profesión del personaje. En este ejercicio usted es una celebridad de las que se ubica en el panel y su propia alma es el personaje desconocido.

Defina la misión de su vida

Cierre sus ojos y relájese. Tómese unos cuantos minutos para despejar su mente. Después de un corto tiempo, empiece a imaginar que está sentado en una silla y con los ojos vendados. Escucha la voz de un moderador que anuncia al misterioso invitado, el cual es su ser del alma. Él está vestido con el atuendo de la desconocida misión de su vida.

Aun cuando usted no puede ver su ser del alma puesto que tiene los ojos vendados, todavía puede sentir su presencia. Ésta lo tranquiliza y lo hace sentir una calidez placentera. Ahora se encuentra muy relajado.

Luego el moderador le dice: "Muy bien, usted sabe como es que funciona el concurso. Usted puede hacer diez preguntas para responder afirmativa o negativamente y que están relacionadas con la ocupación de nuestro misterioso invitado. Una vez que haya hecho cada pregunta, yo le responderé ya sea de manera afirmativa o negativa. En cualquier momento que considere que sabe cuál es la misión en la vida del invitado, tan solo dígalo y yo le diré si está en lo correcto o no; si se equivoca, el juego terminará y tendrá que jugar de nuevo en otra ocasión. Al final de las diez preguntas tendrá una sola oportunidad de adivinar la ocupación del misterioso invitado. Ahora empiece con sus preguntas".

Una vez sentado en la silla y vendado hágale diez preguntas al moderador. Estas preguntas deben estar formuladas de tal forma que el moderador las pueda responder simplemente con un sí o un no. Adapte sus preguntas de acuerdo a una misión por la cual usted se pueda sentir atraído. Cada respuesta del moderador debe ayudarle a establecer su siguiente pregunta (el moderador es su ser intuitivo).

Al final de las diez preguntas o en el momento en que usted cree que sabe cuál es la misión de la vida, y cómo aparece representada por el ser del alma, dígaselo al moderador. Escuche de nuevo su respuesta; si usted está en lo cierto, entonces quítese la venda de los ojos para que pueda observar a su ser del alma; pero si se equivoca, practique el juego en otra ocasión.

Este simple ejercicio es una forma divertida de establecer contacto con su ser del alma y de abrir su ser consciente al conocimiento que está inherente dentro de usted.

El proceso de realización

Nuestra habilidad para obrar no es una negación al hecho de que nuestros cuerpos algún día morirán y que dejaremos este campo de acción. Muchos líderes durante toda la historia han aplicado su poder —su habilidad para obrar— como un medio para alcanzar la inmortalidad sobre la tierra. No existe la inmortalidad en la tierra puesto que, como lo manda la naturaleza, el caudal de energía divina está siempre moviéndose a través de las fases de la creación, del mantenimiento y de la disolución. La energía es la esencia espiritual de las formas y de las sustancias; ésta se ajusta continuamente de modo que podemos tener varias experiencias para alcanzar el aprendizaje y el crecimiento.

Nuestro poder para obrar es en sí mismo divino, debido a que emula al creador. En el proceso de la creación construimos una estructura que irá a albergar al espíritu. Por consiguiente, resulta importante aprender las lecciones que nos ofrecen San Miguel y San Rafael. Si no lo hacemos, manifestaremos una estructura que nos traerá miseria y pena, tanto a nosotros mismos como a quienes nos rodean. Un ejemplo es el de los dictadores militares quienes han utilizado su poder para satisfacer salvajemente sus deseos, sin tener en cuenta las consecuencias representadas en el sufrimiento humano.

Recuerde que cualquier acto que irrespete la vida y los compromisos que hemos adquirido, es un acto que resulta como consecuencia de un ego mal equilibrado. Muchas personas sobre la tierra desean trabajar sin interferencias; esto en teoría está bien, pero si dejamos de lado los obstáculos que hay por revisar, las atrocidades se convierten en cosas comunes y corrientes y nos quedamos paralizados ante la pérdida de nuestra propia inocencia. A menudo, estas atrocidades se cometen en nombre de la conveniencia y son apoyadas bajo el deseo de tener la misma libertad que deberíamos necesitar para cometer estos actos.

Por lo tanto, no es suficiente aprender la manera en la cual hemos de aprovechar el poder para obrar a partir de lo que hemos estudiado con Gabriel; debemos ir mucho más allá e incorporar todos los elementos que nos brindan cada uno de los cuatro Arcángeles. Sin el poder de la visión de Miguel, estaríamos actuando en la oscuridad, sin tener la conciencia necesaria para reconocer la existencia de las fuerzas que han moldeado nuestro condicionamiento. Sin el poder del sentimiento de Rafael, actuaríamos de acuerdo a los patrones de energía tergiversados, creados por años de represión de nuestras emociones. Por último, como lo aprenderá más adelante, sin el poder de ser que el Arcángel Uriel nos brinda, estaríamos representando un deseo por conquistar la vida y la muerte.

De tal manera, cuando analizamos los objetivos a realizar, vemos que las formas que construimos para albergar el espíritu pueden originarse a partir de intenciones malas o buenas. El espíritu, como el agua, llenará el espacio que ocupa. Asegúrese que sus realizaciones serán para su propio bien y para el bien de todos.

Para el bien de todos

Este ejercicio tiene la intención de ayudarle a visualizar los resultados de sus realizaciones sobre la tierra *antes* que ellas se manifiesten y se llenen con la energía del espíritu. También le ayudará a decidir objetivamente si usted debe o no debe actuar en una área determinada para llevar a cabo un objetivo en particular. Después de llevar a cabo este ejercicio, puede decidir si cambia un objetivo, lo suprime o lo mantiene inmodificable. El propósito no es desanimarlo sino ayudarle a poner en práctica lo que ha aprendido hasta ahora.

E J E R C I C I O

Evaluando metas

Como en la mayoría de ejercicios, primero que todo tranquilícese; hágalo utilizando su método favorito. Es mejor estar en un lugar donde no sea interrumpido. El desarrollo de este ejercicio tomará sólo unos cinco o diez minutos.

Cierre sus ojos si aún no lo ha hecho; luego imagine su objetivo. Observe lo que usted está deseando realizar. Piense en él, aunque no tenga una estructura física, todavía es una forma que la energía debe llenar para que pueda existir sobre la tierra. Por ejemplo, usted puede verse a sí mismo como un sanador utilizando las técnicas de curación en las cuales se colocan las manos sobre los pacientes. Imagínese en su casa trabajando o donde su imaginación lo quiera ubicar.

Desde este punto de acción, retroceda y observe la forma en la cual llegó hasta este lugar en su imaginación. ¿Estudió con diferentes profesores? ¿Con quién tuvo que interactuar para llevar a cabo esta meta? ¿Cómo interactuó con ellos? Permítase a sí mismo verse en diferentes escenas. Cada escena debe representar una o varias etapas que le ayudarán a lograr su meta.

Haga una pausa para procesar estas escenas. Experimente los sentimientos y tenga en cuenta las respectivas motivaciones.

Ahora regrese a la escena en la cual puede visualizar su meta. A partir de este punto de vista, desplácese día por día, mes por mes y luego año por año hacia el futuro. Mire bien las escenas que se desarrollan entre usted y las personas que posiblemente ahora conoce y con las que conocerá después. ¿Cómo se está realizando su meta y cómo es su actuar con respecto a las demás personas? ¿Cómo lo afecta dicha situación? ¿Puede ver las cosas buenas que están ocurriendo? ¿Cómo se siente con relación a los efectos y sus metas?

Finalmente regrese al momento presente con los ojos todavía cerrados; imagínese que el acto y la meta nunca se completaron en el transcurso de esta vida. Espere unos cuantos segundos. ¿Cómo se siente al saber que esta meta nunca fue alcanzada? ¿Le molesta esto? Si es así ¿por qué?, sino, entonces ¿por qué no le molesta?

Haga esto durante un lapso de tiempo y suavemente abra sus ojos.

Practique este ejercicio al escoger la misión de su vida. Si no está consiente de la misión de su vida, entonces inténtelo con las diferentes ideas que usted pueda tener sobre su misión. Por último, también puede intentar este ejercicio con cualquier meta que usted pueda tener ya sea en el trabajo o en la casa.

Los atributos de la fortaleza, la persistencia y el compromiso

Al ejercitar nuestro poder para actuar, hemos continuado con el proceso de Gabriel: la realización de un propósito. Como resultado de la interacción entre el actuar y realizar, hemos ganado en fortaleza, persistencia y compromiso.

Fortaleza

Poco a poco, a medida que va avanzando progresivamente hacia su meta, usted va ganando en fortaleza. Lo que alguna vez había visto como obstáculos insuperables para sus metas, ahora son vistos como desafíos. Es como si la barra de salto alto pasó de una altura de siete pies a tan solo tres pies. Entre más actúe, más fuerte se hará con el tiempo. Con la fortaleza llegará la responsabilidad. Un uso incorrecto de la fuerza nos puede lastimar tanto a nosotros como a los demás.

Persistencia

La realización de las metas nos conduce a un mayor nivel de conciencia en lo que respecta con el atributo de la persistencia. Usted aprende a desarrollar conocimiento en las distintas situaciones. Los desafíos que enfrenta se hacen más fáciles porque utiliza su conocimiento para encontrar las formas que lo lleven a realizar su meta. Cuando enfrenta un problema, se dará cuenta que persistirá para encontrar una solución. Si actuamos en dirección hacia la realización de nuestras metas y fallamos al emplear la persistencia, entonces nos estaríamos dando por vencidos en las primeras etapas.

Compromiso

Usted ya ha desarrollado la fortaleza y la persistencia, pero sin el compromiso —el cual es la decisión de continuar hasta el final— sus metas probablemente nunca serán alcanzadas. Este compromiso varía con el objetivo. Debido a las limitaciones de tiempo y espacio inherentes a las condiciones terrenales, debemos considerar muy bien las metas que nos tracemos. Sin el compromiso, puede perder el enfoque previsto y cambiar la dirección de su meta. Si ha alcanzado su meta por medio del cumplimiento, habrá demostrado un grado de compromiso y de entendimiento hacia este divino atributo.

Tomando el cetro

Gabriel le ofrece el cetro del mensaje divino. Si decide tomarlo, dará inicio al proceso de manifestar la misión de su vida. A través de ejercicios, usted puede descubrir y definir su misión y seguir los pasos para llevarla a cabo. Recuerde que aceptar el cetro exige un máximo respeto por la vida, por nosotros mismos y por todos los demás.

A medida que inicia este proceso con el Arcángel Gabriel, pronto sentirá la presencia de Uriel. Uriel es el Arcángel del amor, de la belleza y de la conciencia. Uriel llega para trabajar con usted, después de que haya aceptado el cetro de Gabriel. Él le ayudará a recordar que la realización por sí misma, no constituye la última meta.

La meta al llevar a cabo la misión de su vida consiste en satisfacer plenamente el modelo y el propósito del alma. Esto no significa ejercer su poder sobre los demás, sino que más bien debe usarse para manifestar más y más amor divino en su vida. El alma, en sí misma, es buena. Nosotros aceptamos las partes adoloridas en nosotros mismos así como lo bueno y lo malo del mundo. No estamos aquí para condenar ni para decirle a los demás cómo deben vivir ni tampoco qué es lo que deben hacer. Estamos aquí sobre la tierra y nuestro deber es honrar y respetar la vida. Debemos encontrar y alcanzar nuestro propósito dentro de estos parámetros.

La habilidad para actuar es intensificada al seguir la poderosa técnica inspirada por el Arcángel Gabriel, llamada Generar Cambio. La técnica de Generar Cambio aparece explicada en el Capítulo 20. Esta técnica puede ayudarle a romper viejos modelos y a impulsarlo hacia la acción. También la puede usar para manifestar la misión de su vida y para traer los resultados deseados a la realidad actual.

El Arcángel Gabriel puede ayudarle a integrar sus experiencias de manera que pueda tomar parte activa con la misión de su vida. Recuerde llamarlo cuando esté en duda y no se sienta capaz de continuar. Su divina orientación es una bendición para aquellos que son conscientes de su presencia.

Reclama tu herencia espiritual.

18

Un mensaje de Gabriel

La transmutación de la energía

Los papeles que usted desempeña sobre la tierra describen la manera como se relaciona con otras formas y con los demás individuos. Cada papel tiene sus responsabilidades y sus beneficios. También le permite aprender, compartir y crecer en diferentes formas. Por ejemplo, el papel de un padre hacia su hijo es diferente al de un hombre hacia su esposa o viceversa.

Los papeles no se deben confundir. Por ejemplo, en matrimonios fracasados encontramos que uno de los cónyuges —o quizás los dos— mantienen la relación conyugal y la de sus hijos desempeñando papeles inversos. Muchas veces presionan a los hijos a comportarse como adultos y a aliarse en un lado o el otro cuando se presentan las disputas. Usted debe evitar estas mezclas de roles con el fin de mantener un equilibrio dentro de sí mismo y para ayudar a aquellos que lo rodean a mantener un estado de consistencia y seguridad.

Vengo a usted para hablarle sobre la energía. La energía única. La energía de Dios; la esencia de toda la creación. Esta energía nunca ha sido creada y nunca ha sido destruida; solamente permanece cambiando, siempre cambiado. Este cambio se evidencia a través de la experiencia en las formas, sustancias en los mundos de la energía, materia, espacio y tiempo. Esta energía única, es la que siempre ha sido y la que siempre será. El mundo no tiene fin, puesto que la energía que crea al mundo nunca se disipará ni se desvanecerá.

Vengo a usted para entregarle la energía divina, de una forma que la pueda aceptar. Le pido que abra la energía divina que está contenida dentro de la fuente de su propio ser. Dispóngase ante el ser del alma, ante la sabiduría del ser superior, ante las claves del ser emocional y ante las urgencias del ser básico.

A través de este proceso de purificación, usted empezará a ver la verdad de sus elecciones y la razón por la cual optó por ellas. Esta verdad promueve la curación de su maltratado corazón. A medida que van desapareciendo las dolorosas cicatrices en el agua del Espíritu Santo, estará listo para definir, empezar, llevar a cabo y completar el propósito de su alma — su misión en esta vida—.

Su propósito, como ser consciente, es doble. Primero, debe mantenerse abierto al espíritu divino —ante el amor que existe dentro de su corazón—. Segundo, debe entender el propósito del alma y su relación con la misión de su vida.

Mi propósito es mostrarle cómo generar cambio en su vida. Cómo utilizar el conocimiento que ha acumulado, junto con la curación que ha ocurrido y utilizar la sabiduría adquirida para seguir hacia adelante: para motivarse a sí mismo, para descubrir, para implementar, para obrar y alcanzar sus metas en este mundo.

Su mundo es un mundo de espíritu y a su vez un mundo de formas y sustancias que se mueven, respiran, viven y actúan. Su creación es una forma de actuar y, a medida que logra sus metas adquiere conocimiento. Existe un balance entre el ser y el actuar. La energía de cambio está constituida por estos dos factores.

Al igual como una vez le entregué el mensaje de Dios a la virgen María, así le entrego su misión divina. La virgen María me recibió en la pureza de su corazón. Usted también lo hace con su lucha y trabajo para purificarse a sí mismo con el agua de la vida y para curar sus heridas del pasado, para aceptar y llevar a cabo su propósito y misión divina.

Hasta entonces, se presentaba la depresión y la ira, con el intento de trabajar repetidas veces a través de las energías de esas emociones y resolver la pena y el sufrimiento que hay en el mundo. No hay nada equivocado, ni malo ni negativo en esta lucha, puesto que todo constituye una parte de la experiencia humana. Pero cuando tiene el conocimiento y elige *no* aplicarlo, entonces habrá encendido una lámpara pero aún conserva los ojos cerrados en la oscuridad.

La pureza de María es la pureza en su interior. Es la pureza dentro de todas las creaciones de Dios. Es común con la alineación central de todos los auto-segmentos que reaccionan en armonía con el Espíritu Santo.

Vengo a usted para mostrarle un ejemplo de fortaleza. Cuando haya caído y se sienta incapaz de continuar, míreme para que pueda obtener la inspiración necesaria que le permita renovarse a sí mismo.

Vengo a usted para mostrarle un ejemplo de persistencia. Sin importar qué tan difícil llegue a ser su camino hacia la realización y la creación, siga mi ejemplo y no se vaya a dar por vencido. Camine siempre hacia su objetivo. La montaña está lejos, pero estará más cerca una vez que se haya iniciado su camino.

Vengo a usted para mostrarle un ejemplo de compromiso. El compromiso empieza con la unión de las manos, con el abrazo fuerte y con la decisión de caminar juntos a través de los campos, a medida que aramos y plantamos las semillas de la creación sobre la tierra.

Recuerde tomar su tiempo para renovarse y recargar sus energías. Generar cambio no es un proceso sin paradas. Usted debe encontrar su estado de equilibrio en el cual pueda actuar y luego ser. Este altibajo es natural y varía de un individuo a otro. Los períodos de descanso son tan importantes como los períodos de acción.

Toda la vida sobre la tierra consiste en la transmutación de la energía. Todos los seres conforman y mueven la energía. El músico toma su energía y la transforma a través del cuerpo del instrumento, el cual a su vez, mueve la energía de los átomos en la atmósfera creando el sonido. Todas las ocupaciones en su mundo consisten en cambiar formas y sustancias a partir de un estado a otro.

La manifestación es la modificación de los patrones de energía disponibles para producir cambios en las formas. La destrucción es la ruptura de una forma. La creación es la manifestación de una forma, Todo hace parte de la única energía, desde siempre por siempre y hasta siempre.

La energía es como el agua; ésta toma la forma del recipiente donde se vierte. En algunos aspectos, la creación consiste simplemente en que el individuo construye una forma o una estructura dentro de la sustancia material que se llena con la energía espiritual. La energía es como el agua: se desplaza mientras que usted se mueve a través de una piscina. Con cada movimiento, el agua se va moviendo a su alrededor; de igual manera sucede con la energía espiritual al tomar una decisión. La energía es constantemente movida, manipulada y trasformada. En sus períodos de descanso su cuerpo está moviendo la energía de una forma a otra. No existen los estados estáticos. Sus cuerpos son microcosmos de los universos de Dios.

Usted nació del polvo de la tierra. Su cuerpo está moldeado a partir de materia compuesta de la energía de Dios; el alimento es consumido y su energía se transforma en una forma que pueda sostenerlo. Cuando usted muere, su cuerpo retorna a la tierra. La energía se adapta para ser utilizada una y otra vez, como se hace con los ladrillos de un edificio, los cuales adoptan otras formas, otras sustancias y otros cuerpos —como vehículos para el espíritu—. Todos aquellos que sientan temor a cambiar, sienten temor de ellos mismos. ¿Acaso su miedo impedirá la muerte de su cuerpo?

Todos aquellos que acepten el encargo divino del Señor, tal como lo hizo María, se aceptan a sí mismos en la pureza de la esencia del creador. No estamos obligados a aceptar esta misión, ni tampoco estamos forzados a cambiar. Siempre tenemos la libertad de escoger nuestro rumbo de acción. Cuando se enfrente a la toma de una decisión, trate de descubrir y de conocer sus motivaciones, es decir, de entender la razón por la cual escogió el camino que tomó.

Vengo a usted ahora y volveré cuando me necesite. Si decide aceptar mi orientación, entonces yo, con gusto y amor, se la suministraré. Le ayudaré a ser un ejemplo de fortaleza, de persistencia y de compromiso, mientras que usted define y manifiesta la misión de su vida.

Todo esto se lo confío en el espíritu de la fortaleza a través de la energía universal del Cristo Creador.

Siempre tenemos el derecho y la libertad
de escoger nuestro rumbo de acción.

~

19

Oraciones y meditaciones para contactar el Arcángel Gabriel

Una oración sobre la fortaleza

Querido Gabriel,

Te dedico esta oración para que me ayudes mientras desarrollo la fuerza para llevar a cabo la misión de mi vida. Por favor, envíame tu energía fortalecedora para que me ayudes a llevar una vida con valentía y con amor, tanto para mí mismo como para toda la humanidad. Con tu orientación me esforzaré para cumplir con mi propósito y para ayudar a los demás en su recorrido.

Esto te lo pido a través de la energía del Cristo universal, Amén.

MEDITACIÓN

En presencia de Gabriel

Siéntese en una silla cómoda o acuéstese sobre una cama. Libérese de cualquier clase de presión ocasionada por sus ropas. Utilice el método de relajación que mejor le parezca (puede ser el de respirar profundamente). Esto le ayudará a concentrarse en su interior. Asegúrese de que nada lo vaya a perturbar por unos 15 a 30 minutos. Después de que su mente haya quedado tranquila y su cuerpo esté relajado, continúe con el resto de la meditación.

Imagine que está en un jardín, ya es tarde y está solo. Escucha los sonidos de la naturaleza. Los pájaros cantan suavemente a su alrededor. En la distancia se escucha un arroyo que está en algún sitio detrás de los árboles. La hierba se siente suave bajo sus pies desnudos y el Sol lo acaricia en un cálido abrazo.

Usted camina por el jardín, deteniéndose para apreciar los arbustos floreciendo de los pequeños árboles silvestres. A su izquierda está un hermoso rosal. La fragancia del rosal lo atrae. Se aproxima a la planta y percibe el suave olor de las flores. Hay una banca de piedra al lado del rosal. Toma asiento enfrente de la entrada del jardín. Mira a su alrededor y siente que alguien está cerca, alguien que conoció hace bastante tiempo, pero que no ha visto desde hace mucho.

Después de esperar unos cuantos minutos, ve aparecer en el bosque una figura vestida con mantos que camina hacia usted. Él es Gabriel. Su vestimenta resplandece y su apariencia es soberana. El amor se irradia desde todo su alrededor. Su corazón late a un ritmo acelerado a medida que él se aproxima. Él no dice nada.

Usted desea levantarse a medida que él se acerca; pero en lugar cae de rodillas al tiempo que el asombroso; poder de Gabriel entra y fluye a través de todo su ser. Él toma su mano y lo conduce de regreso a la banca de piedra donde usted se sienta. Gabriel se da vuelta hacia el rosal y suavemente arranca una rosa blanca de una rama. Da vuelta de regreso hacia usted y le ofrece la rosa. Usted mira dentro de sus ojos y luego dentro de su corazón. Ahora debe decidir si está listo para aceptar la misión de su vida y dispuesto a realizarla.

Ahora, tómese un momento y sienta la escena. ¿Ha decidido aceptar la rosa? Pregúntele a Gabriel cualquier cosa que usted desee; escuche sus respuestas. Flote con esta escena durante algunos minutos, desplazándose a donde ésta lo lleve. Cuando lo haya hecho, despídase de Gabriel y abra lentamente sus ojos. Regrese a su entorno y reflexione unos minutos sobre lo que ha experimentado en esta meditación.

Oración sobre la persistencia

Querido Gabriel,

Por favor quédate conmigo mientras trabajo hacia una completa integración del ser. Prometo cumplir con las responsabilidades que he decidido aceptar por mi bien, por el de mis seres queridos y por el de todos aquellos por los cuales trabajo. Envíame tu energía mientras que continúo manifestando el propósito de mi vida. Ayudaré a todos aquellos menos favorecidos que yo, así como también a todos aquellos que soliciten mi ayuda.

Esto te lo pido a través de la energía del Cristo universal, Amén.

MEDITACIÓN

Acerca de la fuerza

Siéntese en una silla cómoda o acuéstese sobre una cama. Libérese de cualquier clase de presión ocasionada por sus ropas. Utilice el método de relajación que mejor le parezca (puede ser el de respirar profundamente). Esto le ayudará a concentrarse en su interior. Asegúrese de que nada lo vaya a perturbar por unos 15 a 30 minutos. Después de que su mente haya quedado tranquila y su cuerpo esté relajado, continúe con el resto de la meditación.

Imagine que una tarde está caminando sobre los terrenos de su granja, en las afueras de su casa. El Sol está resplandeciente. Hace calor y tiene mucha sed. Toda la tierra a su alrededor está caliente y sedienta también. Los árboles crujen de resequedad y la hierba se parte a medida que camina sobre ella. Todo parece lúcido y cansado. Usted también se siente exhausto. El establo está a punto de caerse; el molino de viento está oxidado y apenas puede girar.

Entonces camina en dirección del pozo que se encuentra en el centro del patio. Hace descender una cubeta dentro del pozo y luego la hace subir, pero la cubeta está vacía. El pozo parece estar seco. Luego mira hacia la profundidad del pozo pero no ve nada. Después de unos instantes nota un rayo de luz. Algo ha reflejado el cielo en el interior. ¡Agua!

Ahora desciende al pozo para investigar. Hay algunas piedras para que usted se pueda sostener. Hay suficiente espacio en el pozo como para que se pueda mover. No se siente enclaustrado. Tampoco siente temor. Al descender, usted mira hacia arriba para ver el círculo de luz de la cima del pozo, el cual se hace cada vez más pequeño. Continúa descendiendo por algunos metros más. El pozo se hace cada vez más frío. Ya ha llegado hasta el fondo del pozo. El piso está seco y duro, excepto por un área que parece estar húmeda.

Se arrodilla y empieza a cavar. Cava en la tierra con sus manos. Al sentir la humedad, sigue cavando cada vez más rápido hasta que sus manos tocan el agua. Recoge agua en sus manos y la bebe. Mientras que la bebe, el agua empieza a verter. Usted flota sobre el agua a medida que, en forma rápida, empieza a llenar el pozo. Flota y flota mientras que el agua lo impulsa hacia la superficie del pozo. El círculo de luz se hace cada vez más grande. Ahora ya ha alcanzado la cima del pozo y el agua continúa rebosante hasta el borde.

Ahora se encuentra parado sobre la hierba mientras que observa como el agua empieza a humedecer la tierra seca a su alrededor. Flota tranquilamente sobre la tierra; no como una inundación, sino como si se tratara de una esencia vital. El agua es absorbida rápidamente. Mira al interior del pozo y ve que el nivel del agua llega hasta el tope. Todo a su alrededor, la naturaleza está respondiendo al agua que usted ha liberado desde el interior del pozo. Tómese un momento para que aprecie los árboles, los arbustos, los pájaros y los animales que beben el agua y ganan fuerza. Los árboles se balancean suavemente con el viento y su casa le da la bienvenida mientras que entra en ella.

Todo se ha refrescado y vigorizado. El agua del pozo ha traído de nuevo la vida. Usted ha cavado abajo en lo más profundo de sí mismo y ha encontrado una fuente de fortaleza que nunca se terminará. Ahora está experimentando un sentido renovado de optimismo y de entusiasmo para poder continuar con la más pequeña faena.

Tómese algunos momentos para absorber esta escena. Déjela que lo refresque y que lo anime con el conocimiento que existe en el pozo del espíritu que hay dentro de usted en este preciso momento. Puede utilizarlo en cualquier momento al concentrarse en la fuente interior y cavando por debajo de las imágenes superficiales. Después de un buen rato, abra sus ojos y mire a su alrededor. Traiga su renovado entusiasmo hacia su mundo de hoy.

Una oración de compromiso

Querido Gabriel,

Permanece conmigo a medida que descubro el pozo del compromiso en el interior de mi ser del alma. Por favor ayúdame a acceder a la sabiduría que existe en el ser superior, de manera que pueda entender el plan divino del creador. Ayúdame a ver día a día el valor que hay en el camino que he escogido. Dedico mi corazón y mi mente al deseo divino del mismo modo como lo he hecho a través de la integración del ser.

Esto te lo pido a través de la energía del Cristo universal, Amén.

Deja refrescarte y animarte con el conocimiento que existe en el espíritu que hay dentro de ti en este momento.

~

20

Generando el cambio:
un ejercicio con Gabriel

LA ENERGIA FORMA constantemente remolinos a nuestro alrededor. Somos movidos por la energía que hay en nuestro lugar de trabajo, en donde vivimos y en la nación de la cual formamos parte. Los ciclos llegan, se van y nos hacen circular con sus impulsos. Las estaciones traen sus propios cambios. Las energías del día y de la noche se mueven dentro de nuestro espacio y nosotros respondemos a ellas. Toda la vida se compone de energía. Y aquí está usted: en el centro de su mundo con el poder para escoger y con el poder para actuar.

Crear el cambio significa tomar decisiones para desplazar la energía de nuestro propio ser hacia el mundo, a través de las experiencias. Podemos ser reacios al cambio (a usar nuestra energía para las nuevas experiencias) debido a que hemos experimentado dolor o pena de alguna clase ligadas a los cambios del pasado. Si deseamos algo, debemos considerar que hay algo por aprender acerca de nosotros mismos dentro de ese deseo. Nuestros deseos culminan en experiencias. Usamos nuestros pensamientos, palabras y acciones para mover la energía a la cual tenemos acceso, con el fin de manifestar las formas y modificar las sustancias. Es en este proceso en el cual aprendemos. Aquellos que temen al cambio, tienen temor de aprender, es decir que le temen a sus propios deseos. Y aún así, el alma se extiende en el mundo para aprender —ella desea aprender—.

Gabriel lo impele a encontrar la fortaleza que lo conduzca a generar cambio en su vida por medio del seguimiento de sus deseos. Él viene para ayudarle a actuar y realizarse dentro de este mundo. Los cuatro Arcángeles son la base sobre la cual usted puede edificar. Cada uno de ellos es importante.

Usted no puede crear el cambio sin haber visualizado sus motivaciones y sin haber visto la verdad. Miguel le ayuda a ver la verdad de sus motivaciones. Generar el cambio sin ver la verdad le puede traer malestar.

Si no se conecta con su ser emocional, las creaciones que usted manifiesta pueden ser desvirtuadas por las percepciones incompletas. Rafael le ayudará a conectarse con sus emociones. Visualizar sus motivaciones con honestidad mientras que siente y expresa sus emociones, lo capacita para decidir apropiadamente cuáles son las acciones (los actos por ejecutar) que desea manifestar en su vida.

¿Cómo le gustaría ser recordado? ¿Cómo le gustaría ser visto por sus seres queridos después que haya dejado esta tierra? ¿Cuál será su contribución a la humanidad durante esta vida sobre la tierra? No solamente es la manifestación de las formas y de las sustancias la que debe llevarse a cabo; también la personalidad es un acto que debe alcanzarse, así como lo son la aceptación y la integración. La integración de sus propios segmentos es una de las tareas más importantes que usted puede llegar a realizar.

La energía es la sustancia que utilizamos para darle forma a nuestras experiencias. Algunos actos requieren de un mayor empleo en energía que otros para ser llevados a cabo. Un acto en particular no es más grande que otro; la energía es una sola y se mueve en armonía con el creador.

La decisión de Generar Cambio depende totalmente de nosotros. El ejercicio de Generar Cambio tiene dos partes. La primera parte le ayudará a definir lo que necesita y lo que desea llevar a cabo; la segunda parte le ayudará a definir los pasos para crear el cambio que usted se ha propuesto.

Utilizando el formato de ampliación del cambio

El primer paso de este ejercicio tiene como objetivo determinar lo que usted necesita y desea crear en su vida. Puede que sea algo novedoso, como sería desarrollar una nueva habilidad. Quizás desee establecer mejores relaciones con sus seres queridos. En este caso, usted estaría cambiando una situación. Inclusive su deseo o su necesidad pueden ser algo tan simple como escribirle una carta a su hermano o salir a caminar.

Con el fin de ayudarle a enfocarse en los pasos que necesita dar para cambiar, hemos incluido un Formato de Ampliación del Cambio a manera de ejemplo. También encontrará un formato similar en blanco en el apéndice B. El propósito del formato es hacer énfasis en las tareas que usted desea realizar. Recuerde que donde centra su atención, centra su energía. Al centrar su energía, la transfiere de un lugar a otro.

Coloque el formato frente a usted. Cierre los ojos. Ahora visualice sus sentimientos. ¿Qué cosas ha estado aplazando continuamente hasta ahora? Estas cosas pueden ser difíciles de cambiar, o tal vez requieren de su atención. Cambiar es difícil, es aterrador —pero así es la vida—. Cambiar, crecer, morir y nacer son cada una de las partes del interminable ciclo de la vida.

Abra sus ojos y escriba por lo menos tres y máximo cinco cosas que ha venido aplazando y que debería hacer. Utilice una de las líneas que contiene el formato del contenido. No escriba nada todavía en la columna "nivel de necesidad" ni tampoco en la columna "completada".

Ahora cierre sus ojos de nuevo. Visualice sus deseos. ¿Qué cosas lo harían muy feliz? Piense en aquello que siempre ha anhelado realizar, pero para lo cual ya ha perdido la esperanza. Esto puede ser algo sencillo como tomar un tibio baño de burbujas, o algo tan complejo como escribir una novela. Piense por un momento, pero no lo haga por mucho tiempo. Esto lo volveremos a abordar con mayor detalle más adelante.

Abra sus ojos y escriba por lo menos tres y máximo cinco de los deseos con los que siempre ha soñado, pero que todavía no ha podido llevarlos a cabo. Una vez más utilice sólo una de las líneas del formato para cada uno de los deseos. No escriba nada todavía en la columna "nivel de necesidad" ni tampoco en la columna "completada".

Después de completar los dos primeros pasos, revise por un momento todas las tareas que ha escrito. Su siguiente paso es el de asignarles un valor numérico, de tal manera que el número 1 sea el que le corresponda a la tarea más importante y el número 10 sea el que le corresponda a la tarea menos urgente. Cada una de las tareas deberá tener un valor diferente. Siga el recorrido del formato y asígnele el valor numérico de su elección a cada una de las tareas en la columna correspondiente al título "nivel de necesidad". Tómese un corto tiempo para realizar este paso.

Diríjase al ejemplo que aparece en la hoja que contiene el formato de ampliación del cambio. Allí puede observar cuatro tareas, las cuales sabemos que necesitamos hacer pero que por diferentes circunstancias han sido aplazadas. También hemos escrito cuatro deseos o anhelos y les hemos asignado a cada una de las tareas, en la hoja del formato, un nivel de necesidad en una escala del 1 hasta el 10.

Continúe con el ejercicio, determinando en primer lugar si se necesitan múltiples pasos para completar la tarea. En ese caso, utilice la hoja que contiene el formato para la Ampliación Detallada del Cambio, para guiarlo a definir y a completar estos pasos.

Utilizar el formato de la Ampliación Detallada del Cambio

Si la tarea que usted ha escrito en la hoja que contiene el formato para la ampliación del contenido del cambio requiere la ejecución de pasos múltiples para ser realizada, entonces le parecerá útil la hoja del formato detallado. A continuación aparecen los pasos para utilizar la hoja que contiene el formato para la Ampliación del Cambio.

Paso 1. Revise la línea del "contenido de la tarea". Cierre sus ojos y relájese. Visualice la situación en la forma de la experiencia que existe actualmente. Tómese un momento y permita que no solamente las imágenes lleguen hasta usted sino que también deje que lo haga el sentimiento que podría experimentar en el caso de llegar a realizar esa tarea. Ahora véase y siéntase a sí mismo ejecutando los pasos concretos para completarla. Interactúe con las personalidades y con las partes de usted mismo que necesitaría en el momento de completar físicamente la tarea en el mundo exterior.

Paso 2. Abra sus ojos y describa, en la columna que está con el encabezado "describa la realización de la tarea", su visión de la manifestación y de la ejecución completa. Esta no tiene que ser una descripción paso a paso, pero sí que refleje los sentimientos y las imágenes que se producirían en el caso en que la tarea fuese completada.

Paso 3. Ahora escriba una afirmación positiva que pueda repetirse a sí mismo con respecto a la tarea. Usted puede usar esta afirmación diariamente. Redáctela de manera que respete todos sus propios segmentos y que le haga un homenaje a su propio ser. Sea cariñoso y amable.

Paso 4. Voltee la hoja que contiene el formato de ampliación detallada del cambio, en la cual hay suficiente espacio para escribir. Utilice todos los renglones que necesite; en cada línea, escriba una subtarea específica que debe realizarse con el fin de completar la tarea general. No escriba nada, por el momento, en las columnas con las palabras "orden" y "completada".

Paso 5. Haga un repaso general de todas las subtareas que ha escrito y asígneles un orden de cumplimiento, de tal modo que le asigne el número uno a la primera subtarea que necesite ejecutar, y vaya incrementando el número para cada una de las subtareas siguientes. Realice esto hasta que cada subtarea tenga un número en la columna encabezada con la palabra "orden".

Generar el cambio
Un ejercicio con Gabriel
Formato de la ampliación del cambio

Fecha: *2 - 4 - 00*   Hora: *7:00 p.m.*

Tarea por realizar	Nivel de necesidad	Completada
1. Escribir una carta a mi prima	5	
2. Escribir una carta a mi tía	6	
3. Empezar a ahorrar una cantidad de dinero semanalmente	4	
4. Beber menos gaseosa dietética y más té hierbal	2	
5. Realizar una comedia a escenario abierto	8	
6. Limpiar y organizar documentos personales y de la casa	7	
7. Concentrarme en integrar y aceptar la muerte de mi madre	1	
8. Arreglar los grifos del baño que estaban goteando	3	
9.		
10.		

Generar el cambio
Un ejercicio con Gabriel
Pasos para diligenciar el formato detallado del cambio: lado A

Fecha: 2 – 4 – 00   Hora: 7:15 p.m

Tarea por realizar: Concentrarme en integrar y aceptar la muerte de mi madre.

Describa la realización de la tarea

Este ejercicio empieza con un enfoque conciente de la experiencia de la muerte de mi madre cuando era apenas un adolescente. Me veo aceptando la experiencia y sanando mi dolor. Esto me ayudará a tener un mejor entendimiento de mi vida así como a valorar a mi madre y a mi mismo.

Escriba su afirmación positiva sobre la realización

Cuando comienzo a concentrarme en este asunto, pido la ayuda de los arcángeles. Con las lecciones de concientización que ya he incorporado en mi vida, enfrentaré honesta y valientemente todos los aspectos relacionados con la muerte de mi madre.

Generar el cambio
Un ejercicio con Gabriel
Pasos para diligenciar el formato detallado del cambio: lado B

Pasos:	Orden	Completada
* Buscar en las librerías o bibliotecas libros acerca de la muerte	2	
* Pensar todos los días a conciencia en un recuerdo de mi madre.	1	
* Escribir cartas a mi hermano y a mis tías donde hable de la vida de mi madre	6	
* Practicar el ejercicio "Diagramando su vida" sobre este asunto	3	
* Escribir una carta a mi madre ya fallecida	4	
* Hablar con mis hijos acerca de su abuela	5	
* Hablar con otras personas cuya madre también murió cuando ellos estaban jóvenes	7	

Completando el ejercicio

En este momento, ya deberá tener frente a usted, un formato totalmente diligenciado para la Ampliación del Contenido del Cambio y hasta diez hojas llenas con la Ampliación Detallada del Cambio. Una por cada día, empezando desde hoy, deberá revisar la hoja del contenido y seguir los siguientes pasos:

Paso 1. Determine cuál es el aspecto clasificado con el número más bajo, que aún no se ha realizado. Si diligenció una hoja de Ampliación Detallada del Cambio para esta tarea, entonces consulte la hoja del detalle como se ha establecido en el segundo paso, el cual aparece más abajo. De lo contrario, simplemente realice la tarea que está mirando. Hágalo el mismo día en que la esté revisando, si le es posible. Las tareas que no tengan múltiples pasos, tan solo deberán necesitar una acción sencilla para que se pueda llevar a cabo. Cuando ya haya realizado la tarea, entonces marque con una "x" en la columna que está encabezada con la palabra "completada", en la hoja la Ampliación del Contenido del Cambio. No continúe todavía hacia la siguiente tarea, hasta que haya realizado los más sencillos pasos que lo lleven a alcanzar totalmente la tarea actual. Si ya ha completado la tarea en mención, empiece con la primera parte de este paso para su próxima meta. Si usted ya completó todas las tareas de su lista, entonces habrá terminado todo el ejercicio.

Paso 2. Para completar este paso, deberá haber llenado ya la hoja para la Ampliación Detallada del Cambio. Revise la parte posterior de esa hoja donde ha escrito todas las subtareas que debe llevar a cabo para completar la tarea principal. Escoja la siguiente subtarea, la que todavía no ha sido completada ni realizada. Realice todas las subtareas que sea posible en este momento. Ejecute, por lo menos, una tarea cada día, siempre. Cada vez que complete la subtarea coloque una "x" en la columna que aparece encabezada con la palabra "completada" y continúe con la siguiente subtarea. Cuando ya haya completado todas las subtareas, regrese al formato para la Ampliación del Contenido del Cambio, marque con una "x" en la columna "terminada" y regrese al paso uno de este ejercicio. Haga todos los pasos que le resulten cómodos durante un mismo día, de manera que no vaya a saturarse; pero, por lo menos, realice una tarea o subtarea cada día.

Este ejercicio para la ampliación es inspirado por el Arcángel Gabriel. Además le ayudará a desplazar la energía contenida en modelos específicos para alcanzar la experiencia que usted desea. Igualmente, le ayudará a llevar a cabo sus responsabilidades en los momentos en los cuales le parezca que existe alguna dificultad para motivarse a sí mismo.

A medida que la energía empieza a moverse, gracias al efecto de sus acciones, los cambios se harán cada vez más fáciles de iniciar. Existe un enorme gozo y una gran excitación en el cambio. La creación puede ser —y de hecho lo es— divertida en muchas formas.

Al mismo tiempo que usted genera cambio a través del movimiento de la energía con sus pensamientos, con sus palabras y con sus acciones, recuerde siempre cada uno de los propósitos, de los procesos y de los poderes de cada Arcángel. Tenga en cuenta las lecciones que ha aprendido bajo su cariñosa orientación. Si actúa a partir del ser integrado, todo lo que manifieste no solamente lo beneficiará a usted mismo sino que también beneficiará a todas aquellas personas que lo rodean.

La energía es la sustancia que utilizamos
para conformar nuestra experiencia.

∼

El Arcángel Uriel

Y en aquellos días el Arcángel Uriel me respondió diciendo:
"Mirad, te lo he mostrado todo, Enoch y te he revelado todas las cosas
que deberías ver, este Sol y esta Luna y los líderes de las estrellas del cielo
y todos aquellos quienes se vuelven hacia ellas,
sus tareas, sus épocas y sus partidas".

—Enoch, 3:80

~

21

Uriel:
el Arcángel del amor y de la belleza

EL ÚLTIMO DE los cuatro Arcángeles es San Uriel, uno de los Arcángeles menos difundidos y menos pintados, cuya imagen más común es aquella en la que aparece parado con una pequeña llama encendida en la palma de su mano. De Uriel también se ha hablado como un profeta y ha sido pintado llevando unos rollos que parecen papeles o una especie de libro en su mano. El conocimiento del profeta representa el ser del alma que envía sus impulsos a través del ser superior, con destino al ser consciente.

De la misma manera en que Miguel le ayuda a aumentar el poder de la visión, Rafael le ayuda a desarrollar el poder de sentir y Gabriel el poder de actuar, Uriel viene a ayudarle a aumentar el poder de ser. Por medio de la capacidad de ser llegamos a apreciar y a través del proceso de apreciación, traemos más amor, más belleza y conocimiento a nuestras vidas.

La experiencia de ser

La experiencia de ser equivale a permanecer en un estado de reposo, pero al mismo tiempo activo. Aún cuando su apariencia es pasiva, esta experiencia está plenamente involucrada y se moviliza con la energía del creador. Desafiando la clasificación, la experiencia de ser está más allá del concepto de infusión del alma. Está más allá del concepto de los conceptos mismos.

La capacidad de ser se incrementa por medio del relajamiento. Paradójicamente, este relajamiento nos conduce a un estado de conciencia que contiene el conocimiento de la vida, su propósito y nuestra posición en el universo y en todos los mundos de la creación. Es a través de la relajación en el momento presente que llegamos a ser conscientes de la totalidad de la vida. Encontramos que somos y que siempre hemos estado dentro del flujo de la fuerza divina de la vida: el Espíritu Santo.

LA HISTORIA DE PETER
Una experiencia de "ser"

El fin de semana siguiente después de haber conocido a Linda, fui a un retiro espiritual que ella había estado planeando asistir. Después de las lecciones y de los eventos del día, Linda y yo decidimos dar un paseo alrededor de los hermosos terrenos del centro de retiro, el cual estaba situado en un área boscosa hacia el Este de Minnesota. Eran los primeros días de septiembre y el tiempo era cálido; el cielo estaba claro sin una nube.

Era de noche y la belleza de la creación de Dios era tan evidente en ese momento, como lo debe haber sido desde los principios del tiempo. El cielo oscuro estaba abarrotado de estrellas que parecían estar suspendidas en el firmamento. Sentía como que podía tocar la Luna y las estrellas en esa noche especial. A medida que caminaba con Linda, una extraña y confortante sensación de paz me cubría totalmente. Nos sentamos sobre una banca y nos tomamos de las manos. Entonces empezamos a hablar.

La perfección del momento era exquisita. Cada palabra dicha era como si se tratara de una pieza de un rompecabezas que encaja perfectamente en el primer intento por colocarlas juntas. No existía dolor de ninguna clase. Todos los centros de energía estaban calmados y fluyendo de una forma armoniosa. A medida que hablábamos, me daba cuenta que mis palabras fluían fácilmente. Ellas provenían de un núcleo central de mi ser de una forma tan natural que estaba asombrado, por así decirlo, de su sabiduría. Por otra parte, el fluir del momento parecía completamente natural.

Toda la naturaleza que había a nuestro alrededor parecía cumplir con la experiencia de ser. Las estrellas en lo alto de la noche como portales hacia el cielo, brillaban su amor sobre nosotros. La luna reflejaba al Sol como candente amor de Dios, aún en la oscuridad de la noche.

El tiempo parecía detenerse en esta experiencia. No existía el ayer ni el mañana. Todo estaba contenido en el momento. Cada pieza y cada parte estaban en perfecta alineación con todos los demás. Este misterioso y maravilloso estado estaba sanándonos a los dos, aunque ya éramos conscientes de ser parte de un todo. Era un regalo de Dios.

¿Cómo podemos conocer todas las cosas, tan solo con nuestra mente? ¿Cómo podemos experimentar la plenitud de la vida, tan solo con nuestros sentimientos o con nuestros cuerpos? Esta experiencia de "ser" abarcaba la totalidad, pero no confinaba nada a su alrededor. Todos los centros de energía estaban colmados en completo y absoluto amor.

Nunca olvidaré esta experiencia de ser y, de ahora en adelante, me preocuparé por "ser" con la ayuda de los Arcángeles y con la orientación de Uriel. Creo que este estado de ser es el último peldaño de la curación que está contemplada en el plan de sanación de los Arcángeles para la humanidad, el cual llegará a cada uno de nosotros. Por lo anterior se da la unificación de todas las energías del universo, de nuestras almas, de los Ángeles, de los Arcángeles y de Dios.

El amor: más allá de los sentidos

¿Recuerda la tabla sobre los centros de energía (chakras) en el capítulo 4? Estos centros están girando constantemente, desarrollando energía adentro y afuera del sistema corporal. Similar a nuestra respiración física, este proceso es automático. Cuando un individuo establece contacto con otro individuo, se forma una relación interpersonal. Esta relación genera la creación de una línea entre los centros de energía de los dos seres. Estas líneas se pueden considerar como los vínculos entre los dos individuos.

Las cuerdas o vínculos que se desarrollan entre los seres que establecen una relación son entidades reales. Aún cuando no son seres separados, las cuerdas se constituyen en conexiones reales creadas a partir de la materia síquica y etérea. Ellas empiezan en formas pequeñas en el centro de los chakras y se van entrelazando la una con la otra. La energía se proporciona y recibe a través de los vínculos o cuerdas.

Si un exceso de energía es enviado hacia una cuerda que no ha desarrollado todavía la fortaleza adecuada para manejar el flujo, puede ocasionar un corto circuito y la cuerda puede incluso llegar a romperse. Por consiguiente, construya la cuerda dentro de un conducto más grande de energía antes de enviar una sobrecarga de energía superior a través de ésta. Sobrecargar la cuerda en desarrollo puede hacerla romper. Lo mismo es válido en el caso de que se exija demasiada energía de una cuerda que aún no ha sido completamente desarrollada. Las cuerdas entre dos individuos pueden desarrollarse de a una o en una combinación de los centros de energía. Usualmente, una relación bien balanceada tiene más de un centro de energía con enlaces o con conexiones de las cuerdas.

EJERCICIO

Acerca de la conexión

Llegue a un estado de meditación relajado y visualice la persona con la cual está estableciendo una relación interpersonal (está iniciando o terminando una relación).

Después de un momento, empiece a sentir el lugar de su cuerpo en el cual está la energía. Manténgase pensando en el otro individuo. La primera área que notará, es probablemente el área de la cuerda más activa en el momento presente.

Examínela brevemente. ¿Cuál es su tamaño? ¿Cuál es su estado de salud? ¿Es fuerte o es débil? ¿A qué centro de energía está ligado?

Si desea restaurar la cuerda para obtener una buena salud, puede ensayar lo siguiente. Recuerde que es su decisión. Cada uno de nosotros tiene la libertad de escoger una relación. Así como usted extiende su mano, la otra persona puede extenderla también o rechazarla.

Para restaurar la cuerda, trate de enviar vibraciones de amor a través de ella, pero sólo en la magnitud de su aceptación. No olvide que la cuerda está atada al otro extremo. Si envía mucha energía a través de la cuerda y no es aceptada por la otra persona, ¿qué piensa que sucedería con esa energía? Para incrementar el flujo de energía es recomendable una aprobación previa.

Esta información no intenta restringir su intención de enviar amor a aquellas personas que estima. Esto es más un reconocimiento para aquellos que desean entender el método psíquico–esotérico y cómo el hacerlo en exceso puede romper la cuerda que se ha formado dentro de una realidad.

Para aumentar el tamaño y la capacidad de la cuerda sea honesto, sincero y seguro de su propio ser. Permita que se desarrolle este proceso de formación. Para algunos, este es un asunto de romper con viejas ataduras (cuerdas) para dar espacio a las cuerdas de las relaciones más recientes. El momento preciso y el método dependen de los individuos involucrados.

Deje que el amor divino lo oriente y alimente. Deje que pensamientos hermosos emanen desde usted. Ámese y permítales a los demás que sean como son.

La belleza está en el ojo del que observa

El amor es la esencia de la vida. Amarnos a nosotros mismos es el primer paso para amar a los demás. ¿Cómo podríamos amar a los demás si no nos amamos a nosotros mismos? La manera en que nos tratamos afecta a todos a nuestro alrededor.

Si usted ha logrado entender el efecto de mover energía, se dará cuenta que TODAS las acciones afectan el movimiento de la energía. Una acción afecta a otra, la cual a su vez afecta a otra y así sucesivamente. Por lo tanto es esencial comenzar el proceso de amar, a través del autoconocimiento. Llegamos a conocernos por medio de la autoexaminación. Ésta debe estar acompañada por la aceptación y sin la autocondenación.

Al decidir amarse a sí mismo por medio de sus acciones y pensamientos, entonces puede apreciar la belleza de la vida. Esta apreciación es el resultado natural de practicar el arte de ser. Podemos incrementar nuestro aprecio por la vida a través de la práctica del ejercicio de los 365 días de aprendizaje y apreciación inspirado por Uriel. Esto puede ayudarle a abrir las puertas de su corazón y a valorar aquellos aspectos a los que ha olvidado dar los agradecimientos o no sabía que existían.

Se ha dicho que el mundo exterior es un reflejo del mundo interior. El siguiente ejercicio ha sido diseñado para ayudarle a ver su propia belleza. No es un ejercicio fácil, ya que exige la aplicación de todo lo que haya aprendido con los Santos Miguel, Rafael y Gabriel. Apreciar su belleza interior y exterior es importante y le ayuda a apreciar la belleza en el mundo. Un sano amor a sí mismo es importante para vivir una vida equilibrada y amorosa.

Mire hacia el interior del espejo

Escoja un momento durante el cual pueda estar unos 15 minutos a solas, sin ser interrumpido. Para este ejercicio usted va a necesitar de un espejo. Se sugiere que permanezca solo frente al espejo del baño. Tenga en la mano un pedazo de papel y un lapicero o un lápiz.

E J E R C I C I O

Acerca de la belleza

El primer paso es mirar hacia el espejo y simplemente verse a sí mismo. Mírese el cabello, los ojos, la cara. A medida que observa cada una de estas partes de su cuerpo, tome nota acerca de sus procesos de pensamiento. ¿Qué le está diciendo su ser interior? ¿Puede utilizar el poder de la visión para descubrir algunas críticas ocultas que todavía mantiene contra usted? Escriba los sentimientos que surjan como críticas hacia usted.

Ahora con el poder del sentimiento de Rafael, trate de expresarse a sí mismo las emociones que estas críticas producen dentro de su ser. Identifique las emociones como se le ha enseñado y luego trasládese hacia la emoción original para tener una expresión completa.

Luego, por cada enunciado de critica que haya escrito, escriba una frase en la que acepte el miedo a la pérdida del amor. Tome esa frase y amplíela, convirtiéndola en una afirmación positiva que lo fortalezca en vez de limitarlo.

Ahora mire su lista de afirmaciones y diga cada una de ellas en forma sucesiva, a medida que se va mirando en el espejo. Cuando haya terminado, tómese otros minutos para cerrar sus ojos y relajarse. Respire suavemente; hágalo durante un minuto mientras se relaja.

Ahora abra sus ojos y observe en el interior del espejo para ver la belleza que hay dentro de usted. Acéptese tal como es y permítase a sí mismo dar y recibir amor.

Durante su estudio bajo la orientación del Arcángel Uriel, practique mirando la belleza en su interior. Diariamente tome su tiempo para apreciar las cosas ocultas así como las cosas que se pueden observar fácilmente y que son aparentes en su mundo. Recuerde vivir el momento y permítase ser tal cual es, ya sea en su sitio de trabajo o en la casa.

Continúe procesando sus experiencias; esto le ayudará a mantener su corazón abierto. Dé todo el amor que usted desea dar y reciba el amor que los demás pueden ofrecerle, es decir, cada uno a su manera. No olvide que el amor de la vida se manifiesta a través del Espíritu Santo en los mundos de forma y sustancia.

El amor del Espíritu no es el reemplazo para el amor humano ni para la experiencia de la encarnación humana. Creemos que hemos aceptado vivir sobre la tierra para aprender. Si esto es verdad, entonces debemos honrar y respetar la vida a través de la participación con coraje y con alegría dándole la oportunidad a los corazones para amar a los semejantes. Las oportunidades son muchas y las recompensas son grandes, puesto que el amor es el atributo más preciado que el creador nos ha dado. Permitámonos amar y ser amados ahora y por siempre.

*A través del proceso de apreciación, traemos
más amor, belleza y conocimiento a nuestras vidas.*

~

22

El amor, una decisión que usted toma: los poderes, el propósito y el proceso de Uriel

EL PRINCIPAL PROPOSITO de la energía que emana desde el Arcángel Uriel es ayudar al florecimiento de los atributos divinos del amor, la belleza y la conciencia dentro de cada individuo. Esto es simbolizado por la llama eterna en la palma de la mano de Uriel, la cual significa el infinito amor que nos profesa el creador, iluminando al mundo de manera que podamos ver la belleza que existe en él y en nosotros mismos. Finalmente, la llama nos brinda la calidez representando el corazón encendido con el amor de Dios.

El principal poder del caudal de la energía que emana de Uriel es el amor. Gracias al seguimiento de la orientación de los cuatro Arcángeles, usted ha alcanzado una visión interior más profunda. Al dedicarse a una vida de honestidad, de sanación y de compromiso, encontrará que una llama de amor se enciende dentro de usted y que nunca jamás va a dejar de arder.

La llama del amor en su interior está ahora al descubierto para que el mundo la vea y para que usted experimente su liberación de las tendencias y de los hábitos destructivos. La infusión de las energías divinas de los Arcángeles se complementa cuando el Arcángel Uriel le concede la conciencia plena del amor y de la belleza.

Aumentando su aprecio

¿Cómo podemos crear una actitud de gratitud, aprecio y agradecimiento en nuestras vidas? ¿Cómo podemos aumentar la conciencia de nuestro corazón en relación con todo aquello bueno en nuestras vidas? La respuesta es la misma —enfocándonos conscientemente en todas y cada una de las bendiciones que recibimos diariamente en nuestras vidas—. La siguiente oración es un ejemplo de cómo concentrarse conscientemente en el momento presente y, de esta manera, darle el valor a aquellas cosas que apreciamos:

Estoy tan agradecido, Dios, porque tu me has dado oídos para escuchar, ojos para ver y corazón para amar. Te doy gracias por todas las personas en mi vida que son mis reflejos, enseñándome quien soy y como amarme a mi mismo y a los demás.

Como almas experimentando la forma humana, buscamos las oportunidades para compartir nuestro conocimiento con el mundo. Podemos ayudar a incrementar el nivel de conciencia del mundo sobre la disponibilidad de la energía divina e infinita del amor de Dios, enfocándonos en las bendiciones y en la apreciación individual y del mundo entero.

¿Por qué es importante una actitud de gratitud en nuestras vidas? Porque crea una conciencia de amor y del aprecio personal. Ya no nos enfocamos en las cosas difíciles o erróneas de nuestras vidas, sino ahora nos fijamos en el presente y en todo lo que ha sido maravilloso en nuestras vidas. Al despertar nuestra conciencia, creamos un estado receptivo hacia nuevas bendiciones que fluirán sin parar.

LA HISTORIA DE LINDA
Gratitud y aprecio

Si su pareja le dice algo similar durante todos los días, ¿Cómo se sentiría? "Mi adorado Peter, te amo demasiado y aprecio todo lo que haces todos los días". Esas son simples palabras y no se necesita de mucho tiempo para decirlas, pero me hacen ver cuánto lo amo y cuánto aprecio cada día. Las palabras probablemente hacen que Peter se sienta bien. Pero aún más importante, es lo que las palabras hacen por mí. Ellas me recuerdan lo agradecida que estoy por estar cerca a este maravilloso ser.

Esas palabras no son solamente para aquellos que conviven en relaciones matrimoniales, sino también para decirlas a nuestros hijos, a nuestros amigos, a los miembros de nuestra familia y aún a nuestras mascotas. Esas son palabras de amor, para el crecimiento y para la vida. Necesitamos decírselas a nuestros seres queridos, no para su propio bien sino también para el nuestro. Esas palabras nos ayudarán a mantener vivo el amor, a permanecer con los corazones abiertos y con las mentes creativamente presentes.

Cuando usted acude al Arcángel Uriel, sentirá una presencia cálida, dulce y compasiva. También experimentará la sensación de luminosidad y de humor, puesto que él tiene el don de revelarnos su faceta de alegría. Yo siento su presencia alrededor y dentro de mí, en todos lados donde se revela mi actitud de agradecimiento.

Trabajamos en el aspecto de la gratitud elevando una oración al despertar, a las horas de comida y de nuevo al momento de acostarnos, cuando le ofrecemos las gracias por habernos permitido disfrutar de un día pleno de vida y de bendiciones. Existen tantas y tantas cosas por las cuales debemos dar gracias.

Al vivir en Minnesota, como es nuestro caso, agradecemos especialmente por el brillo de los rayos del Sol que calientan nuestros cuerpos y que iluminan la oscuridad durante los días fríos del invierno. Cada día se presentan más y más razones por las que debemos estar agradecidos y vivir en un estado de apreciación. Como lo mencionamos anteriormente, la apreciación nos ubica en el momento, es decir, en el lugar donde verdaderamente vivimos y tenemos nuestro ser.

Amarse con ternura

Aprender a decir palabras tiernas de amor y de aprecio a los demás es difícil si no nos han enseñado como hacerlo. Es fácil decir estas palabras primero a nosotros mismos y luego a quienes amamos. Algunas veces es más fácil escribir una nota de amor en lugar de pronunciar las palabras. Usted puede crear una actitud de apreciación de esta manera.

Es difícil decir palabras amorosas y de aprecio a alguien, inclusive a Dios, si no siente que se está amando y apreciando a sí mismo. Por eso es importante decirnos palabras de aprecio a nosotros mismos. Todo esto hace parte del "reentrenamiento" que se discutirá más adelante en los capítulos que se refieren al sueño y a las emociones.

Al escribir y decir palabras de apreciación con más frecuencia, se presentará reciprocidad por parte de sus seres queridos a medida en que ellos se acostumbren a hacerlo. Podemos enseñarles y enseñarnos a nosotros mismos aquello que necesitamos escuchar, puesto que ellos pueden adivinar los deseos de nuestro corazón, sin que se lo hayamos comunicado. Es posible no saber exactamente qué es lo que necesitamos escuchar hasta que lo manifestemos por medio del habla o de la escritura.

Usted no está solo

En algunas ocasiones, nuestros corazones se tornan amargos y endurecidos por causa de diversos traumas dolorosos, tales como el divorcio o las batallas por la custodia de los hijos; por la pérdida de un trabajo apreciado; por la pérdida de un ser querido o por alguna enfermedad o un accidente que nos ha incapacitado. Es posible sentir que no tenemos esperanza o que Dios y que el mundo está en contra de nosotros. En esos momentos nos sentimos solos, deprimidos, relegados o apartados. Algunas veces se forma una pared fría de amargura alrededor de nuestros corazones, con el fin de aparentar que protege nuestra vulnerabilidad.

En estos momentos de dolor y oscuridad es difícil sentirse agradecido; además resulta difícil solicitar ayuda por miedo a que esto nos hará vulnerables nuevamente. Estamos temerosos de amar, temerosos de dar y por eso nos escondemos detrás de un muro de dolor. Para todos aquellos que están sufriendo una situación similar, les decimos que no están solos. Existen muchas personas en sus vidas en este momento que se preocupan profundamente por usted. Ellos quizás están temerosos de mostrarle cuánto los estiman, porque creen que no es el momento de involucrarse en su vida personal y no tienen las palabras correctas para levantarles el ánimo y traerle esperanza. Por favor, permita que estas personas se acerquen a usted y hágales saber que necesitan de su ayuda.

Solicitar ayuda no es un signo de debilidad, por el contrario es un signo de fortaleza y de autoconocimiento. Si se ha aislado y no tiene personas con quien interactuar diariamente, entonces vuelva donde los viejos amigos, aún si no los ha visto por años. Ellos todavía lo aprecian y lo mantienen en sus corazones.

Hace unos diez años, Linda atravesó por la experiencia de un divorcio muy difícil. Durante ese proceso ella se encontró a sí misma en una situación muy similar a la que aparece descrita anteriormente. En medio de la desesperación, ella recurrió a viejos amigos a quienes no había visto desde hacía varios años. Para su sorpresa y alegría, la recibieron otra vez con los brazos abiertos y la ayudaron de nuevo a ver la luz y el amor que hay en su interior y en el de las demás personas.

El proceso de sanación llevó algún tiempo, pero con la ayuda de ellos, ella fue capaz de confiar nuevamente. Sus amigos le respondieron con toda la abundancia de amor que había en su interior y el conocimiento adquirido en sus propias experiencias pasadas de trauma y curación. Permita que sus amigos le ayuden. Permita que la amabilidad de las personas extrañas y de las de la familia le colabore. No le dé miedo extender su mano; escuche sus palabras reconfortantes. Es posible que ellos no digan las palabras correctas pero cuando hablan, lo hacen con las mejores intenciones y con cariño. No está obligado a seguir sus consejos, tan solo agradézcales por el hecho de escucharlo y pídales que por favor continúen en su intento de apoyarlo, aun si usted no puede responder bien por causa de sus heridas, por la ira o la depresión.

Este sería el mejor momento para orar y para recurrir a los Ángeles y Arcángeles (particularmente a Uriel y a Rafael) y por supuesto a Dios. Orar lo reconecta con el amor y con la sabiduría que está enterrada en su corazón. Las oraciones no siempre son contestadas exactamente de la manera esperada, pero siempre serán respondidas en forma amorosa y abundante. El amor es sustancia del universo y nos considera a cada uno como hijos de Dios.

Los Ángeles envían vibraciones de amor y de sanación constantemente. Si nuestros corazones están cerrados por causa del dolor, entonces ellos con frecuencia inspiran a amigos, familiares e incluso a personas extrañas, para que den lo mejor de ellos, de sus propios corazones, los cuales están inundados del amor y de la abundancia. Si usted se encuentra agobiado por el dolor, pida ayuda. Si ve o conoce a alguien que está experimentando dolor, hágalo partícipe del amor, de la aceptación y de la abundancia de la cual usted está disfrutando en este momento.

Esfuércese por no juzgar ni aconsejar (esto podría costarle un poco de trabajo), y más bien escuche. Permanezca disponible para algún viejo amigo o para alguien necesitado. Extienda sus manos; dedíqueles parte de su tiempo en medio de su ocupada vida. Existe un gran placer al dar y como respuesta abrirá espacio para recibir muchas más bendiciones, las cuales fluirán hacia usted y hacia la persona que la necesita.

Nosotros dedicamos nuestras vidas a difundir los mensajes de sanación de los Arcángeles para todo el mundo. Permítanos que nos ayudemos los unos a los otros. Permítanos ser una bendición para cada uno de nosotros para encontrar abundancia, gratitud y amor en nuestras vidas. Estamos compartiendo lo que hemos aprendido de nuestras experiencias de alegría y dolor, y de nuestra conciencia de la presencia y del cuidado de los Ángeles y de los Arcángeles.

Linda nunca pensó recuperarse de su trauma, pero lo hizo. Ella nunca esperaba convertirse en el recipiente del amor y del cariño de sus amigos, pero recurrió a ellos y lo logró. Ella ya se había resignado a llevar una vida sin compañero. No obstante la gracia de Dios no tiene límites y, a su debido tiempo y lugar, Peter llegó a su vida con sus dones, creatividad, amor, gracia y también con sus propios problemas.

Raras veces podemos decir que no tenemos problemas que solucionar. Los problemas pueden ser vistos como oportunidades para aprender y crecer. El amor y el apoyo que nos brindan las amistades, la familia y los seres celestiales nos ayudan a mantener nuestro equilibrio emocional, mental y físico durante estos difíciles tiempos de desafíos. Al igual que una roca se torna más bella cuando se rompe y se pule, gracias al efecto producido por las olas del océano, así también descubrimos la belleza que existe en nuestro interior mientras que la vida nos pule y se revela la divinidad de nuestra naturaleza espiritual interior. Debemos aprender a ver las situaciones difíciles como oportunidades de crecimiento, de cambio y de continuar siendo capaces de amar y de ayudar a los demás en sus dificultades y en los tiempos de abundancia. Nunca debemos olvidar que el amor está dentro de nosotros y dentro de las demás personas.

Una lista de bendiciones: cultivando una actitud de aprecio, gratitud y agradecimiento

En esta nota, Linda quisiera compartir con usted una lista de bendiciones que le recuerdan a diario las cosas buenas y amorosas que existen en su vida. Cada día ella se hace estas preguntas: ¿Cuáles son mis bendiciones de hoy? ¿Qué retos se están presentando? ¿Cómo puedo aprender de esos retos? ¿De qué manera puedo extender la mano y ayudar a otros en el día de hoy?

Usted puede crear su propia lista de bendiciones para vivir en actitud de agradecimiento y de abundancia. También puede formularse diariamente algunas preguntas para promover el autocrecimiento y crear maneras de extender su amor y sus dones para el mundo. El Arcángel Uriel está enviando bendiciones de amor, de aprecio y de belleza para ayudarle a usted y al mundo. Abra su corazón ante el cariño y el amor de esta hermosa energía vibracional. Al hacerlo, se fortalecerán estas características en usted y a su vez en el resto del mundo.

La lista de bendiciones de Linda

1. Querido Señor, te doy gracias por la bendición de tener mi cuerpo físico; gracias por mis piernas que me permiten caminar hasta donde necesite ir; por mis manos, las cuales me permiten calentar y curar; por mi voz con la cual me comunico; por mis dedos que me permiten escribir y extender los mensajes de aprendizaje y de crecimiento. Hay muchos que permanecen en casa o en los hospitales, conviviendo con el dolor y con las incapacidades.

2. Querido Señor, gracias por la casa que me protege, a mí y a mis seres queridos, de los inviernos fríos pero maravillosos de Minnesota. Hay muchos en este mundo sin un sitio donde vivir.

3. Querido Señor, gracias por el amor y por la aceptación de mis amigos y de mi familia, quienes me han acompañado con su presencia en los momentos más difíciles. Hay muchas personas que se sienten solas, temerosas y sin amigos.

4. Querido Señor, gracias por el regalo de mi amado esposo Peter, quien ha sido como un espejo para mí, siempre enseñándome e inspirándome cuando comparte generosamente conmigo toda su calidez, su conocimiento, su creatividad, su curiosidad y su fortaleza. Hay muchos solteros, divorciados y viudos quienes caminan solos por la vida sin un compañero que los anime o que los apoye.

5. Querido Señor, gracias por la inteligencia de Peter y por su compromiso con el trabajo, puesto que gracias a estos dones podemos satisfacer nuestras más inmediatas necesidades de la vida y me proporciona la libertad para concentrarme en la construcción de un hogar, dentro del cual tu presencia es bien recibida y tus mensajes pueden ser transcritos y comunicados al mundo.

6. Querido Señor, gracias por ese magnífico regalo que son nuestros hijos, puesto que aunque su crianza pueda constituir un reto para nosotros, especialmente durante su época de adolescentes y de adultos jóvenes, existen muchas personas que no tienen hijos.

7. Querido Señor, gracias por el regalo de mi padre. Él ahora está envejeciendo y es más frágil. Hay muchas personas en el mundo que no tienen padres.

8. Querido Señor, gracias por el regalo de haber nacido en una tierra de paz y democracia, puesto que hay muchos que han nacido en países deteriorados por las guerras, padeciendo hambruna y carecen de oportunidades.

¿Cuál es su lista de bendiciones? Ensaye este corto ejercicio. Quizás su corazón se abrirá como lo hace una flor hacia el Sol.

La sabiduría de los Arcángeles

Agradecemos a todos los Arcángeles por compartir las bendiciones de Dios durante nuestro viaje. Miguel nos ha mostrado nuestro poder de visión, a través del cual nos permite entender quiénes somos en la actualidad. Rafael nos ha mostrado la capacidad que tenemos para sentir y de esta forma, podamos sanar las heridas del pasado y expresarnos, hoy día, de tal manera que permanezcamos dispuestos ante el espíritu de la vida. Gabriel nos ha mostrado nuestro poder de actuar, el cual nos permite desarrollar y cumplir cabalmente la misión de nuestra vida.

Finalmente, Uriel, uno de los Arcángeles más misteriosos y menos conocidos, nos ha mostrado el poder de ser, de tal forma que podamos llegar a apreciar el amor, la belleza y la conciencia de la vida misma, es decir, alcanzar un estado de infusión del alma.

La sabiduría que usted ha cultivado a partir de los trabajos con los Arcángeles continuará otorgándole beneficios durante todo el transcurso de su vida. Mientras permanezcamos sobre la tierra para experimentar, aprender y cumplir, siempre recuerde que somos *seres*. Uriel nos ha ayudado a aprender la forma en la cual debemos apreciar la vida, mediante el simple hecho de ser.

Pedir ayuda no es un signo de debilidad,
es un signo de fortaleza y de autoconocimiento.

23

Un mensaje de Uriel

¡El cielo está en tu interior en este momento!

Viva cada momento como si fuera el último. Ponga en práctica cada una de sus experiencias en cada realidad que se le presente. Diga la verdad en todas las relaciones que establezca; la verdad total, completa y amorosa. La verdad es amor; es el único amor que usted tiene. No tema abrir su corazón y de revelarlo en su totalidad. Al hablar, su corazón crecerá y al mismo tiempo, sus relaciones se profundizarán.

Sea cordial y continúe la diligente búsqueda de la verdad y la belleza en todas las experiencias. El miedo no deja ver claramente a la verdad —la verdad expand, el temor contrae—.

Apréciese profundamente y refléjese sobre la verdad absoluta y sobre la belleza de su propio ser. Al mismo tiempo, aprecie las percepciones interiores divergentes y la realidades de sus semejantes. En cada percepción existe un nivel de su realidad. Considerar los puntos de vista ajenos sólo podrá enriquecerlo. No se preocupe si no coincide con su verdad personal; es sólo otro nivel de la verdad. Existen muchos caminos para llegar a la verdad. Es deber de cada uno hacer brillar su propia luz para construir su camino, al mismo tiempo que respeta el corazón, las creencias y la belleza de los demás sin importar qué tan diferentes o rígidos nos puedan parecer.

Respete la verdad de cada perspectiva puesto que cada una de ellas constituye uno de los niveles de la verdad. Al descubrir las capas de la verdad nos acercaremos a la revelación de la verdad de Dios. Su verdad individual simplemente pretende establecer un vínculo común. La belleza absoluta se encuentra en sus diferencias, tanto en el nivel microcósmico como en los niveles exteriores más profundos, las cual se manifiesta en nuestro mundo o el alma universal. Capa tras capa, sueño tras sueño. Conecte sus sueños internos a la materia física.

El cielo está en su interior porque la gracia de Dios está ahora dentro de usted. Al enfocar su atención en aquello que usted es, incrementará su conocimiento de ello.

La apreciación trae satisfacción y la satisfacción promueve la honestidad. Si se siente insatisfecho, identifique la causa y produzca un cambio en las circunstancias, actitudes y entendimiento sobre la situación. Aprenda a apreciar el propósito de su insatisfacción. Nada ocurre en este mundo sin que tenga algún significado.

Los grandes poetas se esfuerzan por describir las maravillas de la vida con sus plumas y con la ayuda de la palabra escrita. De igual manera nosotros podemos sentir y experimentar esos estados de maravilla y de humanidad divinas.

La apreciación es una aceptación del plan divino del creador. Usted puede apreciar las lecciones a partir del hecho de vivir en este mundo. Aprenda a apreciar los cambios, puesto que a través de ellos experimentamos las diferentes partes de la creación y las experiencias en el mundo. A través del cambio el dolor se vuelve placer y el placer se convierte en dolor. Es a través del cambio y la transmutación que usted aprende y crece dentro de los mundos que el alma ha escogido para habitarlos.

Usted ha trabajado con dedicación a través de la orientación del Arcángel Miguel, quien le ha ayudado a retirar el velo de sus ojos para ver honestamente la verdad de sus motivaciones; con el Arcángel Rafael quien le ha mostrado la necesidad de sanar su corazón expresándose a sí mismo sus sentimientos de dolores no mitigados para vivir a tono con la fuerza de la vida y en perfecta armonía; con el Arcángel Uriel, quien ha venido hasta usted —y continua en su compañía— para mostrarle la forma en la que debe manifestar la misión de su vida; él le muestra la manera para alcanzar su propia fortaleza.

Al igual que los tres Arcángeles le ayudan, yo también lo haré. Mi mano se extiende con la llama del conocimiento y de la conciencia. Esta llama arderá para siempre. Es la llama de la luz y del amor divinos; la que calienta el corazón mientras se desplaza libremente por el mundo.

¿Recuerda en su niñez cuando miraba el cielo, el Sol, la Luna y las estrellas? Las maravillas de la vida eran frescas en ese momento. Esa maravilla existe ahora. El mundo no ha cambiado sustancialmente. Elimine su aislamiento con la ayuda de los cuatro Arcángeles para por fin experimentar el mundo en su totalidad. Usted se torna vulnerable cuando descubre su corazón, pero ¿cómo puede guardar su corazón en una caja fuerte con la esperanza de vivir una vida de amor y plenitud?

Apreciar significa otorgarle valor a las cosas. Cada día, en forma silenciosa, dé gracias por las funciones que cumplen su corazón, su mente y su alma. Dé las gracias por el aire que respira y por la cama en la cual duerme durante la noche. Agradezca por sus seres queridos y por aquellos con quienes ha tenido algún desacuerdo. Agradezca por las herramientas que utiliza para crear, mantener y alimentarse a sí mismo. Agradezca y reconozca lo mucho que se le ha otorgado.

Yo estaré con usted cuando me pida ayuda. Le enseñaré y le ayudaré a señalar el camino del amor, la belleza, el aprecio y conocimiento, puesto que yo lo amo y lo aprecio, al igual que a la vida.

Quizás pregunte ¿cómo puedo apreciar mis defectos físicos? Entonces le pregunto ¿cómo no apreciar esas cosas? Ellas son parte de su vida y de la vida del creador. No aprender de sus condiciones equivale a cerrar los ojos; es enceguecerse a sí mismo.

Mi propósito, poder y proceso están armonizados con los propósitos, procesos y poderes de todos los otros Arcángeles. Esto hace parte del plan divino del creador. En él existe un espiral interminable de crecimiento, aprendizaje y conocimiento. Este propósito es otorgado con amor por nuestro eterno ser.

No le pido que aprecie por el simple hecho de hacerlo. Los sentimientos no se pueden forzar. Sería una injusticia consigo mismo y no viviría en la verdad sino acepta honestamente lo que sea que esté sintiendo. Los ejercicios a continuación le ayudarán a enfocarse en las formas y sustancias de su mundo, en el proceso de identificar el atributo de la apreciación.

Optar por apreciar le puede ayudar a estimular sus sentimientos. Allí se encuentra la verdad. Este es el principio de la llama de aprecio que representa la verdad. Rafael le ayuda a conectarlo con sus sentimientos nuevamente, así como también a curar cualquier resistencia que pueda sentir hacia el proceso de apreciación, conduciéndolo al camino del miedo a la pérdida del amor, el cual subyace bajo esta resistencia.

Recuerde que está en el mundo para experimentar. Acepte la experiencia, procésela e intégrela. Esto se transforma en sabiduría. Sus proyecciones llegan a ser honestas cuando son honestamente proyectadas desde su verdad. No existe ninguna razón para forzar ni fingir sus sentimientos. Busque la ayuda de Rafael para curar su corazón y establezca contacto con lo que verdaderamente es usted.

Hable desde el centro de su ser. Todo lo que provenga desde allí es su verdad. Esa es la verdad de su ser. Hable y exprésese a partir de ahí y todo estará bien.

La meditación y los ejercicios que presento, le ayudan a enfocarse en el amor y aprecio. Úselos cuando necesite ayuda para enfocarse en estos atributos divinos. De la misma manera en que usted riega una planta para ayudarle en el proceso de su crecimiento, así mismo enfoque su atención en los atributos divinos para crecer en su vida. Al igual que una planta crece poco a poco, en forma invisible al ojo humano, así mismo el amor y el aprecio de la conciencia y de la belleza crecen dentro de nosotros diariamente. Un día, por fortuna, será consciente de la llama que hay dentro de su corazón.

Memorice este proceso en su mente. Relacione esa experiencia, de tal manera que pueda recordarla cuando los vientos de su mundo trasladen su atención y su enfoque hacia otra parte. Esta será la ruta de regreso hacia la llama del amor.

Le ofrezco este mensaje en el nombre de la energía del Cristo universal del divino creador.

Nunca es demasiado tarde para empezar de nuevo. Un ciclo que empieza es una nueva experiencia en movimiento.

24

Oraciones y meditaciones para contactar al Arcángel Uriel

Una oración sobre el amor

Querido Uriel,

Te dedico está oración para que compartas conmigo tu amor y tu cuidado, para ver lo que hay dentro de mi y lo pueda compartir tanto conmigo mismo como con el resto del mundo. Muéstrame el camino para encontrar al niño que llevo dentro y guíame mientras que hago el esfuerzo por aceptar la realidad de mi vida tal como es ahora.

Esto te lo pido en nombre de la energía del Cristo universal, Amén.

MEDITACIÓN

En presencia del Arcángel Uriel

Siéntese en una silla cómoda o acuéstese sobre una cama. Libérese de cualquier clase de presión ocasionada por sus ropas. Utilice el método de relajación que mejor le parezca (puede ser el de respirar profundamente). Esto le ayudará a concentrarse en su interior. Asegúrese de que nada lo vaya a perturbar por unos 15 a 30 minutos. Después de que su mente haya quedado tranquila y su cuerpo esté relajado, continúe con el resto de la meditación.

Imagine que usted está solo durante un viaje. Está armando una tienda para acampar en la noche. El Sol se está ocultando y ha encontrado el lugar adecuado para pasar la noche. Después de delimitar el área para dormir, se alista para preparar su comida. Junta algunos leños para iniciar una fogata, colocándolos en forma circular sobre el suelo. El cielo es de color azul oscuro y las estrellas brillan tenuemente, tornándose más brillantes cada minuto.

Luego busca los fósforos en su bolsillo, pero no encuentra ninguno. Sigue buscando en el resto de su equipo y se da cuenta de que los fósforos debieron haberse caído durante el trayecto hacia ese sitio. Entonces se resigna a digerir la fría comida y se dispone para arroparse con unas cobijas extras a la hora de acostarse. Ahora empieza a comer cuando de repente ve una luz que proviene desde el interior del bosque.

La luz se torna más brillante y entonces ve a un extraño que emerge de entre los árboles. Él camina hacia usted. No siente miedo. Él no trae nada consigo, por lo cual se siente confundido acerca del lugar de donde proviene la luz. Ésta parece que es irradiada desde él mismo, en forma de un tenue resplandor que se crea a su alrededor. Entonces se da cuenta de que se trata del Arcángel Uriel.

Él se agacha sobre la madera que ha recolectado para hacer la hoguera y abre la palma de su mano para mostrar una llama de luz. Ésta no quema, pero es caliente. Usted se asombra por el calor proveniente de una llama tan pequeña. La llama también calienta su corazón. Él coloca su mano sobre los leños y éstos empiezan a arder. Él retira sus manos del fuego y éste empieza a arder con fuerza.

Usted le agradece por su ayuda. Al mirarlo a sus ojos, ve un inmenso amor y belleza como nunca antes había apreciado. Se ve reflejado en sus ojos. Hable con él si lo desea. Pregúntele cualquier cosa. Disfrute de su compañía. Después de un rato, él se despide y se interna en el bosque. Usted vuelve a quedar solo. Prepara su comida y empieza a comerla; su cuerpo se siente cálido. Cada cosa se encuentra en un perfecto estado de equilibrio. Está experimentando un amor que lo tiene abrumado y que colma su vida por completo. Siente que este amor está siendo irradiado desde su interior en forma de agradables olas de gratitud.

Continúe en este estado durante todo el tiempo que desee y luego despierte poco a poco de su ejercicio de meditación. Abra los ojos y mire a su alrededor; sienta la presencia de Uriel durante todo el transcurso del día, reflejando, la alegría y el goce de vivir.

Una oración sobre la belleza

Querido Uriel,

Por favor acompáñame mientras aprendo a apreciar la belleza de la creación. Ayúdame a entender la belleza de los ciclos de la vida: la creación, el sostenimiento y la disolución. Me esforzaré por descubrir la belleza que hay en mi ser por mi bienestar y para que el mundo la vea y se beneficie de ella.

Te pido esto en nombre de la energía del Cristo universal, Amén.

MEDITACIÓN

Sobre la apreciación

Siéntese en una silla cómoda o acuéstese sobre una cama. Libérese de cualquier clase de presión ocasionada por sus ropas. Utilice el método de relajación que mejor le parezca (puede ser el de respirar profundamente). Esto le ayudará a concentrarse en su interior. Asegúrese de que nada lo vaya a perturbar por unos 15 a 30 minutos. Después de que su mente haya quedado tranquila y su cuerpo esté relajado, continúe con el resto de la meditación.

Imagínese que usted está sentado al lado de una mesa de forma circular en un cuarto igualmente circular. Hay una luz tenue que se esparce por el cuarto. El centro de la mesa está iluminado desde arriba. No hay nada encima de ella. Nota que hay imágenes en las paredes que parecen pinturas expuestas en una galería de arte. Cada pintura describe una escena de su vida.

Hay escenas con sus hermanos o hermanas, su padre o madre, su hijo o hija y sus amigos. Aparecen imágenes de sus posesiones, tales como su casa y su auto. Además, para su sorpresa, ve imágenes de usted, ya sea en el trabajo, en su casa o mientras está jugando.

Escoja una de las imágenes y concéntrese en ella. Al enfocar su atención sobre ella, la imagen se convierte en un holograma tridimensional sobre la mesa circular frente a usted. La imagen está algo oscura, aun cuando la mesa está iluminada.

Encuentre algo que apreciar en está imagen, cualquier cosa, no interesa que se trate de algo pequeño. A medida en que empieza a pensar en el valor que la imagen representa para usted, ésta se a torna cada vez más brillante. Entre más significativa para usted sea la imagen, ésta se va haciendo más brillante y más llena de vida ante sus ojos. La escena se convierte tan real que lo deja asombrado. Un resplandor dorado ahora rodea la imagen. Medite acerca de la imagen y de su contenido durante algunos instantes.

Concéntrese en otra imagen de la pared. Ahora aparece en la mesa donde estaba la primera imagen. Esta nueva imagen es igualmente oscura. A medida que repite el mismo proceso que ejecutó con la otra, trate de encontrarle algo significativo dentro de ella. Así se trate de algo pequeño. Desde allí, trate de incrementar el resplandor de la imagen, utilizando el método de encontrar cosas significativas en ella.

Durante esta meditación, trabaje con todas las imagines que desee. No necesita trabajar con todas. El cuarto siempre va a permanecer allí. Usted podrá volver a visualizar las imágenes y trabajar otra vez con la mesa del holograma circular.

Después de terminar, abra sus ojos y relájese. A medida que desarrolla sus actividades del día, practique la forma de encontrar las cosas significativas (sin importar que tan pequeñas sean) en las experiencias en su día y en la gente con la cual se relaciona. De esta manera, usted va a aumentar el valor y el aprecio que siente por ellos en su vida. En el aprecio usted encontrará la gratitud.

Una oración sobre el aprecio

Querido Uriel,

Te dedico esta oración para pedirte que estés conmigo y me envíes tus energías, mientras reviso mi vida. Te prometo que omitiré las imágenes superficiales del pasado. Dedicaré tiempo para agradecerle al Creador por el amor y por la belleza que colman mi vida. Me esforzaré por apreciar la presencia de mis seres queridos y la del Creador. Ayúdame a querer y a valorar cada momento como un regalo de Dios.

Esto te lo pido en el nombre de la energía del Cristo universal, Amén.

Al enfocar su atención en lo que usted realmente es,
aumenta su nivel de conciencia de lo que eso representa.

~

25

365 días de aprendizaje y apreciación: un ejercicio con Uriel

CADA DÍA DE la vida que pasa sobre esta tierra es precioso. El Sol sale para compartir con nosotros su calidez. El día nos ocupa atendiendo las responsabilidades que debemos cumplir a fin de sostener nuestras vidas y la de aquellas personas por quienes debemos responder. La vida no se detiene. El mundo gira y nosotros avanzamos con él, como si la tierra misma permaneciera en un constante viaje.

Todos hemos tenido la experiencia de no apreciar algún aspecto de nuestra vida y sólo cuando lo hemos perdido, nos damos cuenta del valor que realmente tenía ese aspecto o esa persona. Con mucha frecuencia es demasiado tarde para recuperar lo que hemos perdido y nos quedamos solos caminando por la vida, mientras que el mundo sigue girando.

Apreciar algo significa asignarle un valor. Nosotros apreciamos algo encontrando sus maravillas y respetándolo. Vemos el valor en ese algo y damos gracias por tenerlo en nuestras vidas. Este ejercicio inspirado por el Arcángel Uriel se titula *365 días de aprendizaje y apreciación* y está diseñado para disponer todo su ser para recibir el amor que está a su alrededor.

Desde el alimento que crece en los campos hasta el agua que calma nuestra sed, damos gracias por los nutrientes y por los elementos generadores de la vida, los cuales consumimos cada día. También damos gracias por la alegría de contar con la presencia de nuestros seres queridos, de nuestros niños, de nuestros compañeros y de nuestra propia conciencia. Este ejercicio nos ayudará a aumentar nuestro nivel de aprecio por la vida en todos sus aspectos.

En las siguientes páginas aparecen dieciocho temas diferentes con sus respectivas instrucciones. Estos dieciocho temas e instrucciones, también están incluidos en la baraja de cartas que se puede encontrar en el Apéndice B. Usted puede cortar la baraja de cartas y usarlas para este ejercicio. Además, hay una hoja adicional que contiene nueve cartas en blanco para que usted cree sus propios temas e instrucciones. Baraje las cartas y mézclelas entre sí. Ahora tiene en sus manos su propia baraja de la apreciación.

Cada una de las cartas le proporciona las instrucciones específicas. Sígalas hasta donde más pueda. Algunas cartas incluyen instrucciones con algunas exigencias físicas que quizás no pueda realizarlas, ya sea por motivos de salud o por cualquier otra razón. Si este es el caso, retire esa carta de la baraja y escoja otra. Revise todas las cartas. Si está en duda acerca de alguna carta, retírela de su baraja. Después de revisar, tendrá muchas ideas acerca de cómo elaborar sus nueve cartas opcionales.

Cada vez que haga este ejercicio, baraje bien las cartas y luego escoja una. Siga las instrucciones indicadas anteriormente y use el formato llamado *La experiencia de apreciación* para registrar sus reacciones durante este ejercicio. En el apéndice B se incluye este formato en blanco para su uso personal.

Después de seguir las instrucciones y de cumplir con sus directrices, usted deberá llenar los dos formatos relacionados con la experiencia de apreciación. Parte del formato le pide describir su experiencia en detalle. Si necesita más espacio utilice el respaldo del formato. Otra parte le pide que escriba sobre lo que ha aprendido sobre la apreciación siguiendo el ejercicio como se indica en la carta seleccionada. Tómese el tiempo necesario para pensar en su experiencia mientras que escribe.

Al utilizar esta técnica, inspirada por el Arcángel Uriel, empezará a redescubrir las cosas y las personas en la vida que les ha perdido apreciación. Esta técnica puede ayudarle a abrir su corazón hacia las cosas maravillosas de la vida que alguna vez tuvo cuando era un niño. Ensaye esta técnica diariamente. Diseñe nuevas cartas a medida que vaya encontrando nuevos asuntos que desea explorar con la presencia amorosa y con la energía de Uriel.

Las cartas del Ángel y sus instrucciones

1. **Ojos cerrados:** Por espacio de una hora cubrasé los ojos con un vendaje. Utilice sus manos para sentir y sus oídos para escuchar. Hágalo al medio día si es posible.

2. **Sin las manos:** Por espacio de una hora, no utilice sus manos para realizar alguna actividad. Hágalo al medio día si le es posible.

3. **Sin las piernas:** Por espacio de una hora no use sus piernas para caminar. Hágalo al medio día si le es posible. Puede arrastrarse o deslizarse.

4. **Sin hablar:** Por espacio de veinticuatro horas no use su voz para comunicarse. Puede utilizar formas escritas de comunicación.

5. **Sin escuchar:** Por espacio de una hora coloque tapones de algodón en sus oídos o utilice algún otro elemento para taparlos. Esto con el fin de reducir los sonidos a su alrededor.

6. **Escuchando:** Por espacio de una hora y media salga y establezca contacto con la naturaleza. Tome nota de todos los sonidos que escucha. Relájese.

7. **Visualizar:** Compre un juego de acuarelas y papel. Vaya a un sitio donde pueda estar en contacto con la naturaleza y observe una escena. Con sus mejores habilidades, intente dibujar esa imagen sobre el papel.

8. **Ayunar:** Por espacio de veinticuatro horas no coma nada. Solamente beba agua y jugos de frutas o de verduras. Si no puede ayunar, entonces no consuma algún alimento durante el día (café u otra clase de alimento).

9. **Separación:** Por espacio de una noche duerma separadamente de su compañero o compañera. Si vive solo, duerma en un cuarto diferente de su casa. Tome apuntes acerca de su experiencia antes de reunirse con su cónyuge nuevamente.

10. **Limpieza personal:** Por espacio de cuarenta y ocho horas, no se bañe ni se duche (esto es mejor hacerlo durante el fin de semana).

11. **Lavado de ropa:** Lave una parte de su ropa sucia a mano y en el lavadero, retuerza y cuelgue la ropa para que se seque.

12. **Electricidad:** Por espacio de veinticuatro horas no utilice ningún electrodoméstico que funcione a base de electricidad o de baterías (por ejemplo el televisor o el radio).

13. **Ducha:** Tómese un baño o una ducha de agua fría.

14. **Escribir:** Escríbale una carta a un ser querido. Imagínese que ese ser querido ya no está en la tierra. Exprese de corazón todo lo que siempre quiso decirle.

15. **Lectura:** No lea nada de manera intencional durante veinticuatro horas.

16. **Viajar:** No utilice un auto, bus, motocicleta ni bicicleta por espacio de veinticuatro horas.

17. **Soledad:** Permanezca todo un día solo; desde el amanecer hasta el ocaso. Asegúrese de levantarse a tiempo para ver la salida del Sol y también observar el ocaso. No ejecute ninguna clase de trabajo o de entretenimiento durante este período. Esté solo con usted mismo.

18. **Sorpresa:** Sorprenda a un amigo íntimo, a un familiar o a un compañero con algo que usted haya hecho. Puede ser con una comida, un poema o con alguna clase de regalo. No compre el regalo. Hágalo usted mismo.

En las dos páginas siguientes hay ejemplos de esta técnica. Uno de Linda y el otro de Peter. Cada uno escogió una carta de apreciación de la baraja de veintisiete cartas y siguió sus instrucciones. Por último registramos nuestras experiencias y lo aprendido en uno de los formatos *La experiencia de apreciación*.

Esperamos que estos ejemplos lo guíen al realizar este ejercicio para aumentar su amor y su apreció por la vida. Lleve a cabo este ejercicio como parte de su iluminación angelical. El diseño para un plan de iluminación se describe mejor en el capítulo 30.

Que la energía del Arcángel Uriel le ayude para completar la integración de sus auto-segmentos y lo conduzca hacia una apreciación del amor y belleza en todos sus aspectos.

El cielo está dentro de usted ahora,
porque la gracia de Dios vive en usted.

365 días de aprendizaje y apreciación
Formato de la experiencia de apreciación
La experiencia de Peter

Fecha: _2 - 6 - 00_   Hora: _6:00 pm._

Tema de la çarta: _Escritura_   Número de carta: _14_

Instrucciones: _Escribir una carta a un ser querido. Imagínese que ese ser ya no vive. Diga todo lo que su corazón le indique._

¿Qué experimentó durante el ejercicio?

Experimenté algunas tensiones y sentimientos de ira y celos en otras personas. Escribí todo el dolor que había sentido desde que supe que no enviaría esta carta en su estado original. También experimenté otros sentimientos positivos los cuales había sentido con esta persona cuando era más joven.

¿Qué aprendió a apreciar y por qué?

Aprendí que puede ser difícil ir más allá de las etapas de las heridas pasadas. Estas etapas parecen anular los estados originales cuando había un equilibrio en las relaciones sin importar de qué tipo era. He aprendido a apreciar el proceso de explorar mis heridas pasadas porque sé que ellas me podrían llevar al punto de perdonarme o perdonar a otros. Agradezco la oportunidad de sanarme y la habilidad para darme cuenta que necesito sanarme. Aprendí a apreciar mi sombra y ver su función de autoprotección hacia el dolor y el rechazo.

365 días de aprendizaje y apreciación
Formato para la experiencia de apreciación

La experiencia de Linda

Fecha: __2 - 6 - 00__   Hora: __6:00 p.m.__

Tema de la carta: __Ojos Cerrados__   Número de carta: __14__

Instrucciones: Vende sus ojos durante una hora. Usa sus manos para palpar y sus oídos para escuchar. Si es posible hágalo al medio día. Tenga a alguien cerca por seguridad.

¿Qué experimentó durante el ejercicio?

Primero noté la ausencia de luz y la falta de estimulación visual. Me preguntaba qué podía hacer en la hora siguiente. No puedo leer ni escribir bien. Sonó el teléfono y traté de contestarlo en el segundo timbre. En esta hora escribí un mensaje a Peter. Tuve que confiar en mi memoria y esperé que las letras formaran palabras. Escuché la televisión, y ahí estaba Gerardo, pero me di cuenta que no quería escuchar su programa sino tenía pistas visuales. Terminé escuchando un sermón y la recitación del Rosario. Me di cuenta que había escuchado y comprendido mucho más que cuando veo televisión.

¿Qué aprendió a apreciar y por qué?

Aprendí a valorar mis manos, las que me ayudaron a palpar el camino alrededor de la casa. Valoré mis piernas y mis pies que me llevan cautamente por toda la casa. A pesar de no tener pistas visuales, descubrí que había escuchado con más cuidado y con todos mis centros de energía (chakras) abiertos y sensibles. Escuché más con mi corazón y menos con mi mente. Fui menos analítico y más crítico de lo que se hablaba. Fui capaz de sentir el poder vibracional y el mensaje del Rosario así como el cuidado y atención de los hablantes. Las palabras parecían penetrar y limpiar mis chakras.

Un plan para la iluminación angelical

Una persona está dispuesta a recibir un acto angelical de dos maneras.
Algunas veces el entendimiento de un hombre es iluminado
por un Ángel para saber lo que es bueno, pero no sabe el por qué. . .
Otras veces, es instruido a través de la iluminación angelical
estableciendo qué es bueno y su razón de ser.

—Santo Tomás de Aquino

La ética y la iluminación angelical: determine sus parámetros personales

COMO PARTE DE la humanidad, todos tenemos una chispa de divinidad en nuestro ser. Ya hemos escrito sobre las diferentes maneras para ayudar a mantener viva y en constante crecimiento esta chispa divina: la oración, la meditación, las técnicas y los poderes de los cuatro Arcángeles. Pero existe otro regalo poderoso que nos podemos otorgar, a nuestros seres queridos y a todo el mundo. Este regalo involucra la clarificación de nuestros propios códigos personales de ética.

La ética son los principios y valores utilizados como guías y modelos a la hora de tomar decisiones. La mayoría de nosotros, de manera inconsciente, seguimos un código interno de ética, que probablemente aprendimos de nuestros padres, amigos y de las normas culturales. El regalo que nos podemos hacer a nosotros mismos y al mundo es el de la conversión de este código interno a un código consciente de la ética personal.

¿Por qué razón crear su propio código personal de ética? Porque definiendo su código personal obtendrá una herramienta de gran utilidad para equilibrar armoniosamente su mundo interior y exterior.

Escribir nuestros parámetros personales filosóficos nos ayuda a desarrollar, a definir y a proteger nuestra integridad personal. En este proceso, los talentos perdidos o escondidos y los recursos que poseemos empiezan a ser descubiertos, luego unificados y finalmente fortificados, a medida que alineamos, todos los días y conscientemente, nuestro mundo exterior con la realidad de nuestra naturaleza interna.

Cuando nos conocemos y confiamos en nosotros mismos, la belleza de la naturaleza espiritual interna empieza a brillar a través de nuestros corazones. A su vez, esta belleza ilumina nuestro camino y nos permite la invocación consciente de todo aquello que es bueno y que está lleno de gracia en nosotros. La armonía y la paz llenan nuestro ser a medida que vamos unificándonos con la luz de nuestra naturaleza espiritual. Nuestra eternidad perenne será reestablecida en nosotros y con Dios. Esto es algo que ha estado allí por siempre, a través de los tiempos, esperando, mientras que procesamos y curamos las heridas dolorosas que, solo temporalmente, estuvieron oscureciendo la belleza en nuestro interior.

Ejemplos de códigos éticos

Cada día nuestra vida externa está hecha en parte por las elecciones que hacemos, ya sea consciente o inconsciente. Permitámonos tomar las decisiones a conciencia. Permitámonos decidir a favor de la integración, de la totalidad y del amor. Teniendo esto en cuenta, compartiremos con usted nuestro código ético personal. Nosotros tenemos nuestra propia lista de comportamiento ético como una afirmación al mundo en el cual nos esforzamos cada día para crear y vivir conscientemente.

Código ético personal de Linda

1. Hoy y siempre, tomo la decisión de proyectar activamente una actitud positiva hacia la vida. Hoy encontraré, por lo menos, una cosa positiva para decir sobre cualquier situación desafiante que pueda encontrar. Analizaré mis sentimientos honestos acerca de la situación y la consultaré con mi ser interior, preguntando ¿qué hay en esa situación que pueda estimular mi propio crecimiento? Pediré ayuda y compartiré cualquier punto de vista con mi compañero. Reafirmaré, apreciaré y promoveré las cualidades positivas que vea en todos los seres y en todas las situaciones que se desarrollen a mi alrededor.

2. Hoy y siempre, tomo la decisión de decir la verdad total y completa para mí mismo y para todos aquellos que coexisten en mi mundo. Compartiré verdaderamente mis sentimientos de una manera positiva y constructiva. Estoy inundada de la verdad, tanto en mi espíritu, en mis palabras y en mis acciones. Siento la maravilla del alineamiento de la energía dentro de mi, a medida que vivo cada vez más y más en la verdad.

3. Hoy y siempre, tomo la decisión de sentir, apreciar y honrar plenamente mis sentimientos, porque ellos me han enseñado acerca de lo que soy y de mi mundo. Estoy muy agradecida por la experiencia de ser humana y de estar viva.

4. Hoy y siempre, tomo la decisión de escuchar a mi corazón, sin interrupción. Permitiré que los demás me cuenten la verdad de quiénes son y de lo que sienten. Me esforzaré para escuchar y hablar sin juzgar ni censurar.

5. Hoy y siempre, tomo la decisión de mirar hacia mi interior en busca de orientación, inspiración y los mensajes de mi ser superior, para manifestar la sabiduría en mi vida física y en el cumplimiento de mi misión en mi vida. Escucharé mis sueños; me desplazaré hacia los lineamientos de mi ser del alma y buscaré la integración, la unidad y la unión con Dios y con toda la creación.

6. Hoy y siempre, tomo la decisión de reconocer toda la responsabilidad que implican mis acciones; decido crear una respuesta apropiada para todas las situaciones que encuentre.

7. Hoy y siempre, tomo la decisión de creer y de amar cada parte de mi mismo, las que conozco y las que no conozco, el interior y el exterior, la realidad y el potencial, sin reservas y con todo mi corazón. Escojo creer en el potencial y en la bondad de todos los seres humanos.

8. Hoy y siempre, tomo la decisión de seguir mi visión interior y de desplazarme en la dirección hacia el cumplimiento de la misión de mi vida. Me comprometo a tener en cuenta a mi esposo, a desplazarme en dirección de las metas que son mutuamente creativas y completas. Me comprometo a solicitarle tanto a él como a los demás la ayuda que necesite cuando me sienta sola y desconcertada.

9. Hoy y siempre, tomo la decisión de promover la salud y el bienestar con todos aquellos con quienes establezca algún contacto, en particular con mi esposo Peter y con nuestros hijos. Enriqueceré sus vidas y los apoyaré durante su crecimiento con amor y con la visión de todo lo bueno que existe dentro de mí.

10. Hoy y siempre, tomo la decisión de disfrutar cualquier cosa que tenga que hacer. Seré alegre y encontraré el significado y la gracia de todas mis actividades diarias.

Código ético personal de Peter

1. Me esfuerzo diariamente para mantener mi corazón abierto al espíritu de vida; para permitirme a mí mismo experimentar todo lo que estoy sintiendo; para resistirme ante las reacciones instintivas que me incitan a cubrirme y esconderme. Para honrar y respetar a todos los seres, ya sean mis amigos o extraños.

2. Me esfuerzo diariamente para aprender mucho más sobre mis propias motivaciones. Para aprender cómo he contribuido en la configuración de mi vida como lo es hoy y para encontrar las maneras de mejorar y de cambiar. Para lograr una alineación con el propósito y con el modelo de mi alma.

3. Me esfuerzo diariamente para compartir más con el ser que yo soy. Seré un conductor de la fuerza de la vida. Esto significa permitir que mis centros de energía giren libremente para que puedan ser ellos mismos.

4. Me esfuerzo diariamente para expresarme ante mí mismo con más claridad. Esto me ayudará, tanto a mí como a los que están a mi alrededor. Al expresarme con mayor claridad ante mí mismo, estoy ayudando a los demás. Así ellos pueden entenderme mejor y responder desde una posición de verdad y de conocimiento, evitando las confusiones y los malos entendidos.

5. Me esfuerzo diariamente para apoyar a mis seres queridos y a mis amigos. Los apoyaré tanto de palabra, como de pensamiento y de obra, estimulándolos, dándoles coraje con autohonestidad.

6. Me esfuerzo diariamente para brindarle humor y luminosidad a la vida. Para utilizar mi intelecto y la sabiduría de mi ser superior para proporcionar tranquilidad y hacer que el camino de aquí sea más fácil.

7. Me esfuerzo diariamente para dar pasos que me conduzcan hacia el cumplimiento de la misión de mi vida. Para escuchar la orientación de mi ser del alma y a los Arcángeles. Para desplazarme siempre hacia adelante, aunque esté muy cansado para avanzar. Para arriesgarme a caer cuando tenga temor de volar.

8. Me esfuerzo diariamente para procesar la represión de mi pasado y para evitar la acumulación de las emociones no procesadas en mi "olla de cocinar al vapor", por medio de la expresión en el presente, con lo mejor de mis habilidades.

9. Me esfuerzo diariamente para aceptar las experiencias de mi vida. Para permitirme sentir el dolor, de manera que pueda sentir la plenitud del amor. Para aceptar la bondad y para abrazar la dificultad.

10. Me esfuerzo diariamente para llegar a "ser".

Dos personas no tienen que ser exactamente iguales, ni tienen la misma misión durante su vida. Cada persona tiene un código ético que refleja su individualidad, creatividad y formas de actuar. Nuestra esperanza es que usted tomará el tiempo y hará el esfuerzo necesario para crear su código ético personal por su propia voluntad, lo cual a su vez, será útil en el logro de la armonía y del equilibrio entre sus mundos, el interno y el externo.

Esperamos que pueda encontrar esta información útil para construir su propia filosofía y sus propios parámetros. Siéntase libre para crear una lista, larga o corta, de acuerdo a lo que le dicten sus necesidades. Linda ha revisado su lista en diversas ocasiones durante su vida, mientras que trabaja en sus asuntos personales y a medida que van surgiendo algunos nuevos. Así que no dude en agregar o suprimir asuntos a medida que pasa el tiempo y nuevas fuentes del crecimiento y de discernimiento entran en su conciencia.

Mientras evolucionamos, también lo hace el mundo.
Todos estamos conectados, mano a mano, uno a otro,
por la unidad de nuestra divina naturaleza.

27

Entendiendo los símbolos de sus sueños

TODAS LAS PERSONAS sueñan. Es posible que no siempre recordemos los sueños pero, como lo mencionamos anteriormente, necesitamos soñar para mantener una salud adecuada. Los sueños son una ventana hacia el autoentendimiento y para comprender el propósito de nuestra existencia individual. Uno de los propósitos más importantes de los sueños es curar —sanar nuestras relaciones con nosotros mismos, con nuestros seres queridos y con aquellos que ya han pasado a formar parte del reino espiritual—. Al final de esta sección se ofrecerán algunos puntos específicos para recordar sus sueños.

Los sueños son canales directos que, si son interpretados apropiadamente, nos conducen hacia nuestro ser del alma y hasta la más profunda concientización de nuestra misión en esta vida. Ellos nos conectan con nuestra energía creativa y con frecuencia nos proporcionan soluciones a los problemas que son eludidos por la parte consciente. La gran mayoría de los sueños involucran al ser del sueño que pretende unificar e integrar nuestros seres físico, emocional, mental y espiritual. Su propósito es curar los traumas y las relaciones dolorosas dando una voz a las partes de nuestra psiquis que han sido represadas o negadas durante el diario vivir.

Por ejemplo, desde la infancia hemos aprendido a protegernos a nosotros mismos "eliminando" ciertas partes de nuestro ser, las cuales llegamos a considerar como inaceptables para nuestros seres queridos. Necesitamos recuperar esas partes perdidas, entenderlas y curarlas. Esto lo hacemos a través de los sueños.

Al final, la persona más importante a quien tenemos que perdonar es a nuestro propio ser, y los sueños nos proporcionan un excelente escenario y espacio para el autoentendimiento, perdón y crecimiento.

El estudio de los sueños ha existido desde hace muchos miles de años. Existen muchos ejemplos de esta clase de estudio en la Biblia. Uno con particular interés se encuentra en el libro de Job 33: 14–16. Esto dice:

Aunque Dios hable una vez, incluso dos veces, todavía el hombre no lo percibe. En un sueño, en una visión de la noche, cuando un profundo sueño caiga sobre los hombres, en visiones oníricas sobre la cama; entonces Él abrirá los oídos de los hombres y le dará la aprobación a sus instrucciones.

Los sueños no solamente nos conectan con las diversas partes perdidas en nuestro ser, sino que además nos brindan una conexión para que Dios se comunique con nosotros, con el fin de ayudarnos a llevar una vida más amorosa y más responsable.

Análisis de la simbología de los sueños

El análisis de la simbología de los sueños no es tan fácil como aparentemente puede ser. "A" no siempre es igual a "B". Por ejemplo, si sueña con agua, este usualmente se refiere a las emociones; pero algunas veces no es así. Dependiendo del contexto del sueño y de su propia individualidad, el agua podría simbolizar una necesidad de limpieza física, o puede tratarse de pensamientos o de presagios de muerte (por ejemplo en un río ancho) o inclusive el sótano inundado de su casa.

Tener en cuenta lo anterior es tan importante como el análisis de los sueños como lo es conocerse a sí mismo y sus asuntos en la vida. A medida que somos más conscientes de quiénes somos y de nuestros patrones de reacción y respuesta, podemos determinar la interpretación más apropiada para un sueño. Por ejemplo, un tema en la vida de Linda ha sido una lucha interna entre una fuerte necesidad y deseo de independencia y en contradicción, el temor a la dependencia. Conociendo lo anterior, Linda puede buscar posibles ampliaciones y soluciones para esta lucha dentro de su propia simbología de los sueños.

No existen sueños triviales. Inclusive los que parecen ser más tontos tienen un mensaje muy importante para usted. De hecho, nuestra "fábrica de sueños, con frecuencia utiliza el humor para capturar nuestra atención". Por ejemplo, ¿ha tenido un sueño en donde necesita ir al baño de urgencia, pero no encuentra alguno, o cuando lo encuentra no puede utilizarlo porque estaba averiado o no había paredes y tenía que usarlo enfrente de muchas personas, o algo por el estilo? Este es un sueño importante y muy común que usualmente significa la necesidad física de limpieza, de cambios dietéticos o la necesidad de ingerir gran cantidad de agua para limpiar las impurezas del cuerpo. Podríamos beneficiarnos de los mensajes de nuestros sueños, ellos podrían ayudarnos a evitar, por ejemplo, daños en los riñones, en el hígado o en el páncreas.

Puede observar como nuestra fábrica de sueños siempre está tratando de promover la salud —la salud física, emocional, mental y espiritual—. ¿Por qué los sueños utilizan símbolos tan difíciles de descifrar? Porque este es el lenguaje universal de nuestro inconsciente colectivo, del inconsciente personal, del ser superior y de nuestro ser del alma. Usted debe haber escuchado el dicho que dice "una imagen es más valiosa que mil palabras". De igual manera los símbolos de los sueños permiten que múltiples ideas complejas se comuniquen con nuestro consciente, con el ser despierto, a través de un sencillo sueño. Por lo tanto los sueños disfrutan de un lenguaje universal que trasciende las diversas barreras culturales, las grandes distancias y las distintas conceptualizaciones de espacio y de tiempo.

Los sueños también tienen la capacidad de presentarnos múltiples niveles de significado, los cuales pueden ser descubiertos con cada una de las nuevas etapas del crecimiento, durante todo el transcurso de la vida. Por ejemplo, un sueño de la infancia podría ser analizado periódicamente durante todas las etapas de nuestras vidas, en la medida que vamos creciendo y aprendiendo cada vez más acerca de nosotros mismos. Podemos aplicar la luz de nuestra sabiduría, obtenida a través de las experiencias de la vida e incrementar el autoconocimiento para procesar los traumas de nuestra vida temprana, las pesadillas que se repiten o los mensajes que no hubiéramos podido entender por completo.

Para ilustrar esto, Linda comparte con usted un sueño repetitivo de su infancia, el cual ha analizado periódicamente durante el transcurso de su vida. Ella lo llama su sueño "león" y aunque no ocurre nada horrible en él, la atemorizaba lo suficiente cuando niña y fue clasificado entre las pesadillas recurrentes. Las pesadillas surgen a partir de una parte primordial de nuestro inconsciente. Ellas son un signo que nuestro dolor interno está llegando a un punto de presión extremo y necesita la atención inmediata.

Las heridas psicológicas son reales y las pesadillas tratan de proporcionar información al ser consciente. Cuando examine estos sueños sea considerado consigo mismo. No se diga que está equivocado en relación con el sueño. Es importante no ignorar sus pesadillas ni esperar hasta que ellas desaparezcan. Existen muchos niveles en nuestros sueños y lleva trabajo interpretarlos. Como ya se ha mencionado, puede tomar años la interpretación total de todos los niveles de un simple sueño. Sea paciente y diligente en su estudio de los sueños y será premiado con un profundo conocimiento sobre usted mismo y sobre el viaje de su vida.

EL SUEÑO DEL LEÓN DE LINDA

Un análisis

El sueño consistía simplemente en que me daba cuenta de que había un enorme león sentado en el closet de mi habitación, mirándome con sus ojos inmensos y amarillos. Cuando era niña pensaba que esto significaba únicamente que estaba aterrorizada con los leones, al igual que muchos niños. No podía entender en su totalidad la simbología del sueño, así que hice lo único que podía pensar para reducir mi miedo —leí sobre los leones y escribí un informe sobre ellos para una clase de la escuela—.

Pocos años después me di cuenta de mi temor a lo que representaba el león. Pero no estaba segura qué representaba. ¿Tal vez representaba fortaleza o valentía, o. . .? Tarde me di cuenta de que el león representaba la parte animal o la bestia, como parte de mi naturaleza. ¿Pero qué parte de mis pasiones animales representaba? Sabía que los leones eran feroces y que protegían a sus cachorros. También sabía, que los leones vivían en manadas. Pero todavía no estaba segura. Así que finalmente me hice a mí misma una pregunta: ¿A cuál parte de mi naturaleza le siento temor?

Todavía no estaba segura a qué le temía. Entonces observé el resto del sueño: el contexto y su ubicación. El león estaba pasivamente sentado en mi closet; no estaba amenazándome, pero estaba aterrorizada con su presencia. Esto me condujo al segundo nivel de interpretación, al reconocer que mi mayor temor era a mi propia cólera. La cólera puede herir si no se expresa apropiadamente. Los leones y la cólera tienen dientes y garras con las que pueden arañar, rasgar y herir a la gente si se permite. Como era apenas una niña, no tenía las habilidades para expresar apropiadamente o identificar mi cólera. Mi sueño estaba tratando de ayudarme. Después de muchos años me di cuenta que el león representaba mi rabia y que había domesticado mi propia cólera (el león estaba sentado pasivamente en el closet, como si estuviera esperando expresarse a sí mismo pero sin poder hacerlo). De niña suprimía mi cólera al pensar que podía herir y alienar a los demás, como a mis padres o a mis amigos. Al dejar salir mi rabia del closet, ciertamente podría hacerme daño. Yo creía que si la dejaba salir, atacaría a mis padres y de esa manera ya no me iban a querer.

Como puede ver, he continuado trabajando en este sueño por muchos años y finalmente me ha ayudado a ver un patrón dentro de mí misma. Siendo paciente y manteniendo mi atención en las imágenes de mis sueños, fui capaz de colocar las visiones intuitivas una por una, durante varios años, hasta que finalmente completé el rompecabezas de este sueño. Esto ha tenido un valor tremendo en mis interacciones con las demás personas, al ser consciente de estas tendencias que me hacen esconder la rabia de mi misma y de los demás. Todavía no he terminado con este sueño.

Sólo recientemente me he dado cuenta de cómo esta tendencia de ocultar mi cólera, impide el desarrollo de mi energía, fortaleza y valentía. Ya no sacrifico ninguna parte de mi fortaleza, valentía y energía de león. Desde entonces me esfuerzo diariamente para utilizar la valentía del león apropiadamente, para identificar y expresar mi rabia ante mí misma y ante mis seres queridos.

Cada nivel de interpretación se fortalece y sustenta en el anterior. Estamos construyendo un vocabulario único y personal de sueños. Esto puede resultar benéfico para aprender algunos símbolos universales que puedan encontrarse en nuestros sueños, siempre y cuando recordemos que A no siempre es igual a B y que estos símbolos pueden y tienen varios significados. En otras palabras, no se precipite a sacar conclusiones. Siempre relacione cualquier simbología universal con su propio vocabulario personal, así como también con el autoconocimiento que ha ganado sobre sus tendencias, patrones y traumas durante el transcurso de su vida.

Si tiene un sueño que parezca desafiar su interpretación, examine de cerca las condiciones actuales de su vida. Analice los problemas más recientes que pueda estar enfrentando. Tome nota de cualquier evento inusual que haya ocurrido en su vida durante los últimos días. Su sueño puede estar tratando de proporcionarle las pistas para descifrar lo que está sintiendo por dentro, así como también las soluciones para un problema con el cual está enfrentándose actualmente.

Temas y símbolos comunes en los sueños

La siguiente lista muestra algunos de los temas y símbolos de los sueños, los cuales hemos encontrado útiles para la interpretación de nuestros sueños y de los sueños de los demás. Esta lista no pretende ser una completa enumeración de todos los símbolos universales de los sueños, más bien señala unos cuantos que consideramos son los más frecuentes, los más típicos y los más confiables al interpretar nuestros propios.

Existen muchos diccionarios de los sueños disponibles en librerías, pero personalmente creemos que esos diccionarios tienden a confundir más que a clarificar, si tenemos en cuenta que cada consultante es un individuo único y que tiene su propia simbología. Esta simbología personal puede ser descubierta, únicamente, a través del conocimiento de nosotros mismos y de nuestros asuntos. Entre todos los libros y autores que hemos estudiado, hemos encontrado que los libros de Edgar Cayce sobre los sueños son los más útiles dentro del campo del entendimiento de la simbología de los sueños.

Lo más importante para recordar en el estudio de los sueños es que los personajes del sueño casi siempre representan una parte de usted mismo o una cualidad que hay dentro de usted. Más adelante hablaremos más al respecto. A continuación presentamos algunos símbolos universales y comunes con sus significados más usuales:

Agua: En la mayoría de los casos, el agua significa las emociones. Por ejemplo, si está soñando con olas, podría significar que está sintiéndose oprimido por emociones conflictivas. Dependiendo del contexto del sueño, el agua podría indicar también la necesidad de una limpieza interna o la necesidad de ingerir gran cantidad de agua, o, posiblemente, una inundación en el sótano de su casa. Usted necesita analizar la situación de su vida actual, según el contexto del sueño, y cualquier sentimiento o temor que pueda tener sobre la situación que se le presente.

Animales en los sueños: Los animales usualmente representan una parte de nuestra naturaleza bestial o animal, no sólo significan nuestras pasiones sexuales, sino que además pueden representar la necesidad de proteger y de nutrir a nuestros hijos o de brindarles abrigo. Los animales pueden representar una determinada cualidad dentro de su sueño. Por ejemplo, un caballo podría representar la velocidad, la fortaleza, la libertad o el deseo de escaparse de una situación. Todo esto depende del contexto del sueño y de la forma en que lo relacione con un animal en particular.

Por ejemplo, ¿le gustan los caballos o le causan temor? Qué experiencia ha tenido con ellos que pueda haberle creado una percepción particular. Linda adora los caballos; de hecho, ella tenía un palomino al que quería muchísimo, cuando era niña. Así que cuando un caballo aparece en sus sueños, usualmente representa la cualidad de la belleza y de la fortaleza que hay dentro de ella. Si el caballo aparece enfermo, entonces ella sabe que algo en su vida está impidiendo el desarrollo de su fortaleza y la forma en la cual se ve a sí misma. Entonces determina lo que esto significa a través del contexto del sueño y de la forma en que relaciona al caballo y a los otros personajes del sueño. Siempre pregúntese a sí mismo ¿cuál cualidad dentro de mí representa ese animal?

Ático: Representa la parte más consciente de usted; algunas veces es su ser superior. Si su sueño se desarrolla en el ático, alguien que conocerá en ese lugar probablemente le traerá información desde el aspecto sabio de su ser superior. El ático también puede significar los recuerdos o el conocimiento ganado en las experiencias del pasado.

Cantidad de luz u oscuridad dentro del sueño: La cantidad de luz o de oscuridad dentro del sueño representa la cantidad de conocimiento consciente que tenemos acerca del asunto que se presenta en el sueño. Por ejemplo, si su sueño se ubica en un lugar muy oscuro o si no se puede ver nada, asumiremos que estamos soñando acerca de algo de lo que poco o nada tenemos conocimiento consciente.

Desnudez: La desnudez usualmente significa que se siente vulnerable en alguna área de su vida. Sin embargo, si disfruta la experiencia de estar desnudo en el sueño, podría indicar una apertura y disposición para recibir nuevas experiencias o un acto de despojarse de las inhibiciones.

La casa o el hogar: Estos elementos usualmente lo representan a usted mismo, a su personalidad o a sus necesidades corporales. Dentro del contexto del sueño, la habitación donde se halla le indica la parte de usted mismo con la que está tratando de entender o de trabajar. Por ejemplo si se encuentra en el sótano en su sueño, probablemente indica que están trabajando en alguna parte de ellos mismos de la cual tienen poco o ningún conocimiento consciente, como un trauma enterrado o represado. Si están en el baño, igualmente podría significar una necesidad de limpieza interna; de la misma manera, si están en el dormitorio, indicaría un asunto relacionado con la intimidad, con la sexualidad o con la necesidad de descansar.

Las personas conocidas en los sueños: Usualmente éstas representan un aspecto o una parte de usted mismo, lo cual resulta similar en esa otra persona. Por ejemplo, si sueña teniendo una discusión con un amigo, probablemente signifique que realmente está teniendo una lucha interna con la parte de usted mismo (o con una cualidad que hay dentro de usted mismo) y que es la misma cualidad que reconoce conscientemente en su amigo. (Es como si tuviera una cualidad o una característica que no quiere admitir ni aceptar que la tiene y que la siente).

Sótano: Representa la mente inconsciente, el ser básico. Esto incluye las cosas que hemos represado o que hemos mantenido escondidas de nuestra propia conciencia (por ejemplo, los traumas de la infancia y los recuerdos de culpabilidad). Sin embargo el sótano puede representar la puerta de entrada hacia nuestro inconsciente colectivo.

Los ejemplos anteriores deberán darle un sentido general de cómo analizar los personajes y criaturas en las imágenes de sus sueños. Al recordar que la mayoría de las cosas que aparecen en sus sueños son parte de usted, también podrá identificar las actividades que ocurren en sus sueños.

Por ejemplo, si está siendo perseguido en su sueño, es muy probable que exista una parte de usted a la cual le teme, una parte de usted mismo de la que está escapando o a la que no quiere reconocer. Si la figura de la que escapa es la de un hombre desconocido, esto podría indicar que siente temor de alguna parte de su naturaleza masculina. Igualmente, si la actividad que aparece en su sueño es la de comer, indica que se está ocupando de algo que tal vez sea conocimiento o sabiduría de alguna clase. También puede ser una advertencia sobre la necesidad de hacer cambios dietéticos. Sólo usted puede decidir con seguridad porque usted es quien mejor se conoce a sí mismo y a la situación que se presenta.

Dialogando en el sueño

Otra técnica útil en el estudio de los sueños es la de crear un diálogo imaginario entre usted y los personajes del sueño. Esto no se extiende únicamente a las personas y a los animales que aparezcan en su sueño, sino también a los objetos inanimados, como ventanas, árboles, etc. Por ejemplo, si soñó con un florero, hágale algunas preguntas como éstas: ¿Qué estás tratando de decirme? ¿De qué estás hecho? ¿Qué se siente al ser un florero? Responda las preguntas como si usted fuera el florero. La idea es tomar el punto de vista de los personajes del sueño y mantenerlos en un diálogo entretejido para obtener la mayor información posible.

Todos estos símbolos son partes de usted que necesitan ser escuchados, expresados e integrados. Ellos se presentan en forma de símbolos porque es el lenguaje del subconsciente. Finalmente, si uno o más de estos símbolos son enormes (por ejemplo un florero del tamaño de una casa), significa que es un símbolo muy importante para analizar y el subconsciente llega hasta esos extremos para decirle que se trata de un asunto urgente que necesita tratar.

Con menos frecuencia, tenemos sueños que representan comunicaciones reales ya sea con difuntos o con un ser espiritual de otros reinos, tales como de los reinos angelicales. Estos sueños están marcados por su claridad y viveza. Usualmente, existe un mensaje importante que el difunto desea comunicar y si esto fuera una visita verdadera, el mensaje será positivo, curativo y útil para usted y para la humanidad. Algunas veces los difuntos simplemente desean comunicar que ellos están bien en el otro mundo. Normalmente, se puede notar que está persona esta resplandeciente de salud y con apariencia más joven que cuando fallecieron.

Recordando sus sueños

Como ya lo habíamos dicho, todas las personas soñamos. Si tiene problemas para recordar sus sueños o cree que no sueña, revise el siguiente cuadro. En él se bosquejan algunas técnicas simples que le ayudarán a recordar sus sueños.

Consejos para recordar los sueños

1. **Duerma lo suficiente.** Si lo necesita, acuéstese más temprano.

2. **Hágase sugerencias para soñar antes de dormirse.** Dígase a sí mismo, por lo menos tres veces seguidas: "Recordaré mis sueños cuando me despierte."

3. **Mantenga un diario de sus sueños.** Acostúmbrese a mantener lápiz y papel junto a su cama todas las noches. Puede utilizar una grabadora si lo prefiere.

4. **Al despertar, mueva su cuerpo lo menos posible.** Grabe su sueño, o si todavía está de noche y está muy cansado, escriba algunas palabras o símbolos claves; estos le ayudarán a recordar los sueños en la mañana.

5. **Busque a un amigo interesado en el estudio de los sueños.** Comparta sus técnicas para recordar los sueños. Así reforzará su compromiso y le dirá a su subconsciente que está interesado en la información que tenga para ofrecerle.

6. **Escriba en su diario.** Escriba cualquier pregunta o asunto con el que le gustaría que durante el sueño se le ayudara. Invente algunas posibles soluciones para estos problemas y tenga en cuenta lo que le dicen los sueños al respecto esa noche.

7. **Organice el sueño en reversa.** Algunas veces sólo podemos recordar la última escena de un sueño. Piense en esa escena, recuérdela y pregúntese a sí mismo ¿qué sucedió antes de esto? De esta manera podremos sucesivamente rastrear los eventos del sueño, retrocediendo desde el final hacia el medio y después hasta la escena inicial.

8. **Mantenga un registro escrito de sus sentimientos, de sus sueños diarios y de sus fantasías.** Esto estimula y a anima su fábrica de sueños.

9. **Sea paciente.** Preste mucha atención y verá los beneficios. Esto siempre es verdad, también en su mundo de los sueños.

Los sueños son experiencias de las cuales aprendemos y que nos hacen crecer. Aprenda a interpretar sus sueños. Esta habilidad lo beneficiará durante toda su vida y lo recompensará con el conocimiento cuando más lo necesite. Los Arcángeles y su ser del alma han sido enviados para ayudarle cuando más los necesita. Ponga atención a sus sueños para lograr entendimiento y dirección. Ellos le señalan la ruta de la totalidad y del amor que está dentro de usted.

¡Felices sueños!

Los sueños son canales directos que, al ser interpretados
apropiadamente, nos conducen hasta nuestro ser del alma
y hacia un nivel de conciencia más profundo
sobre la misión a cumplir en esta vida.

28

Una guía para las emociones

LOS SENTIMIENTOS y las emociones profundas son parte de nuestra herencia como seres humanos. Estos son dones que nos han sido concedidos para decirnos, en parte, quienes somos en esta vida y quienes hemos sido en las vidas pasadas. Vida tras vida, llevamos consigo características inéditas de comportamiento que se expanden hasta los años tempranos de la infancia. ¿Cuántas veces ha escuchado a una madre decir que cada uno de sus hijos manifiesta personalidades diferentes y únicas desde muy temprana edad? Aún en el caso de gemelos idénticos, esto es evidente.

Nuestros sentimientos le dan color a nuestro mundo; ellos son la voz de las percepciones individuales del mundo que nos rodea. Si no tenemos conciencia del significado de nuestros sentimientos, carecemos de una conciencia real sobre la vida misma. Si racionalizamos e intelectualizamos sin considerar los sentimientos, corremos el riesgo de llevar una vida inútil y distorsionada. Los sentimientos pueden incomodarnos en algunas ocasiones, pero ellos son nuestros amigos porque nos dicen en donde estamos, nos estimulan el crecimiento y nos incitan al cambio cuando algo no está bien en nuestro mundo.

Los sentimientos colorean nuestra aura y ejerce influencia sobre cada detalle de las múltiples vidas de una manera acumulativa. Las emociones no son negativas ni positivas. Recuerde que son indicadores que nos dicen lo que está pasando dentro de nosotros mismos. También nos dicen lo que es o no es "correcto" en nuestro mundo. Ellas no deberían ser ignoradas, escondidas ni represadas. Ignorar los sentimientos durante toda la vida puede causar patrones de depresión, rabia, baja energía, e inclusive enfermedad.

Parte de la tarea de llevar una vida más consciente es la de atender los sentimientos a medida que se presentan y la de resolver cualquier trauma represado o evento que haya causado confusión o dolor en el transcurso de la vida. A medida que evolucionamos, también evoluciona el mundo en su totalidad, puesto que todos estamos conectados, mano a mano, los unos con los otros, gracias a la unidad de nuestra naturaleza divina.

¿Cómo expresar nuestros sentimientos con honestidad y sin hacerle daño a los demás? Es aquí en donde la técnica L.E.A.R.N. resulta de gran utilidad. Esta técnica nos enseña la forma de clasificar y de identificar nuestros sentimientos. Muchos de represamos inconscientemente nuestros sentimientos porque no nos han enseñado la manera como debemos identificarlos.

Nuestros padres fueron incapaces de enseñarnos porque ellos tampoco aprendieron. No nos enseñaron a decir "estoy furioso por esta razón. . .", o "me siento ofendido por aquello. . .", o "me siento sin valor cuando me sucede esto. . .". En cambio, todo lo que aprendimos fue un sentimiento interno de frustración, al cual nunca pudimos darle un nombre. Aprendimos a sentir vergüenza sin saber por qué. Aprendimos a callar cuando nuestros padres nos gritaban para obligarnos a comportarnos de cierta manera. Aprendimos a esconder ciertas partes de nuestra personalidad porque creíamos que era algo inaceptable para nuestros padres, para nuestros amigos y para todo el mundo.

Es posible que tampoco hayamos aprendido a expresar las emociones de felicidad y de alegría. También es posible que nunca hayamos escuchado o que nunca hayamos sido capaces de decir "me siento feliz cuando. . ." o " me siento orgulloso por. . .". Algunos de nosotros nunca le hemos escuchado decir a nuestros padres decir las palabras "te quiero". Por todo esto, resulta difícil saber si amamos o a quién amamos, o cómo expresar nuestros sentimientos de amor, de alegría y de apreciación. Por consiguiente, la primera tarea es aprender la manera de clasificar y de identificar los sentimientos.

Para ayudarle en este proceso, hemos desarrollado una lista de emociones que contiene definiciones simples y claras para cada una de ellas. Usted puede utilizar esta lista en cualquier momento, en caso de encontrar que no pueda darle un nombre preciso a lo que está sintiendo. También puede utilizarla para aclarar sentimientos que no hayan sido explorados o que hayan quedado represados, los cuales ha experimentado en su vida a partir de algún trauma de la infancia.

Por ejemplo, es posible que queramos darle una mirada a algunos asuntos que nos ocurrieron en nuestra edad temprana y que luego hemos abandonado. Quizás se trate de la muerte de alguno de nuestros padres, o quizás ellos no estuvieron emocionalmente disponibles en alguna ocasión durante nuestra niñez. Cuando esto sucede, una parte de nosotros se lastima profundamente. Puede que nunca hayamos admitido qué tan perjudiciales son nuestras heridas. Tal vez nos enseñaron a ser estoicos o a recibir elogios por reprimir sentimientos. Incluso nuestra cultura crea parámetros donde reacciones emocionales no tienen cabida. Esto crea mayor temor a expresarse libremente.

Algunas culturas promueven la expresión saludable de los sentimientos y en consecuencia, disfrutan de bajos índices de suicidio, depresión etc. Por ejemplo, las familias afligidas de las culturas del Medio Oriente, acostumbran a gemir y a llorar públicamente en los velorios de sus seres queridos. Esta expresión saludable de profundo dolor es mirada con cierto enojo en nuestra sociedad. Por el contrario, estas experiencias en las culturas occidentales se reprimen y se expresan en su mayoría a través de lagrimas en silencio. Muchos no podemos discutir los sentimientos producidos por la pérdida en privado con los miembros de la familia. Se nos ha enseñado a ser fuertes, las cosas no son tan malas. . .

Durante este proceso de curación necesitamos aprender a cuidarnos de nuevo. Esto lo podemos lograr si trabajamos de manera activa con los sentimientos en forma amable, dulce y cariñosa. Nos decimos (en nuestra imaginación) que está bien tener estos sentimientos y expresarlos ante nosotros y ante los demás de la manera apropiada.

Algunas veces las personas han aprendido a abrigar extrañas nociones sobre sus sentimientos. Es posible que sientan temor de admitir la ansiedad o enojo con respecto a algo; otros pensarán que son débiles o que carecen de espiritualidad. Manténgase alerta frente a estas tendencias. Para conocernos a nosotros mismos debemos ser honestos con lo que estamos sintiendo. Esto es la verdadera fortaleza.

Un sentimiento puede desencadenar otro sentimiento. Por ejemplo, algunas veces, un sentimiento de culpabilidad puede desencadenar una sensación de rabia porque nos podríamos estar sintiendo culpables de algo que olvidamos (como por ejemplo un aniversario). Entonces proyectamos nuestra rabia sobre nuestro compañero diciendo algo como "tu sabes como estoy de ocupado; ¿por qué no me lo recordaste?". Al proyectar la falta sobre alguien más, nuestro sentimiento de culpabilidad se disminuye, al menos por el momento.

Un círculo vicioso de culpa y de proyección habrá empezado. En vez de haber hecho tal proyección, hubiéramos podido, simplemente, expresarnos con la verdad: "me siento culpable por haberme olvidado. ¿Podrías perdonarme, por favor?". El círculo de culpabilidad y de rabia terminará al ser honesto y al haber asumido la responsabilidad de nuestra acción, en este caso el olvido.

Los dos grupos principales de las emociones

Las emociones conforman dos grupos principales. Todas están ubicadas alrededor de la divina cualidad del amor. El primer grupo, como aparece en el cuadro de abajo, está integrado por las emociones que reflejan la aceptación del amor. El segundo grupo son las emociones que reflejan el temor de perder ese amor. Recuerde que las emociones no son ni malas ni buenas. Sencillamente son claves para ayudarnos a aprender más acerca de quiénes somos.

Amor

Emociones que reflejan la aceptación del amor	Emociones que reflejan el temor de perder el amor
Apreciación	Rabia
Alegría	Ansiedad
Valentía	Depresión
Humor	Miedo
Felicidad	Avaricia
Amor	Culpabilidad
Admiración	Tristeza
	Vergüenza

Emociones que reflejan la aceptación del amor

Apreciación

La apreciación es un estado en el cual su corazón está abierto ante la vida. A través del aprecio por algunas cosas o hacia algunas personas, usted está aumentando el valor de los objetos o de las personas en su vida. La apreciación es el flujo de energía que va de usted hacia los demás, aceptándolos tal y como son. Es la visión de la divinidad dentro de cada uno de los seres, formas y objetos. Es respetar todas las formas de la creación con cuidado, cariño y respeto.

Baja intensidad		*Apreciación*	Alta intensidad
pensativo	honrado	amable	compasivo
	simpático	agradecido	reverente

Regocijo

El regocijo es un estado de equilibrio, en el cual cada centro de energía (chakra) está girando en perfecta alineación con nuestro propio conocimiento del patrón y del propósito del alma. Es estar en armonía con el plan divino y con el permanente aumento y disminución del ritmo del universo. Esta característica implica totalidad y es parecida a la alegría. Una emoción que contagia a los demás. El regocijo conduce a la alegría y a su vez, la alegría a un abarcamiento del amor por todas las cosas de la vida.

Baja intensidad		*Regocijo*	Alta intensidad
relajado	gratificado	celestial	serenidad
aliviado	protegido	pacífico	
satisfecho	seguro		

Valentía

La valentía es un estado que refleja nuestro compromiso con el plan divino, en la medida en que éste se relaciona con nuestro propósito del alma y con la misión en la vida. Tener valentía es aceptar el envío de Gabriel y comprometerse a llevarlo a cabo, dando lo mejor de nuestras habilidades, sin importar las dificultades que podamos encontrar. La valentía es la confianza que tenemos en la bondad de la vida y de Dios. La valentía es aceptar el miedo e inyectarlo con el amor del ser del alma.

Baja intensidad		*Valentía*		Alta intensidad
esperanza	resuelto	confiable	audaz	valiente
optimismo	enérgico	orgulloso	decisivo	noble
	inspirado			

Humor

El humor es un estado en el que somos capaces de convertir el sufrimiento en aprendizaje y el dolor en amor. Tomamos las penurias de la vida diaria y las miramos de varias maneras para ayudarnos a ganar una gran apreciación de la experiencia humana. El humor engendra amor por las pequeñas cosas de la vida y nos brinda claridad para vivir, la cual a su vez, nos ayuda por medio de la liberación de la tensión. El humor es útil para apartarnos de opiniones negativas.

Baja intensidad	*Humor*		Alta intensidad
divertido cordial	gracioso divertido juguetón	jovial travieso	divertidísimo

Alegría

La alegría es un estado marcado por el estallido de la energía que comienza en el centro del plexo solar y se desplaza rápidamente hacia el centro del corazón, extendiendo el sentimiento de una intensa felicidad y de un inmenso amor por vivir. Este es un estado en donde esperamos con anticipación el mañana y las experiencias de la vida, sin miedo a la pérdida o al dolor. Este es un estado en donde se puede escuchar al ser del alma cantando una canción de amor hacia Dios y alabándolo por su existencia externa a través de todos los mundos y de todos los universos. La alegría se siente a medida que nosotros, como seres conscientes, tenemos la experiencia de la conciencia del ser del alma.

Baja intensidad		*Alegría*			Alta intensidad
agradable	querido deleitado	feliz contento	entusiasta excitado	encantado triunfante	dichoso alborozado extático

Amor

El amor nos conecta a la totalidad de la vida misma. Es mucho más que un sentimiento pasajero. Usualmente está centralizado en el chakra del corazón; ofrece una sensación de calidez que empieza en el centro del corazón y se esparce a través de todo el cuerpo. El amor es un vínculo de cariño y de importancia entre nosotros mismos, con nuestros hijos, con nuestros padres, con nuestros amigos, con el mundo, con los ángeles y en general, con todos los seres. Es la esencia de la vida y ejerce una inmensa influencia en todas las personas desde el comienzo de los tiempos. Es la emoción original que permite a todas las otras emociones reflejar aceptación hacia él o temor de perderlo. El amor es la fuerza que motiva; es el catalizador que anima todo crecimiento; es el primer poder que emana desde la cabeza de Dios y se mueve a través de todo el universo. Es la energía de Dios que nos invita a regresar a él. Es el espíritu puro del creador que nos nutre a todos. En él podemos encontrar nuestro crecimiento y a nosotros mismos.

Baja intensidad		*Amor*		Alta intensidad
amabilidad	afecto		aprecio	pasión
	calidez		ternura	éxtasis
	cariño		integridad	

Admiración

La admiración es un estado en el cual nos damos cuenta de la belleza de la vida. Vemos sus designios intrincados y complejos y nos concentramos en el verdadero milagro que ella es. La admiración es un estado que nos conduce a la alegría y al goce del amor. Allí nos impresionamos por la inmensidad de la creación y por el papel que desempeñamos en el interminable drama de la vida, a medida que se nos revela cada día ante nosotros. Es un estado de profundo conocimiento, puesto que en él miramos más allá de la superficie de la experiencia para apreciar la existencia en sí misma.

Baja intensidad		*Admiración*		Alta intensidad
curioso	sorpresa	encantado	asombrado	atónito
interesado		fascinado	sorprendido	

Emociones que reflejan el temor de perder el amor

Rabia

La rabia es un sentimiento fuerte de fastidio causado por una herida real o imaginada y frecuentemente, genera el deseo de venganza o por el de obtener satisfacción del ofensor. La rabia gira hacia dentro y sobre uno mismo (los sentimientos de dolor y de frustración que no son expresados) y puede introducirnos en un estado de depresión.

Al igual que el dolor, la rabia proviene de nuestro condicionamiento interno, el cual enlaza nuestras expectativas y las experiencias de vida con nuestra habilidad para aceptar y para dar amor. Algunas veces la rabia puede ser un sentimiento explosivo de furia y de traición. Otras veces, la rabia puede ser apacible como un sentimiento de irritación como en el caso en que alguien nos dijo algo con lo que no estamos de acuerdo. Muchos desacuerdos pequeños podrían convertirse en sentimientos acumulados o ardientes, hasta llegar a ser resentimientos u hostilidad permanente. La rabia proviene de la falta de habilidad para amar de acuerdo con nuestros sistemas internos de creencias.

Baja intensidad		*Rabia*		Alta intensidad	
desaprobar	gruñón	malhumorado	amargado	agresión	furia
exasperado	enojado	agraviado	engañado	traición	bronca
irritado		obstinado	desprecio	odio	
perturbado		testarudo	disgusto	hostilidad	
		frustrado	resentimiento		

Ansiedad

La ansiedad es un sentimiento de aprehensión generado ante el temor de ser herido o de perder algo. Aunque el temor sea imaginado o real, el sentimiento es exactamente el mismo. Los rangos extremos oscilan entre la aprehensión apacible y un estado de pánico. La energía de la ansiedad está inicialmente centrada en el chakra de la corona —el tercer ojo—, luego se mueve hacia el plexo solar y hacia las áreas del corazón. Si se deja de lado y no se examina, se intensifica y puede conducir a un comportamiento irracional y desesperado que nubla las percepciones. Este sentimiento es opuesto a la aceptación.

Baja intensidad		*Ansiedad*	Alta intensidad
interesado	confundido	consternado	angustiado
inquieto	nervioso	histérico	desesperado
perplejo	enfermo	presionado	demente
confundido	tenso	estresado	
molesto	preocupado		

Depresión

La depresión es un estado de tristeza caracterizado por una pérdida del interés en las actividades normales, fatiga, cambios en el apetito y en los hábitos de sueño, sentimientos de inutilidad y pensamientos suicidas. Incluye la autocondena y puede representar un patrón de reacción comprometido con el abandono. También puede representar una reacción real o imaginaria de pérdida de la vida. De ser real, acepte el estado como tal, sienta su tristeza y escriba todos esos sentimientos. Hable con un terapeuta o con amigos. Expresarse es el comienzo para la curación. Si la pérdida es imaginaria, observe el desarrollo de las emociones secundarias y sígalas hasta llegar a la más profunda de ellas, a la que origina todo el desencadenamiento, es decir hasta la verdad de la situación.

La depresión es además un estado de tristeza que usualmente es causada por profundas represiones, las cuales se manifiestan a través de la inhabilidad para expresar completamente el dolor. Marcada por la pérdida de la habilidad de amar, la depresión es un estado que reviste mucha seriedad. Muchas personas sufren este desorden a diario. La depresión puede convertir un día soleado en uno lluvioso, hasta el punto de hacer que la vida parezca como una prisión. Al temerle al amor, la persona deprimida gira en un profundo y continuo ciclo de aislamiento en el centro de su corazón.

Baja intensidad		*Depresión*		Alta intensidad
aburrido	triste	deprimido	alienado	sin esperanza
perezoso	aislado	vacío	recargado	sin fuerza
cansado	enojado	indiferente	derrotado	suicida
atrapado	apartado	retraído	abatido	sin valor
			solitario	

Miedo

El miedo es un estado de desorden que puede ir desde la timidez apacible hasta el extremo del horror. El miedo es la raíz que da origen a todas las otras emociones. Es la emoción asociada con la pérdida del amor. Como seres conscientes, hemos olvidado nuestra naturaleza eterna. Por lo tanto, conservamos la creencia de que alguien o algo nos privará del amor, ya sea por nuestras acciones o por la muerte. El instinto más básico para la supervivencia es mantener la conciencia. El miedo a la muerte (la pérdida de la conciencia) es el miedo a la pérdida de la aceptación y del amor. En el caso donde la muerte es considerada como la puerta final de la vida, el ser consciente y el ser básico pueden interpretar la muerte como el último acto de rechazo. Este rechazo es asumido como un rechazo de uno mismo como ser consciente. Sin saber qué hacer, el ser se torna incapaz de funcionar. El miedo es la sensación opuesta a la valentía.

Baja intensidad		*Miedo*		Alta intensidad
vergonzoso	perturbado	alarmado	frenético	horrorizado
vacilante	dudoso	asustado	asqueado	petrificado
asustadizo	sospechoso	amenazado	espantado	conmocionado
tímido	vulnerable			

Avaricia

La avaricia es un estado de desequilibrio donde los centros de energía constantemente se mueven hacia adentro pero no regresan, interrumpiendo el flujo de amor hacia el mundo. En vez de amor, un flujo de voluntad es movido a través de los centros de la energía, particularmente, a través del tercer ojo y hacia los centros de la corona. La avaricia es el miedo de perder las formas y las sustancias materiales. La forma y la sustancia material son interpretadas como estáticas, como si no cambiara su valor. Esta es una ilusión que el ser consciente acepta. La realidad es que las formas y las sustancias siempre están en permanente cambio y el deseo de mantener la forma y la sustancia en su actual estado se convierte en una reticencia para aceptar el designio y el fluir de la vida. La avaricia es lo opuesto a la apreciación.

Baja intensidad		*Avaricia*			Alta intensidad
descontento	caprichoso	arrogante	engañoso	malicioso	envidioso
	egoísta	repugnante	lujurioso	hipócrita	celoso
		tacaño	solapado		

Culpabilidad

La culpabilidad es un estado en donde somos conscientes de la ruptura de un código de ética o de una regla aceptada por el ser del alma para ser seguida por un proceso en el cual nos devaluamos como individuos. Sentirnos culpables es saber que hemos hecho algo que ha lastimado a alguien, a nosotros, o a los dos. Es un estado de auto-condena en donde nos consideramos indignos. La culpabilidad refleja el temor hacia la pérdida del amor por el temor a admitir la verdad de nuestras acciones.

La culpabilidad es el sentimiento resultante de haber cometido un terrible error. Hemos hecho algo mal. Los sentimientos de culpabilidad crónica pueden conducirnos hacia la vergüenza. "Hice algo mal (culpabilidad) por lo tanto soy malo (vergüenza)".

Baja intensidad	*Culpabilidad*	Alta intensidad
disculpa	culpable	apenado
avergonzado	contrariado	inmoral
sentirse como un tonto	lamentarse	arrepentido
inadecuado		pecador
equivocado		

Tristeza

La tristeza es un estado en donde sentimos el dolor de la vida. Es menos debilitante que la depresión puesto que todavía podemos expresar nuestro dolor cuando sentimos tristeza. Al expresar el dolor, nos movemos hacia lo más profundo para aceptar el amor. La tristeza puede ser un estado en el que no aceptamos el designio de la vida y deseamos que las cosas fueran diferentes. La tristeza nos hace olvidar la naturaleza eterna del ser del alma y la bondad del creador. La tristeza es miedo a no sentir alegría y amor en el área que nos entristece. La tristeza es lo opuesto a la alegría.

Baja intensidad		*Tristeza*		Alta intensidad
apático	exhausto	pesimista	abandonado	agonía
decepcionado	ignorado	miserable	solitario	sufrimiento
desanimado	melancólico	adolorido	afligido	martirio
				tortura

Vergüenza

La vergüenza es un estado parecido a la culpabilidad, pero más fuerte. Es un estado en el cual deseamos no tener conciencia en lugar de confrontar nuestras acciones. Aquí nos tildamos como despreciables, a nosotros y al resto del mundo. Con ese fin, la vergüenza refleja un profundo miedo no sólo por la pérdida del amor en el presente, sino en la perspectiva de que nunca podamos volver a valorar al amor o ser capaces de amar en el futuro. Sentimos que nuestro ser es muy corrupto y totalmente despreciable para el amor y para el respeto. La vergüenza es un estado de autoaborrecimiento que algunas veces está asociado con la "pérdida de valores".

Baja intensidad		*Vergüenza*	Alta intensidad
desconcierto	apenado	miserable	humillado
inferioridad	malo	rechazo	desprestigiado
		autocondena	autoaborrecido

¡Ocuparse de sus sentimientos es lo que lo hace sentir vivo!

~

29

Motívese usted mismo en su viaje hacia la iluminación

EN CAPÍTULOS ANTERIORES, nos hemos enfocado en la formulación de nuestra ética personal, en el entendimiento de los símbolos de los sueños y en la expresión de nuestras emociones. Ahora nos ocuparemos de hallar las maneras de motivarnos a medida que nos desplazamos hacia la iluminación.

¿Qué es la iluminación?

La iluminación es el estado en el que vivimos cuando hemos alcanzado el nivel necesario para "conocernos a nosotros mismos". Es un estado de infusión del alma en el cual todos los segmentos del ser están integrados y en unión con la divina energía de Dios. Por medio de la aplicación de los principios discutidos en los capítulos anteriores, podremos descubrir nuestras verdades personales, de curar nuestro dolor y de trazar un nuevo curso para nuestras vidas.

"Ahora" es el momento de la verdad para cada uno de nosotros. Este es el momento en el que nos damos cuenta del impacto pleno de nuestras situaciones personales y de aceptar, en vez de negar, nuestro lugar en el universo como ser humano, como hermano, como hermana, como padre, como madre, como un residente temporal en el planeta tierra. Sabremos que vivimos en un momento cuando experimentemos las radiaciones del Espíritu Santo expandiéndose por todo nuestro ser.

Cuando estamos sumergidos en ese momento, parece que estamos fluyendo dentro de un gran caudal de energía divina hacia el mar de amor y compasión de Dios. Todos nuestros cuidados, preocupaciones y asuntos están en su lugar. Igualmente, todos nuestros escudos, barreras y máscaras se han derrumbado. Con el objetivo de reflejar la luz de Dios, debemos revelar nuestros seres verdaderos hacia esa luz.

Cuando la vida lo desafía —cuando quiere darse por vencido— paradójicamente, es cuando más existe la oportunidad para encaminarse hacia su crecimiento, más allá de los límites diarios establecidos. Es aquí cuando su revelación e iluminación se convierten en sus ápices. Sea valiente. Utilice esas oportunidades para impulsarse hacia su crecimiento. La vida terminará algún día y entonces mirará a través de las experiencias y se preguntará: ¿qué tal si tan sólo hubiera hecho. . . ?

Una revisión de la vida

Este corto ejercicio puede ayudarle a tener una perspectiva más allá de la conciencia de su rutina cotidiana. Cuando desplaza su conciencia hacia un nuevo horizonte, podrá desencadenar el crecimiento de las semillas de la sabiduría dentro de usted. Es como si se hubiera desplazado desde las sombras hacia la luz del Sol, o dejar que la lluvia del cielo riegue su vitalidad sobre su ser.

E J E R C I C I O
Revisión de la vida

Relájese sobre una silla cómoda o acuéstese sobre la cama. Póngase cómodo y cierre los ojos. Después, imagine que el día de su muerte ha llegado. El momento está aquí, ya sea a través de la vejez, de un accidente o por causa de una enfermedad. Véase abandonando su cuerpo y dejando atrás este mundo. Imagínese que está emprendiendo un viaje hacia arriba y se eleva cada vez más alto en la atmósfera sobre la tierra. Desde allí, la tierra parece una esfera suspendida en la oscuridad. Ahora está en una habitación. Hay otra presencia en esa habitación. No la reconoce, pero le es familiar y siente su apoyo. Se siente relajado en ese lugar.

Luego, empiezan a aparecer imágenes en una ventana grande abierta hacia la oscuridad del espacio. Éstas son imágenes de su vida sobre la tierra. Están allí para observarlas y aprender. Utilizando la ventana para revisar su vida, desarrolle los siguientes pasos:

1. Pídale a una imagen que le muestre un acontecimiento significativo de su vida. No le diga cuál evento, simplemente, pídaselo y después espere hasta que se forme la imagen. Cuando aparezca, obsérvela y vuelva a experimentarla.

2. Después de eso, pregúntese si hay algún remordimiento respecto al acontecimiento que está observando. ¿Hay algo que pudiera manejar de manera diferente, ahora que sigue vivo aún después de la muerte de su cuerpo? ¿Qué decisiones diferentes le gustaría haber hecho sabiendo que su vida sobre la tierra fue apenas una etapa temporal de un viaje?

3. Por último, imagine y vea la reacción y la forma en que los eventos hubieran cambiado si hubiera tenido otras opciones de cursos de acción y de comportamiento. "Vea" los resultados de estos cambios y la forma en la cual pudieron haber afectado su vida y la vida de los demás.

Realice los pasos anteriores con tres acontecimientos diferentes de su vida. Cuando haya terminado, agradezca la presencia del ser que estaba a su lado. Se trata de su ser del alma. Lentamente abra los ojos y regrese a su estado de conciencia despierta. Reflexione acerca de lo que haya experimentado durante este ejercicio.

¿Qué le gustaría recordar de esta vida cuando se haya completado? ¿Qué parte de ella recuerda con orgullo y qué parte le trae remordimientos? Ahora tómese un momento para asegurarse de que cuando deje este mundo, su legado será aquello que lo hace sentir bien, mientras que sus remordimientos serán las cosas que no pudo hacer mejor y por un largo período de tiempo.

El poder motivador de los milagros

Durante siglos, la humanidad ha buscado señales de la naturaleza y de Dios para comprobar la existencia de la vida después de la muerte. ¿Se acabarán algún día el dolor y la pena? Muchos milagros han sido registrados en libros sagrados. Algunos milagros son asombrosos, mientras que otros contienen una simplicidad que desacredita su importancia. En cada caso, el milagro podría ser mirado como un acontecimiento sorprendente. ¿Cuántos no hemos deseado alguna señal o un milagro procedente de algo más allá para que se nos presente y nos guíe?

Los milagros pueden motivarnos a renovar nuestro compromiso para continuar en el camino del conocimiento, recordándonos las maravillas de la vida misma. Los milagros agitan las aguas de nuestros corazones, de tal manera que nos reconectamos con nuestro deseo de crecer y de aprender. Ellos ofrecen pruebas para nuestros seres básico y consciente, de que el eventual fallecimiento del cuerpo no significa que nuestra individualidad también desvanecerá.

HISTORIA DE LINDA

Encontrando significado en los eventos diarios

Encontrar significado dentro de los eventos diarios de mi vida ha sido el factor más poderoso en la fortaleza y el mantenimiento de una actitud motivacional positiva. Existen muchas maneras para crear significado en nuestras vidas. Me encantaría compartir con usted lo que he aprendido al respecto.

Desde mi temprana niñez, la profunda fe de mi madre y su testimonio personal han sido una fuente importante de esperanza y de inspiración para mí. Ella siempre me enseñó a buscar los milagros dentro de mi vida diaria, lo cual incluye las visiones de los sueños como señales y como fuentes de sabiduría. Todas las mañanas compartíamos nuestros sueños y buscábamos el significado más acertado.

Mi mamá algunas veces tenía sueños proféticos. Por ejemplo, cada vez que soñaba que iba a recolectar arándanos (lo cual sucedía una o dos veces por año), descubría que un amigo o que un miembro de la familia había fallecido o estaba enfermo y en poco tiempo iba a morir. Ella veía estos sueños como un aviso o preparación mental y emocional y no le causaban temor alguno. Quizás era así porque ella visualizaba la muerte como un "regreso a casa", en donde nos reuniríamos con todos nuestros familiares y amigos difuntos. Aunque ella falleció hace muy poco tiempo y pasó al reino de los espíritus, sus historias inspiradoras sobreviven para recordarnos que siempre estamos en busca de significados, inclusive en los milagros que ocurren dentro de la apariencia de los eventos simples de nuestra vida diaria. Ahora me gustaría compartir con usted una de sus historias.

La pasión más grande de mi madre era su huerta. O debería decir más bien, sus huertas. Ella siempre tuvo dos jardines inmensos de vegetales y muchísimas variedades de flores silvestres que ella plantaba, rociaba, desyerbaba, recogía y cosechaba con sus propias manos. Le encantaba contar la siguiente historia:

"Era el día de Agosto más caliente y más húmedo que pueda recordar. El aire estaba totalmente quieto y sofocante. Me sentía casi incapaz de respirar. Había estado desyerbando y desmenuzando el terreno de las zanahorias durante más de una hora; sabía que tenía que trabajar con el surco de las cebollas también. El sudor bajaba a caudales por mi frente; me sentía pegajosa por todas partes. ¡Algo había de cambiar! Así que invoqué a mi adorado hermano Leo, ya fallecido, para que me ayudara. Le grité fuertemente "Leo, envíame una brisa" e inmediatamente, para mi alivio, una maravillosa brisa fresca brotó y permitió que completara el trabajo que tenía pendiente, tal como lo había planeado ese día".

Esta fue una de las formas que ella me enseñó a buscar las señales y a pedirle ayuda a los familiares, amigos o Ángeles que habitan en el reino espiritual. Para algunos, esto podría verse como una coincidencia afortunada, pero para ella, revestía un significado que iba más allá del alivio físico que este hecho le produjo. Esto significa que algunas veces nuestras oraciones son escuchadas, incluso en lo relacionado con asuntos triviales. Para ella, esto sustentaba su creencia de que su hermano Leo podía escuchar sus súplicas e, inclusive, interceder en su nombre algunas veces. Encontrar el significado a las situaciones diarias confirmaba su fe y la ayudaba a mantener la esperanza aún en los tiempos más difíciles.

Se necesita tiempo y práctica para aprender a reconocer y confiar en nuestras intuiciones. Necesitamos familiarizarnos con nuestros símbolos personales, para poder interpretar correctamente las señales y los mensajes que llegan desde el ser superior, desde los mundos de los sueños y desde los reinos espirituales.

Otra manera a través de la cual mi mamá le daba significado a las cosas de su vida era hacer algo cada día para servirle a los demás y darles a conocer que ellos eran muy importantes para ella. Ella lo hacía por medio de las comidas especiales que cocinaba para los miembros de la familia o para los vecinos. Con frecuencia, nos llamaba los Viernes preguntándonos si estábamos planeando ir a la granja esa noche. Ella nos tentaba a Peter y a mí diciéndonos que estaba preparando una deliciosa sopa de vegetales y que iba a estar lista en un par de horas, justo el tiempo que sabía que tardaríamos en llegar a la granja.

La cocina era la forma en que mamá demostraba el amor y era además su desahogo creativo principal. Ella satisfacía su necesidad creativa amasando casi todas las noches; muchas veces pasada la media noche. Cuando le insinuábamos que se acostara a descansar (ella padecía de un cáncer de ovarios), nos respondía, "todavía no. Tengo que terminar de amasar este postre de manzanas para nuestro vecino John; él no ha comido nada hecho en casa desde que su esposa murió y yo sé que le gustaría algo "bueno" para comer".

Muchos hemos sido afortunados al tener una madre, una tía o unos abuelos en nuestras vidas para nutrirnos y servirnos de la misma manera en que mi madre lo hizo. Sin embargo, en la generación actual, muchas mujeres trabajan fuera de casa y no tienen el tiempo o la energía para cocinar en la mañana. Todavía existe la necesidad de servir y de nutrir —en hombres como en mujeres— y resultaría benéfico si pudiéramos encontrar la manera de satisfacer esa necesidad de dar a los demás.

Yo soy muy especial con Peter, a menudo le escribo pequeñas notas de amor y las dejo como sorpresa debajo de su almohada; además, de la manera como lo aprendí de mi madre, le preparo una ensalada casi todas las noches. Esto lo hace feliz y además me brinda una oportunidad para complacer mi creatividad culinaria. De este modo, ayudando a los demás (aunque sea en pequeñas formas) realizaremos dos funciones: ayudarnos a encontrar el significado de nuestras vidas y le damos rienda suelta a nuestra creatividad. Necesitamos alimentar la creatividad cada día. Haciendo esto, mantendremos una línea abierta para la energía de nuestra alma y para todo lo bueno que existe en nuestro interior. En efecto, la bondad se fortalecerá cada día más, en la medida en que decidimos estimularla de una manera creativa.

Fuentes de inspiración

La esperanza es el sentimiento que nos capacita para creer que el cambio es posible en nuestras vidas y en nuestros corazones. Para estimular la motivación y la esperanza interior, necesitamos descubrir quién y cuál es nuestra fuente de inspiración. En otras palabras, como seres humanos, necesitamos héroes. ¿Quién es su héroe? Piense al respecto. Esta es una de las claves más importantes para desarrollar y mantener la motivación.

A continuación presentamos una serie de ideas que pueden ayudarle a descubrir su propia fuente o fuentes de inspiración, esperanza y motivación:

1. Aprenda a reconocer y entender las señales de su ser superior a medida que aparezcan en sus sueños y en las experiencias de su vida diaria.

2. Escriba las señales y sueños. Podrá descubrir un patrón o importantes mensajes.

3. Comparta sus sueños y las señales con un buen amigo. Ellos pueden ayudarle a descifrar los significados y a establecer conexiones con las situaciones de su vida actual, que usted pudo haber olvidado.

4. Establezca quiénes son sus héroes. Ellos pueden ser santos místicos o entidades milagrosas, tales como el Padre Pío o la Madre Teresa. Dedique tiempo para apreciar sus cualidades inspiradoras.

5. Encuentre un camino para servirle a los demás todos los días. Esto fortalecerá su conexión con su "bondad" interior y le ayudará a encontrar y a mantener el significado en su vida diaria.

6. Satisfaga su creatividad. Ésta es su vía hacia la energía de su propia alma.

E J E R C I C I O

Sus milagros personales

Tómese unos segundos para considerar los milagros, grandes o pequeños, que ha experimentado en esta vida. Escriba, en las líneas de abajo, cinco milagros que haya experimentado. Quizás le resulte un poco difícil, pero trate de recordar por lo menos cinco acontecimientos "asombrosos" que le hayan ocurrido. Puede que necesite revisar sus experiencias del pasado. Después, durante sus ejercicios de meditación o de contemplación, concéntrese en esta lista para experimentar de nuevo la gratitud y la admiración que la experiencia original le haya brindado. De esta manera podrá atraer el poder que el evento original le proporcionó y aplíquelo en las situaciones de su vida actual.

1. _____

2. _____

3. _____

4. _____

5. _____

La fuente del Ángel: un momento para la sanación

Después de esto hubo un banquete de los Judíos, y Jesús fue a Jerusalén. Ahora hay en Jerusalén, cerca de la puerta de las ovejas, una fuente a la que llaman en hebreo Bethesda, la cual tiene cinco entradas. En ésta permanece postrada una gran cantidad de personas enfermas, ciegas, cojas, paralizadas, esperando el movimiento del agua. Puesto que un Ángel bajó en una oportunidad hacia la fuente y agitó el agua. Después de eso, cualquier persona que pasara tan pronto se agite el agua, queda curada de cualquier enfermedad que pudiera tener.

—Juan 5: 1–4

MEDITACIÓN
La fuente del Ángel

Relájese y siéntese en una silla o acuéstese sobre la cama. Cierre los ojos e imagine que usted está en la fuente de Bethesda. Hay mucha gente, todos están esperando descender hasta la fuente para ser curados. Avance despacio y diríjase hacia la fuente y espere. Después de unos cuantos momentos, el agua empieza a agitarse. Usted avanza lentamente y se va metiendo en la fuente de agua. La fuente no es profunda y alcanza a tocar el fondo con sus pies y mantiene su cabeza sobre la superficie. Ahora está caminando en el centro de la fuente.

Mientras que el agua continúa arremolinándose a su alrededor, siéntala entrar en su corazón y agitar suavemente los centros de la energía, aliviando y curando los conflictos no resueltos, los miedos y las ansiedades. Sienta el deseo de vivir y de participar en su vida levantándose desde el centro del núcleo de su ser.

Permanezca en la fuente todo el tiempo que quiera, empapándose en las corrientes de curación y de fortaleza. Después agradézcale al Ángel de la fuente por la oportunidad que le brindó para refrescarse. Ahora está animado para completar las tareas que ha escogido hacer durante esta vida. Abra sus ojos y regrese a su estado de conciencia despierta.

Utilizar la imaginación para automotivarse

Otro método poderoso para la automotivación para continuar hacia su objetivo de integración y de iluminación es utilizar sus poderes de la imaginación para crear el espacio que necesitan sus objetivos para poder realizarse. ¿Recuerda el segmento de soñar despierto, que aparece en el capítulo 4? En ese segmento explicamos que los sueños de día son experiencias y que utilizamos las técnicas de la caja de herramientas de la iluminación angelical para procesar aquellas experiencias. Creer en las posibilidades es de crucial importancia al disponerse ante una experiencia. Así que pregúntese "¿Cómo puede mi imaginación motivarme?".

Al imaginarse cómo será su vida después de lograr sus metas, establece el escenario para que aparezca la experiencia; en otras palabras, usted crea la situación donde su imaginación pinta el trayecto de su vida. En vez de esperar a que "algo suceda", usted ha modificado los caudales de energía y los ha canalizado hacia los senderos del cambio.

Visualice todo lo que ocurrirá cuando defina y logre su misión en la vida. Observe cómo afectará completar su misión a las personas que conoce y a quienes aún no conoce. Imagine cómo lo afectará en el sentido personal. ¿Cómo se sentirá cuando aborde satisfactoriamente su viaje y empiece a ver los frutos de su labor manifestándose a su alrededor? A medida que practica la utilización de su imaginación de esta manera, estará liberando energía y ajustando su vibración. Esta energía liberada afectará todo lo que esté a su alrededor, por efecto del principio de desplazamiento.

Cuando se sienta sin fuerzas, utilice su facultad imaginativa. Este instrumento que Dios le ha dado está disponible para todo y puede ayudarle a elevar sus espíritus y continuar hasta los niveles más profundos de conexión y de unión espiritual. Este método ha sido utilizado por los santos, por los sabios, por los maestros través de los siglos, cuando se han enfrentado a los retos de sus vidas —usted puede utilizar esa misma herramienta espiritual en su mundo ahora mismo—.

La creatividad es la línea de vida
hacia la energía de nuestra alma.

～

30

Crear un plan de iluminación angelical: una guía para la integración y la maestría

EL PRIMER PASO para crear su plan de iluminación angelical es determinar qué tiempo tiene disponible para dedicarle todos los días. Sugerimos que disponga de unos diez minutos todas las mañanas, antes de iniciar sus actividades. Comience con una pequeña invocación u oración dirigida al Arcángel con el que desea trabajar ese día. Esto le ayudará conscientemente hacia la inspiración y la orientación del Arcángel que haya escogido. Así el caudal de energía distribuido por este Arcángel estará a su disposición durante todo el transcurso del día.

A medida que su día vaya avanzando, permanezca alerta ante las nuevas ideas, las señales y la orientación que puede estar fluyendo hacia usted, proveniente de los Arcángeles. Esta orientación siempre será positiva, útil y curativa, tanto para su personalidad como para la humanidad como un todo. Tome notas sobre cualquier pensamiento o idea que se le ocurra. Una frase o una palabra puede desencadenar algún recuerdo en una fecha posterior, cuando tenga más tiempo para examinar y desarrollar las ideas en forma más detallada. Entre más alimente y estimule su creatividad, ésta florecerá cada vez más. La atención que le preste a su naturaleza espiritual también aumentará su conexión con los caudales de energía de los Arcángeles.

Si siente negatividad o rabia a su alrededor, quizás es debido a que no ha reconocido por completo las represiones escondidas o no ha expresado totalmente el dolor de una situación del pasado o de algún acontecimiento de su vida actual. Invoque al Arcángel Rafael para que le ayude a trabajar sobre estos sentimientos, con el fin de descubrir la emoción que los origina. Consulte el Capítulo 28 para definir el camino de las represiones hasta llegar a la fuente original (por ejemplo, por qué tememos a perder el amor en una situación particular). Como se mencionó en la técnica L.E.A.R.N., al procesar por completo nuestros sentimientos y nuestros estados emocionales, creamos el espacio en nuestro interior para llenarlo de la gracia de Dios. Esta gracia nos brinda una renovada energía, creatividad y la habilidad de definir y completar el propósito de esta encarnación —la misión en la vida—.

Después de que su día de trabajo haya finalizado, sugerimos que dedique una hora todas las noches para practicar las técnicas y las meditaciones de los Arcángeles. Esto le ayudará a desarrollar plenamente muchas de las ideas inspiradoras que haya podido tener durante el día. A medida que trabaja en el camino de la iluminación (integración) y la automaestría, su apreciación por la condición humana crecerá. La compasión y su deseo de extenderse a sí mismo para ayudar a los demás se amplía, puesto que ha sido impregnado con el conocimiento del cual todos hacemos parte. Ahora es más claro para usted el hecho de que todos enfrentamos la misma tarea de integrarnos mutuamente, dentro de los parámetros establecidos por los retos y por las inherentes oportunidades que existen en las diversas circunstancias de nuestra vida.

Amor, sabiduría y poder

Amor: El amor llega a su vida porque usted decide darlo y recibirlo al integrarse a todos los segmentos del ser.

Sabiduría: La sabiduría llega a su vida utilizando el combustible de la experiencia, el cual sirve para impulsar su crecimiento a través de las etapas de la vida y de la integración de las lecciones para ser utilizadas en el futuro.

Poder: El poder llega a su vida al tomar responsabilidad por cada una de sus decisiones y circunstancias. Se constituye en la habilidad para cambiar los valores, las creencias y las actitudes que siempre ha mantenido. Gracias a esto, usted se capacita para adquirir la experiencia que desee.

En otras palabras, mientras dé más amor, más recibirá. Este conductor de la conciencia se agranda a medida que se da y por ende, aumenta su capacidad para recibir más amor. Siendo responsable abiertamente sobre las decisiones que ha tomado y que va a tomar en su vida, lo convertirá en un individuo más honesto y cordial.

Una vez removido los vestigios de los pensamientos incorrectos y de los asuntos falsos que han enmascarado y obstaculizado el entendimiento de las causas verdaderas de sus experiencias, una esperanza renovada y el amor por la vida entrarán en su corazón. Inclusive aunque el dolor de sus experiencias del pasado puede ser difícil de ver, su elección de explorar honesta y abiertamente la forma en que ha diseñado su vida le ayudará a curar y a encontrar nuevos significados y propósitos.

El compromiso de visualizar su papel en la creación de sus experiencias —ya sean buenas o malas— vendrá en diferentes grados dependiendo de qué desea en ese momento. Su nivel de compromiso está basado en su propio deseo de enfrentar al ser que ha estado negando. Considere esto: mire dentro de usted ahora mismo. Tómese un momento; pregúntese a sí mismo qué cosas en su vida debería atender pero las tiene ignoradas. Sea honesto consigo mismo. ¿No es acaso su decisión el hecho de no ocuparse de este importante asunto de su vida, sólo porque enfrentarlo podría resultar muy doloroso? O tal vez no se beneficia al darle atención. Entender las condiciones de su niñez puede ayudarle a remover los bloqueos a su energía y a su conciencia. Trabajar sobre los asuntos dolorosos le ayuda a identificar sus patrones de condicionamiento. El entendimiento claro de cómo este condicionamiento ha contribuido en la formación de sus valores y de sus creencias es vital para tomar la iniciativa de cambiar sus experiencias futuras, su destino y alcanzar la automaestría.

Recuperar todas las partes de usted demanda esfuerzo, determinación y compromiso. Evoque al Arcángel Gabriel para fortalecer su valentía y su compromiso. Si lo considera necesario, bríndese a sí mismo pequeñas recompensas a medida que vaya alcanzando las metas a lo largo del camino. Creemos que esto es útil para establecer un compromiso específico con algo o con alguien fuera de su alcance. Podría tratarse de un socio, de un amigo de confianza o de una causa a la cual usted se haya dedicado. De esta manera, le agrega más importancia al hecho de alcanzar sus metas.

Recuerde, la vida sobre la tierra es un constante y permanente reajuste de la energía de Dios: la energía única y verdadera. Muchas veces nos conformamos permitiendo sólo a la energía de Dios actuar sobre nosotros. Si bien es cierto que nos movemos con energía, también debemos colocar de nuestra parte. Necesitamos participar en nuestras vidas definiendo lo que podemos y somos capaces de hacer. Paso a paso, a nuestro propio ritmo, necesitamos emprender la acción de desactivar los bloqueos de nuestra energía vital, de tal manera que podamos crear y manifestar todo lo que fue reservado para nosotros durante esta vida.

La vida es un equilibrio

Si se siente cansado por sus esfuerzos, tómese un descanso. Olvídese por ahora de alcanzar sus objetivos y, simplemente, viva. La vida es un equilibrio. Cuando hayamos descansado lo suficiente, instintivamente optaremos por reanudar nuestros esfuerzos. Los ciclos de esfuerzo y descanso conforman una parte del ritmo del ser humano. Ellos son parte de la experiencia humana. Sea bueno y amable consigo mismo y con los demás. Permítase crecer y cometer errores. También permítaselo a los demás.

Algunas veces la oración y la meditación pueden ayudarle en los momentos en que está buscando una dirección. Cuando el descanso y la espera han sido suficientes, empiece a generar movimientos que promuevan su actividad. Estos movimientos reorganizan la energía divina. Las formas y las sustancias cambiarán a su alrededor de acuerdo a sus movimientos. Esta acción tiene el poder de romper la pasividad espiritual y lo incita de nuevo a actuar. Cuando esté cansado, descanse; cuando se sienta débil, obtenga la fortaleza y cuando esté lleno de energía, cree y manifieste todo lo que desea.

La apreciación le da valor y significado a la vida

Muchas veces no valoramos lo que está a nuestro lado. Si este fuera el caso, lleve a cabo el ejercicio de los 365 días de Aprendizaje y de Apreciación con el Arcángel Uriel. Este ejercicio puede ayudarle a entender el valor de las formas y sustancias que están a su alrededor. También le ayudará a desarrollar una actitud de caridad hacia usted mismo y a estimar las cualidades dadas por Dios en usted y en el prójimo.

Si está en un estado de confusión derivado de una situación perturbadora, ensaye la técnica L.E.A.R.N. de Rafael. Ésta puede ayudarle a ver con claridad las corrientes difíciles y confusas en que el ser emocional está requiriendo atención. Algunas veces una situación puede agotarnos el poder por no estar seguros de cómo proceder. Esta carencia de poder se manifiesta como una inhabilidad para actuar. La técnica L.E.A.R.N. puede desplazarnos gentilmente hacia la acción.

El cambio es el movimiento hacia el crecimiento

Ensaye el ejercicio del Trazado de su Vida, del Arcángel Miguel. Utilícelo para identificar sus valores y creencias que están moviéndose hacia una dirección en particular. Al cambiar estos atributos, usted está cambiando su actitud y por lo tanto su dirección de viaje. Este es un excelente método para mover la energía hacia el cambio y el crecimiento.

Finalmente, el ejercicio de la Generación de Cambio de Gabriel será de gran utilidad al dar un paso, cualquier paso sin importar que tan pequeño sea, a la hora de cambiar un flujo de energía actual. Los milagros ocurren a medida que la energía de Dios cambia dentro y fuera de nosotros. Genere un cambio en su vida de una forma amable y comprensiva.

Motívese a sí mismo hacia la automaestría, de la misma forma como lo hace con otras cosas de su vida; recuerde que se trata de un proceso continuo. Así como ocurre con el interés bancario de una cuenta de ahorros, así también sucede con el esfuerzo que haga hacia el logro de la iluminación para la realización espiritual dentro de usted mismo. En otras palabras, la vida es más fácil a medida que crece espiritualmente, puesto que ha estado trabajando durante mucho tiempo por la vida y no en contra de ella. Ejercitando su voluntad para llevar una vida llena de propósitos, aumenta su habilidad para enfrentar los retos de su vida. Usted crecerá en los atributos de fortaleza y valentía personal.

El siguiente paso

Armado con este conocimiento y con la orientación de los cuatro Arcángeles, ya está listo para crear y seguir el plan que lo conduzca hacia la iluminación angelical. ¿Cuáles son los componentes de un buen plan? Aquí aparece incluido un plan a manera de ejemplo, el cual podrá ser usado como base para desarrollar su propio plan:

1. **Lea y estudie este libro.** Considere todos los conceptos con los cuales tiene dificultades y obsérvelos desde diferentes ángulos. Si los conceptos no le parecen verdaderos, no modifique sus creencias por el solo hecho de querer ajustarlas a los conceptos. Las ideas no son dogmas. Su verdad es inherente al ser que usted es. El mundo lo está esperando.

2. **Empiece cada día con una oración para los Arcángeles.** Utilice las oraciones para fijar el tono del día o para recordarse a sí mismo la orientación de uno o de varios de los Arcángeles. Puede decir las oraciones en cualquier momento del día. Por la mañana y por la noche son los mejores momentos para expresarlas, puesto que allí está regresando o se está dirigiendo a su estado de sueño. Durante este tiempo está naturalmente en un estado mucho más receptivo hacia los otros autosegmentos.

3. **Lleve a cabo uno de los ejercicios de los Arcángeles.** Utilice una de las técnicas inspiradas por ellos. Utilice la que considere que le podría ayudar en su situación actual. Algunas veces es difícil empezar el ejercicio, pero notará que ganará energía por su deseo de concentrarse en el crecimiento y en el aprendizaje. Puede hacer un ejercicio diario o usar una de las meditaciones contenidas en este libro. Si está muy ocupado o se siente cansado, no necesitará llevar a cabo este ejercicio durante ese día. Recuerde que utilizamos esos ejercicios como herramientas y no una obligación que hay que cumplir.

4. **Dése el tiempo y el espacio necesario para crecer y aprender.** Dése el tiempo y el espacio necesario para crecer y aprender. Leer y llevar a cabo varios ejercicios es importante porque ellos pueden ayudarle a concentrarse sobre su crecimiento y brindarle unos nuevos puntos de vista para explorar. Pero esto por sí solo, no lo conducirá hacia la iluminación. Lo que conduce hacia la iluminación es la experiencia, el procesamiento y la integración. Aquí es donde aprendemos la verdad de nosotros mismos. ¡Deje a un lado todo el material leído y los ejercicios y simplemente viva! ¡vea, sienta, actúe y sea! Los materiales de lectura y los ejercicios son sólo herramientas para ser usadas cuando las necesitemos. Ellas no son la meta. Por ejemplo, la pregunta a hacerse no es si hizo la meditación de hoy, sino qué aprendió sobre usted mismo durante esa meditación.

5. **Tome nota de sus pensamientos y sentimientos.** Mantenga un diario de sus pensamientos y sentimientos. Comprar un nuevo diario para marcar el comienzo de su viaje, puede servir como un símbolo de su dedicación y compromiso para el proceso de integración de sus autosegmentos. Algunas personas prefieren usar una grabadora. Con mucha frecuencia los pensamientos de los reinos internos son fugaces. Podríamos pensar que los recordaremos, pero así como llegan de rápidos, así mismo se irán. ¡Escríbalos, escríbalos, escríbalos! Ellos son el mensaje de su ser interior. Léalos y considérelos. Algunas veces le brindan más información sobre usted mismo de la que usted cree que tiene.

6. **Registre por escrito sus sueños y aprenda a interpretarlos.** Los beneficios del procesamiento de sus sueños ya los hemos analizado. Si al despertar siente que el sueño tiene un profundo significado para usted, busque la forma de escribirlo en alguna parte. A veces, mientras escribe el sueño, muchos segmentos vienen hasta su conciencia. Puede interpretar los sueños enseguida o dejarlos pendientes para otra ocasión. Si está presionado por el tiempo, simplemente escriba una simple palabra o una imagen del sueño. Después puede utilizar esa palabra o esa imagen para desencadenar su memoria en el momento de recordar e interpretar el sueño.

7. **Lea un libro o un articulo inspirador.** Algunas veces es de gran ayuda aprender de las experiencias de los demás. Puede resultar inspirador examinar las vidas de las personas que han dedicado sus vidas para el beneficio de la humanidad. A pesar de la adversidad, la persecución y enfermedad, ellos han encontrado la fortaleza interior para continuar, para seguir confiando en Dios, para darle significado a sus vidas y para ayudar al prójimo desinteresadamente. Ellos han sido llamados santos, místicos, servidores, sobrevivientes del holocausto o héroes guerreros.

   Las historias de sus vidas son inspiradoras. La llama de la esperanza permanece encendida dentro de nosotros mientras que estudiamos los atributos —tanto humanos como divinos— de estos individuos. Si lee sus biografías verá que ellos sufrieron las mismas dudas que nosotros. Ellos tuvieron que luchar contra los miedos y los fracasos humanos al igual como nosotros lo hemos hecho. Muchos de los más inspiradores son los sobrevivientes del holocausto. A pesar de sus experiencias horrorosas, ellos todavía creen en la bondad de Dios y de la humanidad. Las vidas de esas personas están con frecuencia llenas de misterios y milagros. Los milagros suceden. Estudie los milagros de las vidas de los santos y esté alerta a los milagros que ocurren dentro de usted y dentro de las vidas de aquellos que le rodean.

8. **Lleve consigo un recordatorio de su propósito divino.** Esto puede ser algo como una tarjeta con una oración que mantiene a su disposición en el bolsillo, en la cartera o en la billetera. También podría ser la foto de alguien que ama o la imagen de un santo, a quien se le atribuya su admiración y su esfuerzo. Podría tratarse de un símbolo o de una imagen de la meta que desea alcanzar. También podría ser algo que posea un significado especial para usted como un collar especial o un cristal.

La historia de Linda

Integrando la iluminación

Cuando Peter y yo nos casamos, quisimos que nuestros anillos signifi-caran nuestra unión divina en el Cristo universal. Teniendo esto en cuenta, escogimos que los anillos de la boda hicieran juego con la cruz cristiana formada de pequeños diamantes. Cada día, cuando tocamos o miramos nuestros anillos, recordamos nuestro amor y nuestra unión divina en Cristo y el propósito de nuestras vidas juntos.

El símbolo o el mensaje que escoja debe ayudarlo a recordar su propósito divino. Puede tratarse de algo tan simple como una frase sencilla, una frase personal o una cita famosa que le resulte inspiradora.

Estas son tan solo ocho posibles ideas para desarrollar o para implementar su plan. Puede pensar en más si su plan lo necesita. Por ejemplo podría estudiar con el Arcángel Miguel por un período de tres meses, luego con Rafael por tres meses, luego Gabriel por otros tres meses y otros tres meses con Uriel. Durante cada período practique los ejercicios y trabaje con el poder y con el propósito del Arcángel correspondiente. Reúna muchos puntos de vista sobre el Arcángel con el que esté trabajando. Lea todo lo que pueda sobre él. Acepte únicamente lo que sienta que es bueno para usted. Revíselo muy bien y descarte lo que le sobre.

Con la información obtenida en estas páginas y con su esfuerzo formal para cambiar y para crecer, puede ser más honesto, curar su corazón, escoger y completar la misión de su vida y apreciar la belleza de toda la creación. Buena suerte en su viaje y permita que los Arcángeles y los Ángeles siempre lo orienten y lo inspiren.

La experiencia es el combustible que lo impulsa hacia su crecimiento.

Apéndices

"Y vi otro Ángel que volaba a través de los cielos,
llevando las noticias nuevas, buenas y eternas
para predicarlas a todas las personas que pertenecieran
a este mundo, de todas las naciones, de todas las tribus,
de todas las lenguas y de todos los pueblos".

—Libro de la revelación 14:6

~

Apéndice A

Glosario de términos de la iluminación angelical

LAS SIGUIENTES DEFINICIONES tienen como objetivo ayudarle a comprender los términos que no le resulten familiares y que son utilizados en este libro.

Aceptación: Asumir con responsabilidad las decisiones tomadas y vernos a nosotros a partir de la verdad y de la honestidad. La aceptación es uno de los tres atributos del Arcángel Rafael.

Afirmación: Una frase que se repite de manera verbal o mental, la cual ayuda a reforzar los patrones positivos y las creencias constructivas dentro de los segmentos del ser.

Alma: Es el ser imperecedero compuesto de espíritu puro.

Amor: Es un estado que nos conecta con la totalidad de la vida. Es mucho más que un sentimiento pasajero. El amor es un vínculo de cuidado y de cariño que establecemos con nosotros mismos, con nuestros hijos, con nuestros padres, con nuestros amigos, con el mundo, con los Ángeles y con todos los seres de los mundos de Dios. Es la esencia de la vida.

Arcángeles: Los Arcángeles son seres de espíritu puro y luminoso. Existen en un estado de gracia divina y de unidad con Dios. Ellos desean compartir ese estado con nosotros. Son los seres cardinales a través de los cuales se canalizan hacia los universos los principales caudales de energía de Dios. Durante todas las épocas han sido los encargados de la divina misión de inspirar, proteger y guiar a la humanidad en el transcurso de nuestro viaje, aquí en el planeta tierra.

Aura: Es el campo de energía que circunda a todos los seres y objetos, ya sean animados o inanimados. El aura se puede ver, escuchar y sentir por parte de aquellas personas que son sensibles a sus energías internas o por quienes se han entrenado para alcanzar los niveles de percepción.

Belleza: Es la sensación de plenitud de una forma determinada, ya sea que esté compuesta de materia física o de la agrupación y organización de la experiencia. Es la manifestación de la energía única que toca el corazón del alma. La belleza es uno de los tres principales atributos del Arcángel Uriel.

Chakras: Es un término religioso del Oriente, utilizado para denominar los diversos centros de energía que existen dentro de los cuerpos físicos y etéreos. Los chakras se pueden interpretar como engranajes que procesan la energía por dentro y por fuera de las formas corporales.

Compromiso: Es el atributo que describe la decisión que toma el ser de seguir un proceso que ha acordado, hasta llegar a su realización total. El compromiso es uno de los tres atributos principales del Arcángel Gabriel.

Conciencia: Es el estado fundamental de la conciencia, en el cual tenemos la capacidad de procesar nuestras experiencias.

Condicionamiento: Es un proceso mediante el cual se establece un vínculo entre una acción o una fuerza de energía con una acción reactiva o con una fuerza de energía que llega a manera de respuesta. El condicionamiento puede ser positivo (para el crecimiento del individuo) o negativo (provocando una reacción de los patrones inconscientes, repetitivos y no productivos).

Consciente: Es esa pequeña y apacible voz que llevamos por dentro. Es el susurro del ser del alma. Es la conciencia del plan y del propósito del alma.

Contemplación: Visualización de conceptos y situaciones con el dominio virtual interno de la imaginación.

Cuerpo etéreo: Cuerpo sutil de naturaleza no física que ayuda a procesar la energía divina y que proviene del ser físico.

Deseo: La fuerza magnética que nos llama hacia la fuente de nuestro ser. El deseo es la fuente de todo crecimiento. Está estrechamente ligado con la experimentación del mundo terrenal.

Desprendimiento: El hecho de aceptar la situación actual y la realidad de nuestra vida en el momento presente.

El niño interior: Es la parte del ser que está conectada en todo momento con un estado de asombro acerca de la vida. También se puede referir a una parte de nosotros, la cual fue lastimada a edad temprana; una parte de nosotros que sigue necesitando cuidado.

Energía: La sustancia esencial de toda la vida.

Entrenamiento: Es un término científico que describe el proceso de alineación de la frecuencia de onda cerebral con una amplitud de banda determinada.

Espejo de la verdad: Es un espejo simbólico en el cual los autosegmentos no tienen una opción distinta a la de verse y reconocerse a sí mismos y a sus acciones.

Espíritu Santo: Es la esencia del creador. También se conoce con el nombre de la fuerza de la vida.

Ética: Reglas o de parámetros que un individuo puede escoger para cumplirlos durante su vida.

Experiencia: Momentos de la vida que llevan la imprenta vibracional de todos los niveles de nuestra conciencia durante un tiempo específico.

Fortaleza: Es el incremento de nuestro poder dentro de un área específica. La fortaleza nos ayuda a llevar a cabo los objetivos y se alcanza progresivamente a través de la aplicación de la energía de una manera repetitiva. La fortaleza es uno de los tres atributos principales del Arcángel.

Gabriel: Es el Arcángel que distribuye los atributos divinos de la fortaleza, la persistencia y el compromiso. A Gabriel también se le conoce como el Arcángel que le dio el encargo divino a María de que ella iba a traer al mundo a Cristo. El principal poder de Gabriel es el de actuar y su principal proceso es el de la realización.

Honestidad: Es el atributo divino que refleja la expresión completa de la veracidad de lo que estamos o hemos experimentado. Este es uno de los tres principales atributos del Arcángel Miguel.

Iluminación angelical: Es un estado de infusión del alma, en el cual se integran todos los segmentos del ser en unión con la energía divina de Dios. Los estados de bendición y de compasión amorosa hacia toda la humanidad son una parte de la iluminación angelical. La creatividad y la productividad son resultados naturales de la iluminación angelical, de manera que, así como nuestros chakras se disponen y logran un equilibrio, también la divina energía de Dios y la inspiración de los Ángeles son capaces de fluir a través de ellas. Así se puede tener acceso a las energías que nos bloquean para transformarlas positivamente.

Imaginación: Es la facultad que Dios nos ha dado para permitirnos trabajar con la energía divina, con el fin de experimentar y de aprender dentro de un entorno seguro y protegido.

Inconsciente colectivo: Es el concepto que tiene la humanidad de un grupo de conciencias que está en continuo crecimiento a medida que cada ser experimenta y luego procesa esas experiencias. El inconsciente colectivo contiene símbolos arquetípicos que son comunes en todas las culturas de la humanidad.

Integridad: Totalidad. Es un estado asociado estrechamente con el de la aceptación y con el de la sanación, el cual indica una integración de todos los aspectos de nuestras experiencias. La integridad o totalidad es uno de los tres principales atributos de Rafael.

Justicia: Es la aceptación de los ciclos de la experiencia, por los cuales hemos optado. La justicia es uno de los tres principales atributos del Arcángel Miguel.

Karma: Es el ciclo de la experiencia que ha escogido el ser del alma.

La espada de la verdad: Es una espada simbólica que se utiliza para cortar las barreras de ilusión autoconstruidas y que levantamos alrededor de nuestro propio ser.

Manifestación: Es el estado en el cual nuestras decisiones creativas se hacen evidentes ante nosotros mismos y ante los demás seres.

Meditación: Es un estado de tranquilidad temporal de la mente que nos permite acceder a otros caudales y vibraciones del pensamiento.

Meditación orientada: Es la meditación que se ejecuta mediante la asistencia de otra persona. Esta asistencia puede ser verbal o escrita.

Miguel: Es el Arcángel cuyos divinos atributos son los de la verdad, la honestidad y la justicia. Es el líder de los Arcángeles. El principal poder del Arcángel Miguel es el de la visión y su proceso es el del entendimiento. El primer paso del plan de sanación de los Arcángeles se da bajo la orientación y la dirección de Miguel.

Oración: Es un método para comunicarnos con nuestro ser interior, con el creador y con otros seres.

Persistencia: Es el estado en el que la energía es aplicada una y otra vez en una forma recurrente. La persistencia es uno de los tres atributos principales del Arcángel Gabriel.

Plan de sanación de los Arcángeles: Es un plan que combina tanto el poder como el propósito único de cada uno de los cuatro Arcángeles (Miguel, Rafael, Gabriel y Uriel). El plan de los Arcángeles, inicialmente, inspira a la humanidad hacia la integración de nuestros autosegmentos y finalmente, hacia la conciencia de la unión divina con Dios, con los Ángeles y con todas las cosas de la creación.

Poder: Es la habilidad para actuar. El poder incluye también la habilidad de sentir, de expresar, de manifestar o de ver.

Proyección: Es la experiencia de visualizar la verdad de nuestra alineación interna de la energía en relación con otros seres, como si ellos fueran nuestros espejos. Por ejemplo, cuando estamos incómodos con un sentimiento en particular y no podemos admitir que lo tenemos, frecuentemente proyectamos ese sentimiento sobre los demás y los acusamos por tenerlo.

Rafael: Es el Arcángel cuyos divinos atributos son los de la sanación, la integridad y la aceptación. Es el patrón de los viajeros. El poder principal de Rafael es el de sentir y su principal proceso es el de expresar. Rafael también es conocido por sus habilidades curativas como quedó representado en la historia del viaje de Tobías, en el libro de Enoch.

Reencarnación: Creencia en la cual el alma continúa extendiéndose en sí misma hacia los mundos de la materia, de la energía, del espacio y del tiempo con el objetivo de experimentar (por ejemplo a través de vidas múltiples).

Regresión a vidas pasadas: Es una experiencia facilitadora en la cual somos guiados hacia un estado de interconexión con nuestro propio ser superior. Durante una regresión, el ser del alma envía imágenes provenientes de la fuente de la sabiduría del ser superior hacia el ser consciente para que sean utilizadas en las situaciones de la vida actual.

Sabiduría: Es el resultado de las experiencias procesadas e integradas de nuestra vida.

Sanación: Es el proceso de resolver la discordancia existente entre los caudales de energía, desviados bruscamente por el miedo, por el procesamiento incompleto y por la falta de expresión. La sanación es uno de los tres principales atributos del Arcángel Rafael.

Ser básico o ser subconsciente: Es el ser sobreviviente que permanece vigilante ante nuestros intereses inmediatos, así como también puede constituir esa parte del ser que nos impele a ver los asuntos, esos que como seres conscientes hemos decidido represar.

Ser consciente: También se conoce como el ego o el "yo", es el ser despierto o la personalidad. Es el estado con el que debemos identificarnos en nuestra vida cotidiana.

Ser emocional: Es la parte del ser que reacciona ante las experiencias de la vida para proporcionarnos las claves vitales que nos permitan esforzarnos por permanecer abiertos ante el centro del corazón.

Ser superior: Es la fuente de sabiduría de cada alma, la cual contiene todo el conocimiento y toda la sapiencia de todas las experiencias del alma.

Seres Angelicales: Se conocen como mensajeros de Dios. Los Ángeles son una evolución paralela a la de la humanidad. Son constructores de formas y son los responsables de manejar las matrices de energía de todas las formas de vida que hay sobre la tierra (incluyendo las plantas, los animales, los seres humanos y la tierra). Los Arcángeles están en la cima de la jerarquía angelical y, debido a esta responsabilidad, están directamente vinculados con la construcción de la unidad entre todas las formas de vida con el creador. Los Ángeles son seres luminosos que también están en proceso de evolución. Están estrechamente relacionados con el cuidado de la tierra y de todos sus habitantes. Trabajan muy de cerca, hombro a hombro, con la humanidad; inspirándonos para crear mientras que ellos mantienen unidas las matrices de energía entre Dios, la humanidad y todas las formas de vida que hay sobre el planeta tierra.

Uriel: Es el Arcángel cuyos divinos atributos son los del amor, de la belleza y de la conciencia. Uriel mantiene encendida la llama del amor sobre la palma de su mano para todos los que quieran aprender. Su principal poder es el de ser y su principal proceso es el de la apreciación. La orientación de Uriel completa el ciclo de crecimiento a través del plan de sanación de los Arcángeles.

Verdad: Es la expresión de la conciencia personal y universal ante sus niveles más profundos. La verdad es uno de los tres atributos principales del Arcángel Miguel.

Apéndice B

Hojas de formatos de expansión para su uso personal

EN ESTE APÉNDICE SE INCLUYEN las hojas con los formatos de expansión para que usted las pueda utilizar al ejecutar alguno de los ejercicios que aparecen en este libro. Copie estos formatos para su uso personal a medida que avance en la lectura. En este apéndice están incluidos los formatos de expansión para los siguientes ejercicios, los cuales se han presentado en su totalidad. Las cartas de los Ángeles para completar el ejercicio de los 365 días de aprendizaje y de apreciación están impresas al final de este libro.

1. Trazando su vida: Hoja de la escala del asunto.

2. Trazando su vida: Eventos y observaciones (Lado A).

3. Trazando su vida: Eventos y observaciones (Lado B).

4. La técnica L.E.A.R.N.: Descubriendo la raíz de la emoción.

5. La técnica L.E.A.R.N.: Revisión nocturna.

6. Generar el cambio: Formato de la ampliación del cambio.

7. Generar el cambio: Pasos para diligenciar el formato detallado del cambio (Lado A).

8. Generar el cambio: Pasos para diligenciar el formato detallado del cambio (Lado B).

9. 365 días de aprendizaje y apreciación.

Trazando su vida
Hoja de la escala del asunto

Fecha: _____   Hora: _____

Tema: _____

Escala de 10: _____

Escala de 1: _____

```
10
 9
 8
 7
 6
 5
 4
 3
 2
 1
    1    2    3    4    5    6    7    8    9    10   11   12
    —    —    —    —    —    —    —    —    —    —    —    —
  (-------------------------------- Hora / Fecha --------------------------------)
```

Nota: los números verticales determinan el grado de intensidad (máximo, mínimo). Los números horizontales corresponden al tiempo (horas, fechas, años). Las líneas que están por debajo de la sección del tiempo son para que relacione la hora y/o la fecha que representan los números (1= Enero de 1978; 2= Febrero 1980, etc.).

Trazando su vida
Eventos y observaciones: Lado A

Fecha: _____   Tema: _____

_____

Evento 1 Notas

_____

Evento 2 Notas

_____

Evento 3 Notas

_____

Evento 4 Notas

_____

Evento 5 Notas

_____

Evento 6 Notas

_____

Apéndices   249

Trazando su vida
Eventos y observaciones: Lado B

Fecha: _____   Tema: _____

Evento 7 Notas

Evento 8 Notas

Evento 9 Notas

Evento 10 Notas

Evento 11 Notas

Evento 12 Notas

La técnica L.E.A.R.N.
Descubriendo la raíz de la emoción

Fecha: _____   Hora:_____

Describa lo que sucedió:

1. Identificar: Clasifique sus sentimientos iniciales (ira, celos, etc.) y descríbalos lo máximo posible.

2. Expresar: Escriba los sentimientos (dolor, decepción, etc.) abajo de los sentimientos que identificó en el paso 1.

3. Aceptar: Escriba los sentimientos abajo del dolor y temor del paso 2 (culpa, arrepentimiento y su rol en la situación).

4. Liberar: Escriba los sentimientos abajo del arrepentimiento y culpa del paso 3 (amor, aprecio, perdón y sus esperanzas hacia el futuro).

La técnica L.E.A.R.N.
Revisión nocturna

Fecha: _____   Hora:_____

1. Describa el evento y lo que ocurrió.

2. ¿Cuáles son sus sentimientos con respecto al evento?

3. ¿Cómo manejó el evento; qué hizo?

4. ¿Cómo cambiaría la forma en que manejó la situación?

5. Desarrolle un plan para enmendar la situación.

Generar el cambio
Un ejercicio con Gabriel
Formato de la ampliación del cambio

Fecha: _____   Hora: _____

Tarea por realizar	Nivel de necesidad	Completada
1. _____	_____	_____
2. _____	_____	_____
3. _____	_____	_____
4. _____	_____	_____
5. _____	_____	_____
6. _____	_____	_____
7. _____	_____	_____
8. _____	_____	_____
9. _____	_____	_____
10. _____	_____	_____

Generar el cambio
Un ejercicio con Gabriel
Pasos para diligenciar el formato detallado del cambio: lado A

Fecha: _____   Hora: _____

Tarea por realizar: _____

Describa la realización de la tarea

_____

_____

_____

_____

_____

_____

Escriba su afirmación positiva sobre la realización

_____

_____

_____

_____

_____

Generar el cambio
Un ejercicio con Gabriel
Pasos para diligenciar el formato detallado del cambio: lado B

Pasos: Orden   Completada

_____   _____   _____

_____   _____   _____

_____   _____   _____

_____   _____   _____

_____   _____   _____

_____   _____   _____

_____   _____   _____

_____   _____   _____

_____   _____   _____

_____   _____   _____

_____   _____   _____

_____   _____   _____

_____   _____   _____

365 días de aprendizaje y apreciación
Formato de la experiencia de apreciación

Fecha: _____   Hora: _____

Tema de la carta: _____   Número de carta: _____

Instrucciones: _____
_____
_____

¿Qué experimentó durante el ejercicio?

_____
_____
_____
_____
_____
_____
_____

¿Qué aprendió a apreciar y por qué?

_____
_____
_____
_____
_____

Índice

LLEWELLYN ESPAÑOL

lecturas para la mente y el espíritu...

Louis E. LaGrand, PH.D.

MENSAJES DE ALIVIO

Esta investigación explora las razones de la comunicación después de la muerte y el beneficio obtenido por parte de aquellos que han perdido a sus seres queridos.

6" x 9" • 360 pgs.

1-56718-415-4

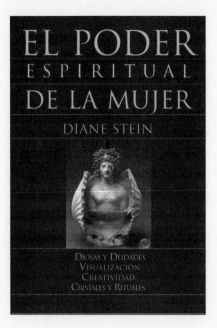

Diane Stein

**EL PODER ESPIRITUAL
DE LA MUJER**

Es un libro de habilidades e ideas, un
texto mágico para la Diosa que cada
mujer lleva dentro. Explore rituales,
estructuras de grupo, trabajos individuales. la Luna y la rueda del año, curación,
cristales, el tarot y el I Ching.

6" x 9" • 264 pgs.

1-56718-675-0

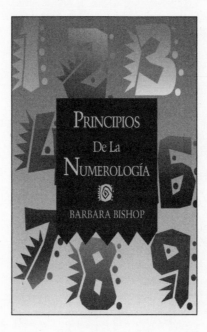

Barbara J. Bishop

PRINCIPIOS DE LA NUMEROLOGÍA

Cada carta y número tiene un poder y vibra-
ciónes particulares. Conozca el significado
escondido en los números y participe activamente en su descubrimiento personal.

7½" x 9⅛" • 240 pgs.

1-56718-071-X

Arcángel

U R I E L

365 días
de Aprendizaje
y Apreciación

Arcángel

U R I E L

365 días
de Aprendizaje
y Apreciación

Arcángel

U R I E L

365 días
de Aprendizaje
y Apreciación

Arcángel

U R I E L

365 días
de Aprendizaje
y Apreciación

Arcángel

U R I E L

365 días
de Aprendizaje
y Apreciación

Arcángel

U R I E L

365 días
de Aprendizaje
y Apreciación

Arcángel

U R I E L

365 días
de Aprendizaje
y Apreciación

Arcángel

U R I E L

365 días
de Aprendizaje
y Apreciación

Arcángel

U R I E L

365 días
de Aprendizaje
y Apreciación

1.

Ojos cerrados

Por espacio de una hora, cubrasé los ojos con un vendaje. Utilice sus manos para sentir y sus oídos para escuchar. Hágalo al medio día si es posible.

2.

Sin las manos

Por espacio de una hora, no utilice sus manos para realizar alguna actividad. Hágalo al medio día si es posible.

3.

Sin las piernas

Por espacio de una hora, no use sus piernas para caminar. Hágalo al medio día si es posible. Puede arrastrarse o deslizarse.

4.

Sin hablar

Por espacio de veinticuatro horas no use su voz para comunicarse. Puede utilizar formas escritas de comunicación.

5.

Sin escuchar

Por espacio de una hora coloque tapones de algodón en sus oídos o utilice algún otro elemento para taparlos. Esto con el fin de reducir los sonidos a su alrededor.

6.

Escuchando

Por espacio de una hora y media, salga y establezca contacto con la naturaleza. Tome nota de todos los sonidos que escucha. Relájese.

7.

Visualizar

Compre un juego de acuarelas y papel. Vaya a un sitio donde pueda estar en contacto con la naturaleza y observe una escena. Con sus mejores habilidades, intente dibujar esa imagen sobre el papel.

8.

Ayunar

Por espacio de veinticuatro horas no coma nada. Solamente beba agua y jugos de frutas o de verduras. Si no puede ayunar, entonces no consuma algún alimento durante el día (café u otra clase de alimento).

9.

Separación

Por espacio de una noche duerma separadamente de su compañero o compañera. Si vive solo, duerma en un cuarto diferente de su casa. Tome apuntes acerca de su experiencia antes de reunirse con su cónyuge nuevamente

Arcángel

_U R I E L_

365 días
de Aprendizaje
y Apreciación

Arcángel

_U R I E L_

365 días
de Aprendizaje
y Apreciación

Arcángel

_U R I E L_

365 días
de Aprendizaje
y Apreciación

Arcángel

_U R I E L_

365 días
de Aprendizaje
y Apreciación

Arcángel

_U R I E L_

365 días
de Aprendizaje
y Apreciación

Arcángel

_U R I E L_

365 días
de Aprendizaje
y Apreciación

Arcángel

_U R I E L_

365 días
de Aprendizaje
y Apreciación

Arcángel

_U R I E L_

365 días
de Aprendizaje
y Apreciación

Arcángel

_U R I E L_

365 días
de Aprendizaje
y Apreciación

10.

Limpieza personal

Por espacio de
cuarenta y ocho horas,
no se bañe, ni se duche
(esto es mejor hacerlo
durante el fin de semana).

11.

Lavado de ropa

Lave una parte de su ropa
sucia a mano y en el lavadero,
retuerza y cuelgue la ropa
para que se seque.

12.

Electricidad

Por espacio de veinticuatro
horas no utilice ningún
electrodoméstico que funcione
a base de electricidad
o de baterías
(por ejemplo el televisor
o el radio).

13.

Ducha

Tómese un baño
o una ducha de agua fría.

14.

Escribir

Escríbale una carta
a un ser querido.
Imagínese que ese ser
querido ya no está en la tierra.
Exprese de corazón todo
lo que siempre quiso decirle.

15.

Lectura

No lea nada de manera
intencional durante
veinticuatro horas.

16.

Viajar

No utilice un auto, bus,
motocicleta ni bicicleta
por espacio de
veinticuatro horas.

17.

Soledad

Permanezca todo un día solo;
desde el amanecer hasta el ocaso.
Asegúrese de levantarse a tiempo
para ver la salida del Sol
y también observar el ocaso.
No ejecute ninguna clase de
trabajo o de entretenimiento
durante este período.
Esté solo con usted mismo.

18.

Sorpresa

Sorprenda a un amigo íntimo,
a un familiar o a un compañero
con algo que usted haya hecho.
Puede ser con una comida,
un poema o con alguna
clase de regalo.
No compre el regalo.
Hágalo usted mismo.

Arcángel

U R I E L

365 días
de Aprendizaje
y Apreciación

Arcángel

U R I E L

365 días
de Aprendizaje
y Apreciación

Arcángel

U R I E L

365 días
de Aprendizaje
y Apreciación

Arcángel

U R I E L

365 días
de Aprendizaje
y Apreciación

Arcángel

U R I E L

365 días
de Aprendizaje
y Apreciación

Arcángel

U R I E L

365 días
de Aprendizaje
y Apreciación

Arcángel

U R I E L

365 días
de Aprendizaje
y Apreciación

Arcángel

U R I E L

365 días
de Aprendizaje
y Apreciación

Arcángel

U R I E L

365 días
de Aprendizaje
y Apreciación

19.

*Elabore
su carta*

20.

*Elabore
su carta*

21.

*Elabore
su carta*

22.

*Elabore
su carta*

23.

*Elabore
su carta*

24.

*Elabore
su carta*

25.

*Elabore
su carta*

26.

*Elabore
su carta*

27.

*Elabore
su carta*